纪检监察实务系列

监察与司法衔接
疑难问题办案指引

上官春光 ◎著

中国法制出版社
CHINA LEGAL PUBLISHING HOUSE

序　言

随着监察体制改革和《中华人民共和国监察法》及《中华人民共和国监察法实施条例》的制定实施，职务犯罪案件的办案主体和程序出现系列变动。持续推进的纪检监察体制改革和司法体制改革使得监察机关和司法机关内设机构和职能分工不断调整和变革。实务部门在办理职务犯罪案件过程中出现一系列新的问题，如公职人员违纪、违法和职务犯罪的证据标准问题，监察机关与公安机关、检察机关在办理职务犯罪案件中的职能管辖问题，检察机关提前介入问题，留置与强制措施的衔接问题，监察机关移送案件非法证据排除问题，职务犯罪案件退回补充调查问题和不起诉的复核问题，等等。这些问题既关系到纪检监察人员、公安司法人员依法依规依纪履行职责，也涉及当事人的权利保障和权利救济问题。

其中，监察机关和司法机关办理职务犯罪案件中的程序衔接问题较为特殊，这类问题既有程序上的疑惑，也有证据审查判断方面的疑惑；既与内部机制相关，又受外部关系的制约。对这类问题进行系统研究，不仅有助于解决实践问题，而且对进一步完善纪检监察工作、刑事司法工作的体制机制具有启发意义。现将这方面的问题收集、整理，进行系统分析，以期在实践和理论上有所增益。

上官春光

2022 年 8 月

目 录 contents

第一章　管辖问题

第二章　监察机关移送案件的立案与受理

第三章　留置与强制措施的衔接

第四章 证明标准和证据审查

第五章　退回补充调查和自行补充侦查

第六章　监察移送案件的审查起诉

第一章 管辖问题

一、职能管辖问题

监察体制改革的一个亮点是对监察机关和检察机关在办理职务犯罪案件中的职能进行了调整。检察机关原有的反贪、反渎和职务犯罪预防职能和人员转隶到监察机关。调整以后，监察机关履行监督、调查、处置职责。根据《中华人民共和国监察法》（以下简称《监察法》）第 11 条的规定，监察委员会“对涉嫌贪污贿赂、滥用职权、玩忽职守、权力寻租、利益输送、徇私舞弊以及浪费国家资财等职务违法和职务犯罪进行调查”；调查之后，“对涉嫌职务犯罪的，将调查结果移送人民检察院依法审查、提起公诉”。《中华人民共和国人民检察院组织法》第 20 条也明确规定，人民检察院行使的职权包括“对刑事案件进行审查，决定是否提起公诉，对决定提起公诉的案件支持公诉”，其中自然包括职务犯罪案件。因而可知，对于由监察机关调查的职务犯罪案件，其审查、提起公诉和支持公诉由检察机关承担。

《监察法》出台以后，2018 年修订的《中华人民共和国刑事诉讼法》（以下简称《刑事诉讼法》）对职务犯罪的职能管辖也作出了相应调整。《刑事诉讼法》第 19 条第 2 款规定：“人民检察院在对诉讼活动实行法律监督中发现的司法工作人员利用职权实施的非法拘禁、刑讯逼供、非法搜查等侵犯公民权利、损害司法公正的犯罪，可以由人民检察院立案侦查。对于公安机关管辖的国家机关工作人员利用职权实施的重大犯罪案件，需要由人民检察院直接受理的时候，经省级以上人民检察院决定，可以由人民检察院立案侦查。”《刑事诉讼法》基于法律监督的需要，有限保留了检察机关对司法人员职务犯罪的侦查权，同时进行了相应的条件限制。一是程序上要求“在对诉讼活动实行法律监督中发现”；二是主体上须是“司法工作人员利用职权实施”；三是犯罪类型上须是“非法拘禁、刑讯逼供、非法搜查等侵犯公民权利、损害司法公正的犯罪”；四是职权上检察机关“可以”而非“应当”，司法人员职务犯罪不专属于检察机关侦查，监察机关依然有调查权。

基于《监察法》和《刑事诉讼法》的规定，职务犯罪案件主要由监察机关调查。检察机关在对诉讼活动实行法律监督中发现的司法工作人员利用职权实施的非法拘禁、刑讯逼供、非法搜查等侵犯公民权利、损害司法公正的犯罪，可以立案侦查。其他刑事案件，由公安机关进行侦查。可以说，监察、检察、公安三机关在办理犯罪案件中的基本职能，《监察法》和《刑事诉讼法》的规定是比较明确的。

然而，相对于办案实践，法律规定总是相对抽象、概括的，现实中的问题总是不断变化、层出不穷的。其中较为突出的问题主要包括：群众举报、控告的受理，职务犯罪案件的移送等。现具体分析如下：

1. 检察机关是否可以受理群众有关职务犯罪的举报或控告？

群众的控告、举报是职务犯罪案件线索的重要来源。控告、举报包括来信、来访、电话举报和网络举报等多种方式。《刑事诉讼法》对检察机关侦查的职务犯罪案件不仅限定了案件范围，而且限定于“在对诉讼活动实行法律监督中发现”。这是否意味着检察机关只能就办案过程中发现的司法人员职务犯罪线索进行调查和侦查，不能接受群众的控告和举报呢？

应该说，人民检察院依职权和管辖范围受理群众的控告、举报是符合规定的。首先，从法律规定上看，“在对诉讼活动实行法律监督中发现”不是“在诉讼活动中发现”。人民检察院是国家的法律监督机关，依法对刑事诉讼实行法律监督是检察机关的法定职权。对诉讼活动实行法律监督基于诉讼活动但并不仅限于在诉讼活动中进行。

其次，从职权上看，受理控告、举报是检察机关法律监督职能的重要组成部分，也是有效进行法律监督的必要条件。发现问题是处理问题的前提条件。检察机关履行法律监督职能，无论是提起公益诉讼，还是对诉讼活动、对监狱、看守所的执法活动进行法律监督，都必须以发现问题为前提。发现问题不仅仅限于在履职过程中，还必须从主体、时间和空间上拓展信息来源的渠道。纪检监察机关如此，检察机关也是如此。这既是办案的需要，也是专门机关与人民群众相结合的体现。

最后，检察机关通过受理群众的控告、举报发现司法人员相关职务犯罪问题和线索具有现实必要性。这是由司法人员职务犯罪案件特点决定的。从主体上看，司法工作人员利用职权实施职务犯罪是知法犯法，具有较强的隐蔽性，检察人员单在诉讼活动中难以完全发现。从性质上看，司法工作人员利用职权实施非法拘禁、刑讯逼供、非法搜查等侵犯公民权利、损害司法公正的犯罪有具体的被害人，对这类犯罪进行控告和举报是被害人的基本权利。从工作机制上看，受理控告和举报，拓展了检察机关收集案件信息的渠道，有利于准确及时查办案件。因此，检察机关受理报案、控告、举报乃至犯罪嫌疑人投案自首都是合法的。

《人民检察院刑事诉讼规则》对报案、控告、举报、申诉和犯罪嫌疑人投案自首的受理作出了详细规定。根据该规则第 161 条的规定，人民检察院负责控告申诉检察的部门统一接受报案、控告、举报、申诉和犯罪嫌疑人投案自首，并依法审查，在 7 日以内作出以下处理：（1）属于本院管辖且符合受理条件的，应当予以受理。（2）不属于本院管辖的报案、控告、举报、自首，应当移送主管机关处理。必须采取紧急措施的，应当先采取紧急措施，然后移送主管机关。不属于本院管辖的申诉，应当告知其向有管辖权的机关提出。（3）案件情况不明的，应当进行必要的调查核实，查明情况后依法作出处理。负责控告申诉检察的部门可以向下级人民检察院交办控告、申诉、举报案件，并依照有关规定进行督办。

当然，检察机关受理群众的控告和举报的案件范围是有限的，并不是所有职务犯罪案件。根据《人民检察院刑事诉讼规则》第 162 条第 1 款的规定，控告、申诉符合下列条件的，人民检察院应当受理：（1）属于人民检察院受理案件范围；（2）本院具有管辖权；（3）申诉人是原案的当事人或者其法定代理人、近亲属；（4）控告、申诉材料符合受理要求。对于不属于人民检察院受理案件范围的职务犯罪线索，检察机关应当移送。《监察法》第 34 条第 1 款规定："人民法院、人民检察院、公安机关、审计机关等国家机关在工作中发现公职人员涉嫌贪污贿赂、失职渎职等职务违法或者职务犯罪的问题线索，应当移送监察机关，由监察机关依法调查处置。"根据此规定，检察机关受理控告、举报中发现不属于检察机关立案侦查的案件，应当根据法律规定移送有管辖权的机关，其中涉嫌职务违法和犯罪的问题线索应当移送监察机关调查处置。同时，被控告人、被举报人的行为不构成犯罪的，但需要追究其党纪、政纪、违法责任的，检察机关应当作出不予立案的决定，并按照《人民检察院刑事诉讼规则》第 173 条的规定移送有管辖权的主管机关处理。

关联规定指引

《刑事诉讼法》

第 19 条 刑事案件的侦查由公安机关进行，法律另有规定的除外。

人民检察院在对诉讼活动实行法律监督中发现的司法工作人员利用职权实施的非法拘禁、刑讯逼供、非法搜查等侵犯公民权利、损害司法公正的犯罪，可以由人民检察院立案侦查。对于公安机关管辖的国家机关工作人员利用职权实施的重大犯罪案件，需要由人民检察院直接受理的时候，经省级以上人民检察院决定，可以由人民检察院立案侦查。

自诉案件，由人民法院直接受理。

《监察法》

第34条 人民法院、人民检察院、公安机关、审计机关等国家机关在工作中发现公职人员涉嫌贪污贿赂、失职渎职等职务违法或者职务犯罪的问题线索，应当移送监察机关，由监察机关依法调查处置。

被调查人既涉嫌严重职务违法或者职务犯罪，又涉嫌其他违法犯罪的，一般应当由监察机关为主调查，其他机关予以协助。

《人民检察院刑事诉讼规则》

第161条 人民检察院负责控告申诉检察的部门统一接受报案、控告、举报、申诉和犯罪嫌疑人投案自首，并依法审查，在七日以内作出以下处理：

（一）属于本院管辖且符合受理条件的，应当予以受理；

（二）不属于本院管辖的报案、控告、举报、自首，应当移送主管机关处理。必须采取紧急措施的，应当先采取紧急措施，然后移送主管机关。不属于本院管辖的申诉，应当告知其向有管辖权的机关提出；

（三）案件情况不明的，应当进行必要的调查核实，查明情况后依法作出处理。

负责控告申诉检察的部门可以向下级人民检察院交办控告、申诉、举报案件，并依照有关规定进行督办。

第162条 控告、申诉符合下列条件的，人民检察院应当受理：

（一）属于人民检察院受理案件范围；

（二）本院具有管辖权；

（三）申诉人是原案的当事人或者其法定代理人、近亲属；

（四）控告、申诉材料符合受理要求。

控告人、申诉人委托律师代理控告、申诉，符合上述条件的，应当受理。

控告、申诉材料不齐备的，应当告知控告人、申诉人补齐。受理时间从控告人、申诉人补齐相关材料之日起计算。

第173条 对于控告和实名举报，决定不予立案的，应当制作不立案通知书，写明案由和案件来源、决定不立案的原因和法律依据，由负责侦查的部门在十五日以内送达控告人、举报人，同时告知本院负责控告申诉检察的部门。

控告人如果不服，可以在收到不立案通知书后十日以内向上一级人民检察院申请复议。不立案的复议，由上一级人民检察院负责侦查的部门审查办理。

人民检察院认为被控告人、被举报人的行为未构成犯罪，决定不予立案，但需要追究其党纪、政纪、违法责任的，应当移送有管辖权的主管机关处理。

2. 检察机关是否可以将直接立案侦查的职务犯罪案件移送监察委调查处置？

检察机关是否可以将司法工作人员利用职权实施的职务犯罪问题线索移送监察机关审查调查？这一问题实际上关系到对《刑事诉讼法》第19条第2款中“可以”的理解。实践中对此问题存在两种意见。

第一种意见认为可以移送。具体理由如下：第一，根据《刑事诉讼法》第19条第2款的规定，检察机关“可以”对司法工作人员职务犯罪进行侦查，不是“应当”。既然是可以，不排除其他机关尤其是监察机关进行调查。第二，对职务违法和职务犯罪的监督、调查、处置是《监察法》赋予监察机关的法定职责。司法工作人员利用职权实施的非法拘禁、刑讯逼供、非法搜查等侵犯公民权利、损害司法公正的犯罪也是职务犯罪，监察机关可以调查。第三，监察体制改革的目的之一就是实现监察监督“全覆盖”，应当覆盖司法工作人员职务违法和职务犯罪。

第二种意见认为不可以移送。具体理由是：第一，《刑事诉讼法》第 19 条第 2 款规定的“可以”是授权性规定，即检察机关可以对司法工作人员职务犯罪进行侦查，这一规定虽然并不排斥监察机关对这类案件的管辖权，但是并不意味着检察机关可以把这类案件移送监察机关管辖。第二，没有必要移送。这是检察机关进行法律监督的体现，既然法律规定可以侦查，那么检察机关再移送就是不积极履职的表现。

从现有的规定看，对司法工作人员利用职权实施的涉嫌非法拘禁、刑讯逼供、非法搜查等侵犯公民权利、损害司法公正的犯罪案件，检察机关有权立案侦查，监察机关必要时也可以立案调查。人民检察院在办理直接受理侦查的案件中，发现犯罪嫌疑人同时涉嫌监察机关管辖的其他职务犯罪，可以全案移送监察机关管辖。国家监察委员会 2021 年 9 月公布的《中华人民共和国监察法实施条例》（以下简称《监察法实施条例》）第 52 条规定：“监察机关必要时可以依法调查司法工作人员利用职权实施的涉嫌非法拘禁、刑讯逼供、非法搜查等侵犯公民权利、损害司法公正的犯罪，并在立案后及时通报同级人民检察院。监察机关在调查司法工作人员涉嫌贪污贿赂等职务犯罪中，可以对其涉嫌的前款规定的犯罪一并调查，并及时通报同级人民检察院。人民检察院在办理直接受理侦查的案件中，发现犯罪嫌疑人同时涉嫌监察机关管辖的其他职务犯罪，经沟通全案移送监察机关管辖的，监察机关应当依法进行调查。”结合此规定和《刑事诉讼法》第 19 条第 2 款的规定可知，对于司法工作人员利用职权实施的非法拘禁、刑讯逼供、非法搜查等侵犯公民权利、损害司法公正的犯罪，监察机关和人民检察院均有权管辖。涉嫌相关犯罪的司法工作人员，如果不涉嫌贪污贿赂等监察机关管辖的职务犯罪，人民检察院可以立案侦查，监察机关必要时也可以立案调查。监察机关立案调查、人民检察院立案侦查后应当及时通报对方。对于司法工作人员以外的公职人员利用职权实施的非法拘禁、虐待被监管人、非法搜查等侵犯公民权利、损害司法公正的犯罪，由监察机关管辖。因此，从尽职履责的角度看，只要案件本身没有关联，检察机关对于直接立案侦查的案件一般不必移送。对于侦查中发现犯罪嫌疑人同时涉嫌监察机关管辖的其他职务犯罪的，可以经沟通全案移送监察机关管辖。

人民检察院在对诉讼活动实行法律监督中，发现司法工作人员涉嫌利用职权实施的侵犯公民权利、损害司法公正的犯罪案件，可以立案侦查。可以立案侦查的职务犯罪案件管辖范围涉及《中华人民共和国刑法》（以下简称《刑法》）规定的8个法条和14个罪名。[①]

（1）非法拘禁罪（《刑法》第238条）（非司法工作人员除外）；

（2）非法搜查罪（《刑法》第245条）（非司法工作人员除外）；

（3）刑讯逼供罪（《刑法》第247条）；

（4）暴力取证罪（《刑法》第247条）；

（5）虐待被监管人罪（《刑法》第248条）；

（6）滥用职权罪（《刑法》第397条）（非司法工作人员滥用职权侵犯公民权利、损害司法公正的情形除外）；

（7）玩忽职守罪（《刑法》第397条）（非司法工作人员玩忽职守侵犯公民权利、损害司法公正的情形除外）；

（8）徇私枉法罪（《刑法》第399条第1款）；

（9）民事、行政枉法裁判罪（《刑法》第399条第2款）；

（10）执行判决、裁定失职罪（《刑法》第399条第3款）；

（11）执行判决、裁定滥用职权罪（《刑法》第399条第3款）；

（12）私放在押人员罪（《刑法》第400条第1款）；

---

① 参见王建平、高翼飞：《〈关于人民检察院立案侦查司法工作人员相关职务犯罪若干问题的规定〉理解与适用》，载正义网，http：//www.jcrb.com/rmjc/fljs/202004/t20200415_2145967.html，最后访问时间：2022年6月15日。

（13）失职致使在押人员脱逃罪（《刑法》第400条第2款）；

（14）徇私舞弊减刑、假释、暂予监外执行罪（《刑法》第401条）。

从监察监督“全覆盖”的角度看，检察机关的管辖权并不排斥监察机关的管辖权。对于涉嫌上述8个法条和14个罪名的职务犯罪，监察机关在必要的时候也可以立案调查。人民检察院立案侦查的职务犯罪案件原则上不必移送监察委员会调查，特殊情况监察委员会立案调查确有必要时也可以移送。

关联规定指引

《刑法》

第238条 非法拘禁他人或者以其他方法非法剥夺他人人身自由的，处三年以下有期徒刑、拘役、管制或者剥夺政治权利。具有殴打、侮辱情节的，从重处罚。

犯前款罪，致人重伤的，处三年以上十年以下有期徒刑；致人死亡的，处十年以上有期徒刑。使用暴力致人伤残、死亡的，依照本法第二百三十四条、第二百三十二条的规定定罪处罚。

为索取债务非法扣押、拘禁他人的，依照前两款的规定处罚。

国家机关工作人员利用职权犯前三款罪的，依照前三款的规定从重处罚。

第245条 非法搜查他人身体、住宅，或者非法侵入他人住宅的，处三年以下有期徒刑或者拘役。

司法工作人员滥用职权，犯前款罪的，从重处罚。

第247条 司法工作人员对犯罪嫌疑人、被告人实行刑讯逼供或者使用暴力逼取证人证言的，处三年以下有期徒刑或者拘役。致人伤残、死亡的，依照本法第二百三十四条、第二百三十二条的规定定罪从重处罚。

第248条 监狱、拘留所、看守所等监管机构的监管人员对被监管人进行殴打或者体罚虐待，情节严重的，处三年以下有期徒刑或者拘役；情节特别严重的，处三年以上十年以下有期徒刑。致人伤残、死亡的，依照本法第二百三十四条、第二百三十二条的规定定罪从重处罚。

监管人员指使被监管人殴打或者体罚虐待其他被监管人的，依照前款的规定处罚。

第 397 条 国家机关工作人员滥用职权或者玩忽职守，致使公共财产、国家和人民利益遭受重大损失的，处三年以下有期徒刑或者拘役；情节特别严重的，处三年以上七年以下有期徒刑。本法另有规定的，依照规定。

国家机关工作人员徇私舞弊，犯前款罪的，处五年以下有期徒刑或者拘役；情节特别严重的，处五年以上十年以下有期徒刑。本法另有规定的，依照规定。

第 399 条 司法工作人员徇私枉法、徇情枉法，对明知是无罪的人而使他受追诉、对明知是有罪的人而故意包庇不使他受追诉，或者在刑事审判活动中故意违背事实和法律作枉法裁判的，处五年以下有期徒刑或者拘役；情节严重的，处五年以上十年以下有期徒刑；情节特别严重的，处十年以上有期徒刑。

在民事、行政审判活动中故意违背事实和法律作枉法裁判，情节严重的，处五年以下有期徒刑或者拘役；情节特别严重的，处五年以上十年以下有期徒刑。

在执行判决、裁定活动中，严重不负责任或者滥用职权，不依法采取诉讼保全措施、不履行法定执行职责，或者违法采取诉讼保全措施、强制执行措施，致使当事人或者其他人的利益遭受重大损失的，处五年以下有期徒刑或者拘役；致使当事人或者其他人的利益遭受特别重大损失的，处五年以上十年以下有期徒刑。

司法工作人员收受贿赂，有前三款行为的，同时又构成本法第三百八十五条规定之罪的，依照处罚较重的规定定罪处罚。

第400条 司法工作人员私放在押的犯罪嫌疑人、被告人或者罪犯的，处五年以下有期徒刑或者拘役；情节严重的，处五年以上十年以下有期徒刑；情节特别严重的，处十年以上有期徒刑。

司法工作人员由于严重不负责任，致使在押的犯罪嫌疑人、被告人或者罪犯脱逃，造成严重后果的，处三年以下有期徒刑或者拘役；造成特别严重后果的，处三年以上十年以下有期徒刑。

第401条 司法工作人员徇私舞弊，对不符合减刑、假释、暂予监外执行条件的罪犯，予以减刑、假释或者暂予监外执行的，处三年以下有期徒刑或者拘役；情节严重的，处三年以上七年以下有期徒刑。

《刑事诉讼法》

第19条 刑事案件的侦查由公安机关进行，法律另有规定的除外。

人民检察院在对诉讼活动实行法律监督中发现的司法工作人员利用职权实施的非法拘禁、刑讯逼供、非法搜查等侵犯公民权利、损害司法公正的犯罪，可以由人民检察院立案侦查。对于公安机关管辖的国家机关工作人员利用职权实施的重大犯罪案件，需要由人民检察院直接受理的时候，经省级以上人民检察院决定，可以由人民检察院立案侦查。

自诉案件，由人民法院直接受理。

《监察法实施条例》

第52条 监察机关必要时可以依法调查司法工作人员利用职权实施的涉嫌非法拘禁、刑讯逼供、非法搜查等侵犯公民权利、损害司法公正的犯罪，并在立案后及时通报同级人民检察院。

监察机关在调查司法工作人员涉嫌贪污贿赂等职务犯罪中，可以对其涉嫌的前款规定的犯罪一并调查，并及时通报同级人民检察院。人民检察院在办理直接受理侦查的案件中，发现犯罪嫌疑人同时涉嫌监察机关管辖的其他职务犯罪，经沟通全案移送监察机关管辖的，监察机关应当依法进行调查。

3. 问题线索如何移送与反馈?

根据《监察法》第34条第1款的规定，人民检察院在工作中发现公职人员涉嫌贪污贿赂、失职渎职等职务违法或者职务犯罪的问题线索，应当移送监察机关，由监察机关依法调查处置。

一是问题线索移送问题。如果地方检察院在办案中发现属于职务犯罪的案件线索，移送同级监察委员会时，可能出现，虽属于监察委员会管辖，但不属于被移送监察委员会管辖的情况。

这一假设反映出的本质问题是纪检监察案件的管辖问题。纪检监察案件的管辖存在两种不同类型的规定，一种是《监察法》的规定，另一种是相关法规的规定。根据《监察法》第16条第1款的规定，各级监察机关按照管理权限管辖本辖区内该法第15条规定的人员所涉监察事项。显然《监察法》是按照地域确定管辖范围的。《中国共产党纪律检查机关监督执纪工作规则》（以下简称《监督执纪工作规则》）第8条规定："对党的组织关系在地方、干部管理权限在主管部门的党员、干部以及监察对象涉嫌违纪违法问题，应当按照谁主管谁负责的原则进行监督执纪，由设在主管部门、有管辖权的纪检监察机关进行审查调查，主管部门认为有必要的，可以与地方纪检监察机关联合审查调查。地方纪检监察机关接到问题线索反映的，经与主管部门协调，可以对其进行审查调查，也可以与主管部门组成联合审查调查组，审查调查情况及时向对方通报。"显然，《监督执纪工作规则》确定的是"谁主管谁负责"原则进行管辖。这样，当检察院按照《监察法》第15条的规定将本辖区内的案件线索移送给同级监察委员会时，同级监察委员会则认为线索涉及人员的干部管理权限在主管部门，应当由设在主管部门、有管辖权的纪检监察机关进行审查调查。

二是需要多次移送和异地移送的问题。根据要求，审查逮捕、审查起诉阶段发现有违法违纪线索都要移交。如果同样的一个线索，在审查逮捕和审查起诉两个阶段要移交两次，则形成多次移交问题。如果本地纪委监委再按照规定向涉案人员主管部门所在地纪检监察机关移送，涉及异地纪委监委管辖的，需要异地移送。

三是线索反馈的问题。检察机关在办理刑事案件过程中，时常有犯罪嫌疑人、被告人举报他人涉嫌职务犯罪的问题线索以求立功。由于问题线索为当事人所提供的，涉及立功等量刑情节，需要监察机关给予必要的反馈。

对于这类问题，《监察法实施条例》第 171 条规定，监察机关对于执法机关、司法机关等其他机关移送的问题线索，应当及时审核，并按照下列方式办理：（1）本单位有管辖权的，及时研究提出处置意见；（2）本单位没有管辖权但其他监察机关有管辖权的，在 5 个工作日以内转送有管辖权的监察机关；（3）本单位对部分问题线索有管辖权的，对有管辖权的部分提出处置意见，并及时将其他问题线索转送有管辖权的机关；（4）监察机关没有管辖权的，及时退回移送机关。从问题线索处置看，这种“先接收再内部流转”的方式，不仅有利于提高办理效率，而且有利于线索的保密管理。毕竟让问题线索在纪检监察系统内部流转比在外部流转要更规范、更快。

根据《监督执纪工作规则》第 20 条第 1 款、第 2 款的规定，纪检监察机关通过集中管理、分类处置、定期清理的方式对问题线索行进处置。信访举报部门归口受理信访举报，案件监督管理部门统一办理巡视巡察工作机构和审计机关、行政执法机关、司法机关等单位发现涉嫌违纪或者职务违法、职务犯罪问题线索。因此，可以由纪检监察机关案件监督管理部门负责对检察机关移送的职务犯罪线索进行反馈。检察机关可以根据办理案件的需求书面向纪检监察机关征询问题线索的情况，纪检监察机关的案件监督管理部门根据办理情况提供反馈。

《监察法实施条例》出台以后，问题线索的管辖问题进一步明确，为解决问题线索移送提供了规范性依据。根据《监察法实施条例》第45条、第46条、第49条的规定，监察机关开展监督、调查、处置，按照管理权限与属地管辖相结合的原则，实行分级负责制。设区的市级以上监察委员会按照管理权限，依法管辖同级党委管理的公职人员涉嫌职务违法和职务犯罪案件。县级监察委员会和直辖市所辖区（县）监察委员会按照管理权限，依法管辖本辖区内公职人员涉嫌职务违法和职务犯罪案件。地方各级监察委员会按照《监察法实施条例》第13条的规定，可以依法管辖工作单位在本辖区内的有关公职人员涉嫌职务违法和职务犯罪案件。监察机关调查公职人员涉嫌职务犯罪案件，可以依法对涉嫌行贿犯罪、介绍贿赂犯罪或者共同职务犯罪的涉案人员中的非公职人员一并管辖。非公职人员涉嫌利用影响力受贿罪的，按照其所利用的公职人员的管理权限确定管辖。根据《监察法实施条例》第49条的规定，工作单位在地方、管理权限在主管部门的公职人员涉嫌职务违法和职务犯罪，一般由驻在主管部门、有管辖权的监察机构、监察专员管辖；经协商，监察机构、监察专员可以按规定移交公职人员工作单位所在地的地方监察委员会调查，或者与地方监察委员会联合调查。地方监察委员会在工作中发现上述公职人员有关问题线索，应当向驻在主管部门、有管辖权的监察机构、监察专员通报，并协商确定管辖。前款规定单位的其他公职人员涉嫌职务违法和职务犯罪，可以由地方监察委员会管辖；驻在主管部门的监察机构、监察专员自行立案调查的，应当及时通报地方监察委员会。地方监察委员会调查前两款规定案件，应当将立案、留置、移送审查起诉、撤销案件等重要情况向驻在主管部门的监察机构、监察专员通报。检察机关向监察委员会移送问题线索时，可以依据这些规定，向有管辖权的监察机关移送。

关联规定指引

《监督执纪工作规则》

第 8 条　对党的组织关系在地方、干部管理权限在主管部门的党员、干部以及监察对象涉嫌违纪违法问题，应当按照谁主管谁负责的原则进行监督执纪，由设在主管部门、有管辖权的纪检监察机关进行审查调查，主管部门认为有必要的，可以与地方纪检监察机关联合审查调查。地方纪检监察机关接到问题线索反映的，经与主管部门协调，可以对其进行审查调查，也可以与主管部门组成联合审查调查组，审查调查情况及时向对方通报。

第 20 条　纪检监察机关应当加强对问题线索的集中管理、分类处置、定期清理。信访举报部门归口受理同级党委管理的党组织和党员、干部以及监察对象涉嫌违纪或者职务违法、职务犯罪问题的信访举报，统一接收有关纪检监察机关、派驻或者派出机构以及其他单位移交的相关信访举报，移送本机关有关部门，深入分析信访形势，及时反映损害群众最关心、最直接、最现实的利益问题。

巡视巡察工作机构和审计机关、行政执法机关、司法机关等单位发现涉嫌违纪或者职务违法、职务犯罪问题线索，应当及时移交纪检监察机关案件监督管理部门统一办理。

监督检查部门、审查调查部门、干部监督部门发现的相关问题线索，属于本部门受理范围的，应当送案件监督管理部门备案；不属于本部门受理范围的，经审批后移送案件监督管理部门，由其按程序转交相关监督执纪部门办理。

《监察法》

第 15 条　监察机关对下列公职人员和有关人员进行监察：

（一）中国共产党机关、人民代表大会及其常务委员会机关、人民政府、监察委员会、人民法院、人民检察院、中国人民政治协商会议各级委员会机关、民主党派机关和工商业联合会机关的公务员，以及参照《中华人民共和国公务员法》管理的人员；

（二）法律、法规授权或者受国家机关依法委托管理公共事务的组织中从事公务的人员；

（三）国有企业管理人员；

（四）公办的教育、科研、文化、医疗卫生、体育等单位中从事管理的人员；

（五）基层群众性自治组织中从事管理的人员；

（六）其他依法履行公职的人员。

第16条 各级监察机关按照管理权限管辖本辖区内本法第十五条规定的人员所涉监察事项。

上级监察机关可以办理下一级监察机关管辖范围内的监察事项，必要时也可以办理所辖各级监察机关管辖范围内的监察事项。

监察机关之间对监察事项的管辖有争议的，由其共同的上级监察机关确定。

第34条 人民法院、人民检察院、公安机关、审计机关等国家机关在工作中发现公职人员涉嫌贪污贿赂、失职渎职等职务违法或者职务犯罪的问题线索，应当移送监察机关，由监察机关依法调查处置。

被调查人既涉嫌严重职务违法或者职务犯罪，又涉嫌其他违法犯罪的，一般应当由监察机关为主调查，其他机关予以协助。

《监察法实施条例》

第13条 派驻或者派出的监察机构、监察专员根据派出机关授权，按照管理权限依法对派驻或者派出监督单位、区域等的公职人员开展监督，对职务违法和职务犯罪进行调查、处置。监察机构、监察专员可以按规定与地方监察委员会联合调查严重职务违法、职务犯罪，或者移交地方监察委员会调查。

未被授予职务犯罪调查权的监察机构、监察专员发现监察对象涉嫌职务犯罪线索的，应当及时向派出机关报告，由派出机关调查或者依法移交有关地方监察委员会调查。

第45条 监察机关开展监督、调查、处置，按照管理权限与属地管辖相结合的原则，实行分级负责制。

第46条 设区的市级以上监察委员会按照管理权限，依法管辖同级党委管理的公职人员涉嫌职务违法和职务犯罪案件。

县级监察委员会和直辖市所辖区（县）监察委员会按照管理权限，依法管辖本辖区内公职人员涉嫌职务违法和职务犯罪案件。

地方各级监察委员会按照本条例第十三条、第四十九条规定，可以依法管辖工作单位在本辖区内的有关公职人员涉嫌职务违法和职务犯罪案件。

监察机关调查公职人员涉嫌职务犯罪案件，可以依法对涉嫌行贿犯罪、介绍贿赂犯罪或者共同职务犯罪的涉案人员中的非公职人员一并管辖。非公职人员涉嫌利用影响力受贿罪的，按照其所利用的公职人员的管理权限确定管辖。

第49条 工作单位在地方、管理权限在主管部门的公职人员涉嫌职务违法和职务犯罪，一般由驻在主管部门、有管辖权的监察机构、监察专员管辖；经协商，监察机构、监察专员可以按规定移交公职人员工作单位所在地的地方监察委员会调查，或者与地方监察委员会联合调查。地方监察委员会在工作中发现上述公职人员有关问题线索，应当向驻在主管部门、有管辖权的监察机构、监察专员通报，并协商确定管辖。

前款规定单位的其他公职人员涉嫌职务违法和职务犯罪，可以由地方监察委员会管辖；驻在主管部门的监察机构、监察专员自行立案调查的，应当及时通报地方监察委员会。

地方监察委员会调查前两款规定案件，应当将立案、留置、移送审查起诉、撤销案件等重要情况向驻在主管部门的监察机构、监察专员通报。

第171条 监察机关对于执法机关、司法机关等其他机关移送的问题线索，应当及时审核，并按照下列方式办理：

（一）本单位有管辖权的，及时研究提出处置意见；

（二）本单位没有管辖权但其他监察机关有管辖权的，在五个工作日以内转送有管辖权的监察机关；

（三）本单位对部分问题线索有管辖权的，对有管辖权的部分提出处置意见，并及时将其他问题线索转送有管辖权的机关；

（四）监察机关没有管辖权的，及时退回移送机关。

二、互涉案件管辖问题

一人犯数罪且分别由不同部门管辖的案件在实践中通常叫作互涉案件。这类案件由于多机关管辖权重叠。案件互涉引起的管辖问题主要包括三种类型，即监察机关与检察机关、检察机关与公安机关、公安机关与监察机关之间管辖的罪名相互牵连，形成管辖权重合的情形。对于职务犯罪与其他犯罪互涉案件，《监察法》第34条第2款规定："被调查人既涉嫌严重职务违法或者职务犯罪，又涉嫌其他违法犯罪的，一般应当由监察机关为主调查，其他机关予以协助。"该规定确定了职务犯罪案件牵连管辖中的以监察机关为主调查的原则。

1. 监察机关与检察机关互涉案件，如何处理？

根据《人民检察院刑事诉讼规则》第17条的规定，人民检察院办理直接受理侦查的案件，发现犯罪嫌疑人同时涉嫌监察机关管辖的职务犯罪线索的，应当及时与同级监察机关沟通。经沟通，认为全案由监察机关管辖更为适宜的，人民检察院应当将案件和相应职务犯罪线索一并移送监察机关；认为由监察机关和人民检察院分别管辖更为适宜的，人民检察院应当将监察机关管辖的相应职务犯罪线索移送监察机关，对依法由人民检察院管辖的犯罪案件继续侦查。人民检察院应当及时将沟通情况报告上一级人民检察院。沟通期间不得停止对案件的侦查。这一规定进一步细化了检察机关与监察机关就牵连案件沟通和协助的流程，贯彻了在《监察法》第 34 条第 2 款规定的“监察机关为主调查，其他机关予以协助”原则。

《监察法实施条例》第 51 条对互涉案件的管辖问题进一步明确。根据该条例第 51 条的规定，公职人员既涉嫌贪污贿赂、失职渎职等严重职务违法和职务犯罪，又涉嫌公安机关、人民检察院等机关管辖的犯罪，依法由监察机关为主调查的，应当由监察机关和其他机关分别依职权立案，监察机关承担组织协调职责，协调调查和侦查工作进度、重要调查和侦查措施使用等重要事项。根据《监察法实施条例》第 52 条第 2 款的规定，监察机关在调查司法工作人员涉嫌贪污贿赂等职务犯罪中，可以对其涉嫌的利用职权实施的涉嫌非法拘禁、刑讯逼供、非法搜查等侵犯公民权利、损害司法公正的犯罪一并调查，并及时通报同级人民检察院。人民检察院在办理直接受理侦查的案件中，发现犯罪嫌疑人同时涉嫌监察机关管辖的其他职务犯罪，经沟通全案移送监察机关管辖的，监察机关应当依法进行调查。

就检察机关而言，如果监察机关移送的属于人民检察院侦查的职务犯罪问题线索，人民检察院应当受理，对于牵连管辖的案件，应当按照《人民检察院刑事诉讼规则》第 17 条的规定处理。

对于人民检察院办理直接受理侦查的案件，发现犯罪嫌疑人同时涉嫌监察机关管辖的职务犯罪线索的，应当将其他职务犯罪线索移送监察机关，并就其管辖的犯罪案件是否一并移送监察机关管辖进行沟通。

关联规定指引

《监察法》

第 34 条 人民法院、人民检察院、公安机关、审计机关等国家机关在工作中发现公职人员涉嫌贪污贿赂、失职渎职等职务违法或者职务犯罪的问题线索，应当移送监察机关，由监察机关依法调查处置。

被调查人既涉嫌严重职务违法或者职务犯罪，又涉嫌其他违法犯罪的，一般应当由监察机关为主调查，其他机关予以协助。

《监察法实施条例》

第51条 公职人员既涉嫌贪污贿赂、失职渎职等严重职务违法和职务犯罪，又涉嫌公安机关、人民检察院等机关管辖的犯罪，依法由监察机关为主调查的，应当由监察机关和其他机关分别依职权立案，监察机关承担组织协调职责，协调调查和侦查工作进度、重要调查和侦查措施使用等重要事项。

第52条 监察机关必要时可以依法调查司法工作人员利用职权实施的涉嫌非法拘禁、刑讯逼供、非法搜查等侵犯公民权利、损害司法公正的犯罪，并在立案后及时通报同级人民检察院。

监察机关在调查司法工作人员涉嫌贪污贿赂等职务犯罪中，可以对其涉嫌的前款规定的犯罪一并调查，并及时通报同级人民检察院。人民检察院在办理直接受理侦查的案件中，发现犯罪嫌疑人同时涉嫌监察机关管辖的其他职务犯罪，经沟通全案移送监察机关管辖的，监察机关应当依法进行调查。

《人民检察院刑事诉讼规则》

第17条 人民检察院办理直接受理侦查的案件，发现犯罪嫌疑人同时涉嫌监察机关管辖的职务犯罪线索的，应当及时与同级监察机关沟通。

经沟通，认为全案由监察机关管辖更为适宜的，人民检察院应当将案件和相应职务犯罪线索一并移送监察机关；认为由监察机关和人民检察院分别管辖更为适宜的，人民检察院应当将监察机关管辖的相应职务犯罪线索移送监察机关，对依法由人民检察院管辖的犯罪案件继续侦查。

人民检察院应当及时将沟通情况报告上一级人民检察院。沟通期间不得停止对案件的侦查。

2. 检察机关与公安机关互涉的职务犯罪案件，如何处理？

人民检察院办理直接受理侦查的案件牵连到公安机关管辖的刑事案件主要有两个罪名：《刑法》第238条规定的非法拘禁罪和《刑法》第245条规定的非法搜查罪。对于公安机关管辖的国家机关工作人员利用职权实施的重大犯罪案件，需要由人民检察院直接受理的情形，根据《刑事诉讼法》第19条第2款的规定，需要经省级以上人民检察院决定。这类案件，根据《人民检察院刑事诉讼规则》第15条的规定，应当层报省级人民检察院决定。具体程序要求是：

（1）报请省级人民检察院决定立案侦查的案件，应当制作提请批准直接受理书，写明案件情况以及需要由人民检察院立案侦查的理由，并附有关材料。

（2）省级人民检察院应当在收到提请批准直接受理书后10日以内作出是否立案侦查的决定。省级人民检察院可以决定由设区的市级人民检察院立案侦查，也可以自行立案侦查。

对于人民检察院办理直接受理侦查的案件涉及公安机关管辖的刑事案件，根据《人民检察院刑事诉讼规则》第18条的规定，应当将属于公安机关管辖的刑事案件移送公安机关。如果涉嫌的主罪属于公安机关管辖，由公安机关为主侦查，人民检察院予以配合；如果涉嫌的主罪属于人民检察院管辖，由人民检察院为主侦查，公安机关予以配合。对于一人犯数罪、共同犯罪、共同犯罪的犯罪嫌疑人还实施其他犯罪、多个犯罪嫌疑人实施的犯罪存在关联，并案处理有利于查明案件事实和诉讼进行的，人民检察院可以在职责范围内对相关犯罪案件并案处理。显然，这类案件的处理基本上本着检察机关与公安机关平等协商的原则进行，与监察机关牵连管辖的案件处理，在程序上有些许差异。

关联规定指引

《刑法》

第 238 条 非法拘禁他人或者以其他方法非法剥夺他人人身自由的，处三年以下有期徒刑、拘役、管制或者剥夺政治权利。具有殴打、侮辱情节的，从重处罚。

犯前款罪，致人重伤的，处三年以上十年以下有期徒刑；致人死亡的，处十年以上有期徒刑。使用暴力致人伤残、死亡的，依照本法第二百三十四条、第二百三十二条的规定定罪处罚。

为索取债务非法扣押、拘禁他人的，依照前两款的规定处罚。

国家机关工作人员利用职权犯前三款罪的，依照前三款的规定从重处罚。

第 245 条 非法搜查他人身体、住宅，或者非法侵入他人住宅的，处三年以下有期徒刑或者拘役。

司法工作人员滥用职权，犯前款罪的，从重处罚。

《刑事诉讼法》

第 19 条 刑事案件的侦查由公安机关进行，法律另有规定的除外。

人民检察院在对诉讼活动实行法律监督中发现的司法工作人员利用职权实施的非法拘禁、刑讯逼供、非法搜查等侵犯公民权利、损害司法公正的犯罪，可以由人民检察院立案侦查。对于公安机关管辖的国家机关工作人员利用职权实施的重大犯罪案件，需要由人民检察院直接受理的时候，经省级以上人民检察院决定，可以由人民检察院立案侦查。

自诉案件，由人民法院直接受理。

《人民检察院刑事诉讼规则》

第 15 条 对本规则第十三条第二款规定的案件，人民检察院需要直接立案侦查的，应当层报省级人民检察院决定。

报请省级人民检察院决定立案侦查的案件，应当制作提请批准直接受理书，写明案件情况以及需要由人民检察院立案侦查的理由，并附有关材料。

省级人民检察院应当在收到提请批准直接受理书后十日以内作出是否立案侦查的决定。省级人民检察院可以决定由设区的市级人民检察院立案侦查，也可以自行立案侦查。

第 18 条 人民检察院办理直接受理侦查的案件涉及公安机关管辖的刑事案件，应当将属于公安机关管辖的刑事案件移送公安机关。如果涉嫌的主罪属于公安机关管辖，由公安机关为主侦查，人民检察院予以配合；如果涉嫌的主罪属于人民检察院管辖，由人民检察院为主侦查，公安机关予以配合。

对于一人犯数罪、共同犯罪、共同犯罪的犯罪嫌疑人还实施其他犯罪、多个犯罪嫌疑人实施的犯罪存在关联，并案处理有利于查明案件事实和诉讼进行的，人民检察院可以在职责范围内对相关犯罪案件并案处理。

3. 监察机关与公安机关互涉案件，如何处理？

根据《监察法》第 34 条第 2 款的规定，被调查人既涉嫌严重职务违法或者职务犯罪，又涉嫌其他违法犯罪的，一般应当由监察机关为主调查，其他机关予以协助。根据《监察法实施条例》第 51 条的规定，公职人员既涉嫌贪污贿赂、失职渎职等严重职务违法和职务犯罪，又涉嫌公安机关管辖的犯罪，依法由监察机关为主调查的，监察机关承担组织协调职责，协调调查和侦查工作进度、重要调查和侦查措施使用等重要事项。

因此，公安机关与监察机关互涉的案件，由监察机关为主调查，公安机关应当予以协助。一般情况下由监察机关和公安机关分别依职权立案，并以监察机关为主调查。

关联规定指引

《监察法》

第34条 人民法院、人民检察院、公安机关、审计机关等国家机关在工作中发现公职人员涉嫌贪污贿赂、失职渎职等职务违法或者职务犯罪的问题线索，应当移送监察机关，由监察机关依法调查处置。

被调查人既涉嫌严重职务违法或者职务犯罪，又涉嫌其他违法犯罪的，一般应当由监察机关为主调查，其他机关予以协助。

《监察法实施条例》

第51条 公职人员既涉嫌贪污贿赂、失职渎职等严重职务违法和职务犯罪，又涉嫌公安机关、人民检察院等机关管辖的犯罪，依法由监察机关为主调查的，应当由监察机关和其他机关分别依职权立案，监察机关承担组织协调职责，协调调查和侦查工作进度、重要调查和侦查措施使用等重要事项。

三、级别管辖问题

在级别管辖问题上，《监察法》第16条规定："各级监察机关按照管理权限管辖本辖区内本法第十五条规定的人员所涉监察事项。上级监察机关可以办理下一级监察机关管辖范围内的监察事项，必要时也可以办理所辖各级监察机关管辖范围内的监察事项。监察机关之间对监察事项的管辖有争议的，由其共同的上级监察机关确定。"第17条规定："上级监察机关可以将其所管辖的监察事项指定下级监察机关管辖，也可以将下级监察机关有管辖权的监察事项指定给其他监察机关管辖。监察机关认为所管辖的监察事项重大、复杂，需要由上级监察机关管辖的，可以报请上级监察机关管辖。"从规定可以看出，《监察法》着重规定了上下级之间的移送管辖、指定管辖、管辖争议的处理等等。

由于纪检监察合署办公，公职人员违纪、职务违法和职务犯罪三类行为往往相互交织，管辖问题在相关规定中，均有所体现。《监督执纪工作规则》对党组织和党员、干部以及监察对象涉嫌违纪或者职务违法、职务犯罪问题的管辖问题都作出了规定。该规则第 7 条明确了监督执纪工作实行分级负责制，实际上间接确定了纪检监察工作的级别管辖问题，具体如下：

（1）中央纪委国家监委负责监督检查和审查调查中央委员、候补中央委员，中央纪委委员，中央管理的领导干部，党中央工作部门、党中央批准设立的党组（党委），各省、自治区、直辖市党委、纪委等党组织的涉嫌违纪或者职务违法、职务犯罪问题。

（2）地方各级纪委监委负责监督检查和审查调查同级党委委员、候补委员，同级纪委委员，同级党委管理的党员、干部以及监察对象，同级党委工作部门、党委批准设立的党组（党委），下一级党委、纪委等党组织的涉嫌违纪或者职务违法、职务犯罪问题。

（3）基层纪委负责监督检查和审查同级党委管理的党员，同级党委下属的各级党组织的涉嫌违纪问题；未设立纪律检查委员会的党的基层委员会，由该委员会负责监督执纪工作。

地方各级纪委监委依照规定加强对同级党委履行职责、行使权力情况的监督。

同时，针对干部管理权限与党组织关系不一致的问题，该规则第 8 条规定："对党的组织关系在地方、干部管理权限在主管部门的党员、干部以及监察对象涉嫌违纪违法问题，应当按照谁主管谁负责的原则进行监督执纪，由设在主管部门、有管辖权的纪检监察机关进行审查调查，主管部门认为有必要的，可以与地方纪检监察机关联合审查调查。地方纪检监察机关接到问题线索反映的，经与主管部门协调，可以对其进行审查调查，也可以与主管部门组成联合审查调查组，审查调查情况及时向对方通报。"不难看出，《监督执纪工作规则》是根据干部管理权限来确定级别管辖的，同时规定了属人管辖原则，即“谁主管谁负责”。

2021年9月公布实施的《监察法实施条例》进一步细化了级别管辖相关规定。该条例第45条规定了确定管辖的基本原则，“监察机关开展监督、调查、处置，按照管理权限与属地管辖相结合的原则，实行分级负责制”。第46条对级别管辖作了细化：（1）设区的市级以上监察委员会按照管理权限，依法管辖同级党委管理的公职人员涉嫌职务违法和职务犯罪案件。（2）县级监察委员会和直辖市所辖区（县）监察委员会按照管理权限，依法管辖本辖区内公职人员涉嫌职务违法和职务犯罪案件。（3）地方各级监察委员会按照《监察法实施条例》第13条、第49条规定，可以依法管辖工作单位在本辖区内的有关公职人员涉嫌职务违法和职务犯罪案件。（4）监察机关调查公职人员涉嫌职务犯罪案件，可以依法对涉嫌行贿犯罪、介绍贿赂犯罪或者共同职务犯罪的涉案人员中的非公职人员一并管辖。非公职人员涉嫌利用影响力受贿罪的，按照其所利用的公职人员的管理权限确定管辖。

由于职务违法和职务犯罪案件的特殊性，《监察法实施条例》还对提级管辖进行了规定。该条例第47条第1款规定，上级监察机关对于下一级监察机关管辖范围内的职务违法和职务犯罪案件，具有下列情形之一的，可以依法提级管辖：（1）在本辖区有重大影响的；（2）涉及多个下级监察机关管辖的监察对象，调查难度大的；（3）其他需要提级管辖的重大、复杂案件。该条第2款规定，上级监察机关对于所辖各级监察机关管辖范围内有重大影响的案件，必要时可以依法直接调查或者组织、指挥、参与调查。第3款规定，地方各级监察机关所管辖的职务违法和职务犯罪案件，具有第1款规定情形的，可以依法报请上一级监察机关管辖。

监察管辖中比较特殊的是涉案人员工作单位在地方但管理权限不在地方的情形。对于此种情况，《监察法实施条例》第49条规定：“工作单位在地方、管理权限在主管部门的公职人员涉嫌职务违法和职务犯罪，一般由驻在主管部门、有管辖权的监察机构、监察专员管辖；经协商，监察机构、监察专员可以按规定移交公职人员工作单位所在地的地方监察委员会调查，或者与地方监察委员会联合调查。地方监察委员会在工作中发现上述公职人员有关问题线索，应当向驻在主管部门、有管辖权的监察机构、监察专员通报，并协商确定管辖。前款规定单位的其他公职人员涉嫌职务违法和职务犯罪，可以由地方监察委员会管辖；驻在主管部门的监察机构、监察专员自行立案调查的，应当及时通报地方监察委员会。地方监察委员会调查前两款规定案件，应当将立案、留置、移送审查起诉、撤销案件等重要情况向驻在主管部门的监察机构、监察专员通报。”

《刑事诉讼法》对于犯罪案件的级别管辖有着明确规定，根据《刑事诉讼法》第 20 条至第 23 条的规定，基层人民法院管辖第一审普通刑事案件。中级人民法院管辖两类第一审刑事案件：

（1）危害国家安全、恐怖活动案件；

（2）可能判处无期徒刑、死刑的案件。

高级人民法院管辖的第一审刑事案件，是全省（自治区、直辖市）性的重大刑事案件。

最高人民法院管辖的第一审刑事案件，是全国性的重大刑事案件。

同时《刑事诉讼法》第 25 条规定：“刑事案件由犯罪地的人民法院管辖。如果由被告人居住地的人民法院审判更为适宜的，可以由被告人居住地的人民法院管辖。”

显然，《刑事诉讼法》是根据案件性质和重大程度来确定级别管辖的，而纪检监察规范是根据监察对象的职级来确定级别管辖的；刑事诉讼规范是根据犯罪地来确定管辖的地域，基本上是遵循“属地管辖”为主的原则，纪检监察规范则按照“谁主管谁负责”的原则确定管辖。

关联规定指引

《监督执纪工作规则》

第7条 监督执纪工作实行分级负责制：

（一）中央纪委国家监委负责监督检查和审查调查中央委员、候补中央委员，中央纪委委员，中央管理的领导干部，党中央工作部门、党中央批准设立的党组（党委），各省、自治区、直辖市党委、纪委等党组织的涉嫌违纪或者职务违法、职务犯罪问题。

（二）地方各级纪委监委负责监督检查和审查调查同级党委委员、候补委员，同级纪委委员，同级党委管理的党员、干部以及监察对象，同级党委工作部门、党委批准设立的党组（党委），下一级党委、纪委等党组织的涉嫌违纪或者职务违法、职务犯罪问题。

（三）基层纪委负责监督检查和审查同级党委管理的党员，同级党委下属的各级党组织的涉嫌违纪问题；未设立纪律检查委员会的党的基层委员会，由该委员会负责监督执纪工作。

地方各级纪委监委依照规定加强对同级党委履行职责、行使权力情况的监督。

第8条 对党的组织关系在地方、干部管理权限在主管部门的党员、干部以及监察对象涉嫌违纪违法问题，应当按照谁主管谁负责的原则进行监督执纪，由设在主管部门、有管辖权的纪检监察机关进行审查调查，主管部门认为有必要的，可以与地方纪检监察机关联合审查调查。地方纪检监察机关接到问题线索反映的，经与主管部门协调，可以对其进行审查调查，也可以与主管部门组成联合审查调查组，审查调查情况及时向对方通报。

《监察法》

第16条 各级监察机关按照管理权限管辖本辖区内本法第十五条规定

的人员所涉监察事项。

上级监察机关可以办理下一级监察机关管辖范围内的监察事项，必要时也可以办理所辖各级监察机关管辖范围内的监察事项。

监察机关之间对监察事项的管辖有争议的，由其共同的上级监察机关确定。

第17条 上级监察机关可以将其所管辖的监察事项指定下级监察机关管辖，也可以将下级监察机关有管辖权的监察事项指定给其他监察机关管辖。

监察机关认为所管辖的监察事项重大、复杂，需要由上级监察机关管辖的，可以报请上级监察机关管辖。

《刑事诉讼法》

第20条 基层人民法院管辖第一审普通刑事案件，但是依照本法由上级人民法院管辖的除外。

第21条 中级人民法院管辖下列第一审刑事案件：

（一）危害国家安全、恐怖活动案件；

（二）可能判处无期徒刑、死刑的案件。

第22条 高级人民法院管辖的第一审刑事案件，是全省（自治区、直辖市）性的重大刑事案件。

第23条 最高人民法院管辖的第一审刑事案件，是全国性的重大刑事案件。

第25条 刑事案件由犯罪地的人民法院管辖。如果由被告人居住地的人民法院审判更为适宜的，可以由被告人居住地的人民法院管辖。

《监察法实施条例》

第13条 派驻或者派出的监察机构、监察专员根据派出机关授权，按照管理权限依法对派驻或者派出监督单位、区域等的公职人员开展监督，对职务违法和职务犯罪进行调查、处置。监察机构、监察专员可以按规定与地方监察委员会联合调查严重职务违法、职务犯罪，或者移交地方监察委员会调查。

未被授予职务犯罪调查权的监察机构、监察专员发现监察对象涉嫌职务犯罪线索的，应当及时向派出机关报告，由派出机关调查或者依法移交有关地方监察委员会调查。

第 45 条 监察机关开展监督、调查、处置，按照管理权限与属地管辖相结合的原则，实行分级负责制。

第 46 条 设区的市级以上监察委员会按照管理权限，依法管辖同级党委管理的公职人员涉嫌职务违法和职务犯罪案件。

县级监察委员会和直辖市所辖区（县）监察委员会按照管理权限，依法管辖本辖区内公职人员涉嫌职务违法和职务犯罪案件。

地方各级监察委员会按照本条例第十三条、第四十九条规定，可以依法管辖工作单位在本辖区内的有关公职人员涉嫌职务违法和职务犯罪案件。

监察机关调查公职人员涉嫌职务犯罪案件，可以依法对涉嫌行贿犯罪、介绍贿赂犯罪或者共同职务犯罪的涉案人员中的非公职人员一并管辖。非公职人员涉嫌利用影响力受贿罪的，按照其所利用的公职人员的管理权限确定管辖。

第 47 条 上级监察机关对于下一级监察机关管辖范围内的职务违法和职务犯罪案件，具有下列情形之一的，可以依法提级管辖：

（一）在本辖区有重大影响的；

（二）涉及多个下级监察机关管辖的监察对象，调查难度大的；

（三）其他需要提级管辖的重大、复杂案件。

上级监察机关对于所辖各级监察机关管辖范围内有重大影响的案件，必要时可以依法直接调查或者组织、指挥、参与调查。

地方各级监察机关所管辖的职务违法和职务犯罪案件，具有第一款规定情形的，可以依法报请上一级监察机关管辖。

第49条　工作单位在地方、管理权限在主管部门的公职人员涉嫌职务违法和职务犯罪，一般由驻在主管部门、有管辖权的监察机构、监察专员管辖；经协商，监察机构、监察专员可以按规定移交公职人员工作单位所在地的地方监察委员会调查，或者与地方监察委员会联合调查。地方监察委员会在工作中发现上述公职人员有关问题线索，应当向驻在主管部门、有管辖权的监察机构、监察专员通报，并协商确定管辖。

前款规定单位的其他公职人员涉嫌职务违法和职务犯罪，可以由地方监察委员会管辖；驻在主管部门的监察机构、监察专员自行立案调查的，应当及时通报地方监察委员会。

地方监察委员会调查前两款规定案件，应当将立案、留置、移送审查起诉、撤销案件等重要情况向驻在主管部门的监察机构、监察专员通报。

四、指定管辖问题

职务犯罪案件异地审判的情况比较多。对于监、检衔接的案件，监察机关调查阶段可能发生指定管辖的情况，移送到检察机关也可能发生指定管辖的情况。

地方监察委员会调查的职务犯罪案件，如何指定管辖？对于这类案件，需要监察委员会和人民检察院协商制定管辖事宜。具体流程、手续和期限，监察规范和检察规范均有明确规定。

对于职务犯罪案件的指定管辖问题，《监察法实施条例》第221条、第222条、第223条和第224条进行了细化规定。具体程序如下：

（1）监察机关办理的职务犯罪案件移送起诉，需要指定起诉、审判管辖的，应当与同级人民检察院协商有关程序事宜。需要由同级人民检察院的上级人民检察院指定管辖的，应当商请同级人民检察院办理指定管辖事宜。监察机关一般应当在移送起诉20日前，将商请指定管辖函送交同级人民检察院。商请指定管辖函应当附案件基本情况，对于被调查人已被其他机关立案侦查的犯罪认为需要并案审查起诉的，一并进行说明。派驻或者派出的监察机构、监察专员调查的职务犯罪案件需要指定起诉、审判管辖的，应当报派出机关办理指定管辖手续。[①]

（2）上级监察机关指定下级监察机关进行调查，移送起诉时需要人民检察院依法指定管辖的，应当在移送起诉前由上级监察机关与同级人民检察院协商有关程序事宜。[②]

（3）监察机关对已经移送起诉的职务犯罪案件，发现遗漏被调查人罪行需要补充移送起诉的，应当经审批出具《补充起诉意见书》，连同相关案卷材料、证据等一并移送同级人民检察院。对于经人民检察院指定管辖的案件需要补充移送起诉的，可以直接移送原受理移送起诉的人民检察院；需要追加犯罪嫌疑人、被告人的，应当再次商请人民检察院办理指定管辖手续。[③]

（4）对于涉嫌行贿犯罪、介绍贿赂犯罪或者共同职务犯罪等关联案件的涉案人员，移送起诉时一般应当随主案确定管辖。主案与关联案件由不同监察机关立案调查的，调查关联案件的监察机关在移送起诉前，应当报告或者通报调查主案的监察机关，由其统一协调案件管辖事宜。因特殊原因，关联案件不宜随主案确定管辖的，调查主案的监察机关应当及时通报和协调有关事项。[④]

对于检察机关而言，地方各级人民检察院在办理监察机关移送案件需要指定管辖时，应当遵照《人民检察院刑事诉讼规则》第 329 条的规定执行。对于需要在异地起诉、审判的，人民检察院应当在监察机关移送起诉 20 日前协商同级人民法院办理指定管辖有关事宜，[⑤] 并由该检察院向监察

---

① 参见《中华人民共和国监察法实施条例》第 221 条。这里指主要依据该条文，而非特指条文原文。下文不再特别提示。

② 参见《中华人民共和国监察法实施条例》第 222 条。

③ 参见《中华人民共和国监察法实施条例》第 223 条。

④ 参见《中华人民共和国监察法实施条例》第 224 条。

⑤ 参见《人民检察院刑事诉讼规则》第 329 条。

委员会通报。上级人民检察院收到监察委员会移交的案卷材料后，一般应当在拘留期限内（最长 14 天内）将案卷材料交由被指定的检察机关办理，并及时办理换押手续、移交涉案赃款赃物等。[①]

关联规定指引

《监察法实施条例》

第 221 条　监察机关办理的职务犯罪案件移送起诉，需要指定起诉、审判管辖的，应当与同级人民检察院协商有关程序事宜。需要由同级人民检察院的上级人民检察院指定管辖的，应当商请同级人民检察院办理指定管辖事宜。

监察机关一般应当在移送起诉二十日前，将商请指定管辖函送交同级人民检察院。商请指定管辖函应当附案件基本情况，对于被调查人已被其他机关立案侦查的犯罪认为需要并案审查起诉的，一并进行说明。

派驻或者派出的监察机构、监察专员调查的职务犯罪案件需要指定起诉、审判管辖的，应当报派出机关办理指定管辖手续。

第 222 条　上级监察机关指定下级监察机关进行调查，移送起诉时需要人民检察院依法指定管辖的，应当在移送起诉前由上级监察机关与同级人民检察院协商有关程序事宜。

第 223 条　监察机关对已经移送起诉的职务犯罪案件，发现遗漏被调查人罪行需要补充移送起诉的，应当经审批出具《补充起诉意见书》，连同相关案卷材料、证据等一并移送同级人民检察院。

对于经人民检察院指定管辖的案件需要补充移送起诉的，可以直接移送原受理移送起诉的人民检察院；需要追加犯罪嫌疑人、被告人的，应当再次商请人民检察院办理指定管辖手续。

---

① 陈国庆：《刑事诉讼法修改与刑事检察工作的新发展》，载《国家检察官学院学报》2019 年第 1 期。

第224条 对于涉嫌行贿犯罪、介绍贿赂犯罪或者共同职务犯罪等关联案件的涉案人员，移送起诉时一般应当随主案确定管辖。

主案与关联案件由不同监察机关立案调查的，调查关联案件的监察机关在移送起诉前，应当报告或者通报调查主案的监察机关，由其统一协调案件管辖事宜。因特殊原因，关联案件不宜随主案确定管辖的，调查主案的监察机关应当及时通报和协调有关事项。

《人民检察院刑事诉讼规则》

第329条 监察机关移送起诉的案件，需要依照刑事诉讼法的规定指定审判管辖的，人民检察院应当在监察机关移送起诉二十日前协商同级人民法院办理指定管辖有关事宜。

五、诉讼中发现管辖错误的处理

实践中，人民检察院对职务犯罪案件审查起诉过程中发现管辖错误，主要有两种情况：一种是检察机关直接受理侦查的职务犯罪案件，审查起诉时发现管辖错误的情况；另一种是其他机关移送的案件，审查起诉时发现管辖错误。

1. 调查侦查阶段，检察机关直接受理侦查的案件，审查起诉时发现属于监察机关管辖的，如何处理？

检察机关立案侦查时认为属于直接受理侦查的案件，但在审查起诉阶段又发现涉嫌的犯罪不属于直接受理侦查的案件范围，检察机关没有管辖权。对于这种情况，根据《人民检察院刑事诉讼规则》第357条第1款第1句的规定，人民检察院立案侦查时认为属于直接受理侦查的案件，在审查起诉阶段发现属于监察机关管辖的，应当及时商监察机关办理。至于商后如何处理并没有进一步规定。一般情况下是根据监察机关的意见和有关规定处理，比较多的处理方式是将案件及时移送有管辖权的机关办理。

需要指出的是，《人民检察院刑事诉讼规则》第357条第1款同时规定，如果管辖权属于公安机关，但案件事实清楚，证据确实、充分，符合起诉条件的，检察机关可以直接起诉。如果案件事实不清、证据不足的，应当及时移送有管辖权的机关办理。那么，对于属于监察机关管辖的案件，案件事实清楚，证据确实、充分，符合起诉条件的，能否在商监察机关同意后直接起诉呢？从《人民检察院刑事诉讼规则》的规定看，并不排斥这种处理方式。如果监察机关也认为案件事实清楚，证据确实、充分，不需要监察机关再行调查，对检察机关提起公诉没有不同意见的，检察机关提起公诉并不影响案件的公正处理，同时也可以节约办案资源，提升效率。

关联规定指引

《人民检察院刑事诉讼规则》

第357条 人民检察院立案侦查时认为属于直接受理侦查的案件，在审查起诉阶段发现属于监察机关管辖的，应当及时商监察机关办理。属于公安机关管辖，案件事实清楚，证据确实、充分，符合起诉条件的，可以直接起诉；事实不清、证据不足的，应当及时移送有管辖权的机关办理。

在审查起诉阶段，发现公安机关移送起诉的案件属于监察机关管辖，或者监察机关移送起诉的案件属于公安机关管辖，但案件事实清楚，证据确实、充分，符合起诉条件的，经征求监察机关、公安机关意见后，没有不同意见的，可以直接起诉；提出不同意见，或者事实不清、证据不足的，应当将案件退回移送案件的机关并说明理由，建议其移送有管辖权的机关办理。

2. 在审查起诉阶段，发现移送案件涉及公安机关与监察机关之间管辖错误，如何处理？

检察机关在审查起诉阶段发现公安机关移送起诉的案件属于监察机关管辖或者监察机关移送起诉的案件属于公安机关管辖，由于这两种情况涉及监察机关和公安机关之间的职能管辖问题，需要征求双方的意见。根据《人民检察院刑事诉讼规则》第357条第2款的规定，如果案件事实清楚，证据确实、充分，符合起诉条件的，应当先征求监察机关、公安机关意见。监察机关、公安机关没有不同意见的，可以直接起诉。监察机关、公安机关提出不同意见，或者事实不清、证据不足的，检察机关应当将案件退回移送案件的机关并说明理由，建议其移送有管辖权的机关办理。

关联规定指引

《人民检察院刑事诉讼规则》

第357条 人民检察院立案侦查时认为属于直接受理侦查的案件，在审查起诉阶段发现属于监察机关管辖的，应当及时商监察机关办理。属于公安机关管辖，案件事实清楚，证据确实、充分，符合起诉条件的，可以直接起诉；事实不清、证据不足的，应当及时移送有管辖权的机关办理。

在审查起诉阶段，发现公安机关移送起诉的案件属于监察机关管辖，或者监察机关移送起诉的案件属于公安机关管辖，但案件事实清楚，证据确实、充分，符合起诉条件的，经征求监察机关、公安机关意见后，没有不同意见的，可以直接起诉；提出不同意见，或者事实不清、证据不足的，应当将案件退回移送案件的机关并说明理由，建议其移送有管辖权的机关办理。

3. 审判阶段，因定性变化导致原调查机关或者侦查机关无管辖权，如何处理？

在审判阶段，也可能因为案件定性变化导致原办案机关无管辖权的现象出现。原监察机关调查的职务犯罪案件，在审判中可能定性为应当由公安机关侦查的罪名；反之，原来由公安机关侦查的普通刑事案件，在审判中可能定性为应当由监察机关调查的职务犯罪。这种定性导致原来的调查机关或者侦查机关丧失管辖权。

对于案件事实不清，证据不足，导致案件定性变化，原调查机关或侦查机关无管辖权的，也需要进一步区分情况进行处理。根据《人民检察院刑事诉讼规则》第342条和第343条的规定，不管是公安机关移送的案件还是监察机关移送起诉的案件，人民检察院必要时可以自行补充侦查。自行补充侦查中，必要时可以要求公安机关提供协助，也可以商请监察机关提供协助。即便案件进入审判阶段，如果案件事实不清、证据不足，通过自行补充侦查可以使案件符合起诉条件的，人民检察院也可以根据情况依法决定自行补充侦查，并要求侦查机关或者调查机关协助。如果证据不足或者证据发生变化，不符合起诉条件的，依据《人民检察院刑事诉讼规则》第424条的规定，经检察长批准，人民检察院可以撤回起诉。对于撤回起诉的案件，人民检察院应当在撤回起诉后30日以内作出不起诉决定。需要重新调查或者侦查的，应当在作出不起诉决定后将案卷材料退回监察机关或者公安机关，建议监察机关或者公安机关重新调查或者侦查，并书面说明理由。

关联规定指引

《人民检察院刑事诉讼规则》

第342条　人民检察院认为犯罪事实不清、证据不足或者存在遗漏罪行、遗漏同案犯罪嫌疑人等情形需要补充侦查的，应当制作补充侦查提纲，连同案卷材料一并退回公安机关补充侦查。人民检察院也可以自行侦查，必要时可以要求公安机关提供协助。

第343条 人民检察院对于监察机关移送起诉的案件，认为需要补充调查的，应当退回监察机关补充调查。必要时，可以自行补充侦查。

需要退回补充调查的案件，人民检察院应当出具补充调查决定书、补充调查提纲，写明补充调查的事项、理由、调查方向、需补充收集的证据及其证明作用等，连同案卷材料一并送交监察机关。

人民检察院决定退回补充调查的案件，犯罪嫌疑人已被采取强制措施的，应当将退回补充调查情况书面通知强制措施执行机关。监察机关需要讯问的，人民检察院应当予以配合。

第424条 人民法院宣告判决前，人民检察院发现具有下列情形之一的，经检察长批准，可以撤回起诉：

（一）不存在犯罪事实的；

（二）犯罪事实并非被告人所为的；

（三）情节显著轻微、危害不大，不认为是犯罪的；

（四）证据不足或证据发生变化，不符合起诉条件的；

（五）被告人因未达到刑事责任年龄，不负刑事责任的；

（六）法律、司法解释发生变化导致不应当追究被告人刑事责任的；

（七）其他不应当追究被告人刑事责任的。

对于撤回起诉的案件，人民检察院应当在撤回起诉后三十日以内作出不起诉决定。需要重新调查或者侦查的，应当在作出不起诉决定后将案卷材料退回监察机关或者公安机关，建议监察机关或者公安机关重新调查或者侦查，并书面说明理由。

对于撤回起诉的案件，没有新的事实或者新的证据，人民检察院不得再行起诉。

新的事实是指原起诉书中未指控的犯罪事实。该犯罪事实触犯的罪名既可以是原指控罪名的同一罪名，也可以是其他罪名。

新的证据是指撤回起诉后收集、调取的足以证明原指控犯罪事实的证据。

六、涉案人员的追诉问题

非监察对象涉嫌职务犯罪或者与职务犯罪案件相关联，该如何处理？相关问题主要包括两种情形：（1）不属于监察对象的行贿人，涉嫌行贿罪的情形；（2）职务犯罪的共犯（如特定关系人），不属于监察对象范围，但涉嫌与国家工作人员共同实施职务犯罪。《监察法》第 22 条第 2 款规定："对涉嫌行贿犯罪或者共同职务犯罪的涉案人员，监察机关可以依照前款规定采取留置措施。"

1. 不属于监察对象的行贿人，涉嫌行贿罪，如何处理？

《监察法》赋予了监察机关对职务犯罪的调查权，而对职务犯罪的调查并不仅仅局限于监察对象。其一，《监察法》第 11 条第 2 项规定，监察委员会依照监察法和有关法律规定履行监督、调查、处置职责，其中包括对涉嫌贪污贿赂、滥用职权、玩忽职守、权力寻租、利益输送、徇私舞弊以及浪费国家资财等职务违法和职务犯罪进行调查。只要涉嫌职务犯罪，监察委就有权进行调查。行贿罪属于贪污贿赂犯罪，监察机关依法享有调查权。其二，《监察法》第 22 条已然规定对涉嫌行贿犯罪或者共同职务犯罪的涉案人员可以采取留置措施，这间接说明监察机关对这类人员有权调查。其三，《监察法实施条例》第 26 条规定的贪污贿赂犯罪中包括了行贿罪、利用影响力受贿罪等多个罪名，其主体都不限于国家工作人员或者国家公职人员。

从我国《刑法》的规定看，刑法分则第八章规定的贪污贿赂犯罪并不仅限于国家工作人员利用职务便利实施的犯罪，也包括与之相关联的非国家工作人员实施的犯罪，如利用影响力受贿罪、行贿罪、对有影响力的人行贿罪等。这些犯罪的行为人都有可能超出《监察法》第 15 条规定的监察对象范围，但并不意味着监察机关不能进行立案调查。从字面意义上看，《监察法》第 11 条第 2 项的表述是“对涉嫌贪污贿赂、滥用职权、玩忽职守、权力寻租、利益输送、徇私舞弊以及浪费国家资财等职务违法和职务犯罪进行调查”，这一规定并没有主体限制，而是对行为的概括性列举。因而对于涉嫌行贿犯罪的行贿人、涉嫌利用影响力受贿的人员以及涉嫌对有影响的人行贿的个人或者单位，监察机关都有权对其立案调查。

实际上，《监察法实施条例》第 46 条第 4 款明确了对非公职人员涉嫌行贿罪、介绍贿赂犯罪和共同职务犯罪的管辖问题。根据该规定，监察机关调查公职人员涉嫌职务犯罪案件，可以依法对涉嫌行贿犯罪、介绍贿赂犯罪或者共同职务犯罪的涉案人员中的非公职人员一并管辖。非公职人员涉嫌利用影响力受贿罪的，按照其所利用的公职人员的管理权限确定管辖。

关联规定指引

《监察法》

第 11 条 监察委员会依照本法和有关法律规定履行监督、调查、处置职责：

（一）对公职人员开展廉政教育，对其依法履职、秉公用权、廉洁从政从业以及道德操守情况进行监督检查；

（二）对涉嫌贪污贿赂、滥用职权、玩忽职守、权力寻租、利益输送、徇私舞弊以及浪费国家资财等职务违法和职务犯罪进行调查；

（三）对违法的公职人员依法作出政务处分决定；对履行职责不力、失职失责的领导人员进行问责；对涉嫌职务犯罪的，将调查结果移送人民检察院依法审查、提起公诉；向监察对象所在单位提出监察建议。

第15条 监察机关对下列公职人员和有关人员进行监察：

（一）中国共产党机关、人民代表大会及其常务委员会机关、人民政府、监察委员会、人民法院、人民检察院、中国人民政治协商会议各级委员会机关、民主党派机关和工商业联合会机关的公务员，以及参照《中华人民共和国公务员法》管理的人员；

（二）法律、法规授权或者受国家机关依法委托管理公共事务的组织中从事公务的人员；

（三）国有企业管理人员；

（四）公办的教育、科研、文化、医疗卫生、体育等单位中从事管理的人员；

（五）基层群众性自治组织中从事管理的人员；

（六）其他依法履行公职的人员。

第22条 被调查人涉嫌贪污贿赂、失职渎职等严重职务违法或者职务犯罪，监察机关已经掌握其部分违法犯罪事实及证据，仍有重要问题需要进一步调查，并有下列情形之一的，经监察机关依法审批，可以将其留置在特定场所：

（一）涉及案情重大、复杂的；

（二）可能逃跑、自杀的；

（三）可能串供或者伪造、隐匿、毁灭证据的；

（四）可能有其他妨碍调查行为的。

对涉嫌行贿犯罪或者共同职务犯罪的涉案人员，监察机关可以依照前款规定采取留置措施。

留置场所的设置、管理和监督依照国家有关规定执行。

《监察法实施条例》

第26条 监察机关依法调查涉嫌贪污贿赂犯罪，包括贪污罪，挪用公款罪，受贿罪，单位受贿罪，利用影响力受贿罪，行贿罪，对有影响力的人行贿罪，对单位行贿罪，介绍贿赂罪，单位行贿罪，巨额财产来源不明罪，隐瞒境外存款罪，私分国有资产罪，私分罚没财物罪，以及公职人员在行使公权力过程中实施的职务侵占罪，挪用资金罪，对外国公职人员、国际公共组织官员行贿罪，非国家工作人员受贿罪和相关联的对非国家工作人员行贿罪。

第46条 设区的市级以上监察委员会按照管理权限，依法管辖同级党委管理的公职人员涉嫌职务违法和职务犯罪案件。

县级监察委员会和直辖市所辖区（县）监察委员会按照管理权限，依法管辖本辖区内公职人员涉嫌职务违法和职务犯罪案件。

地方各级监察委员会按照本条例第十三条、第四十九条规定，可以依法管辖工作单位在本辖区内的有关公职人员涉嫌职务违法和职务犯罪案件。

监察机关调查公职人员涉嫌职务犯罪案件，可以依法对涉嫌行贿犯罪、介绍贿赂犯罪或者共同职务犯罪的涉案人员中的非公职人员一并管辖。非公职人员涉嫌利用影响力受贿罪的，按照其所利用的公职人员的管理权限确定管辖。

2. 不属于监察对象的共犯，如何处理？

对于职务犯罪的共犯，不属于《监察法》第15条规定的监察对象范围的情况也客观存在。常见的情形包括：（1）国家工作人员的特定关系人与国家工作人员共同实施职务犯罪；（2）混合所有制公司、企业中不具有国家工作人员身份的人员与受委派从事管理国有财产的人员共同实施职务犯罪；（3）其他人员与国家工作人员共同实施职务犯罪等。这些共同犯罪的人员可能既不属于违纪调查的对象，也不属于公职人员范围。即便如此，因为其共同实施了职务犯罪行为，监察机关依然可以依照监察法对其进行监察调查。具体理由同上面的论述。

对于职务犯罪的共犯在调查程序上与一般职务犯罪案件一样，并不需要特殊规定。在调查阶段身份是被调查人，移送司法机关以后，身份为犯罪嫌疑人、被告人。需要采取留置措施、强制措施的，分别依照监察规范和刑事诉讼规范处理。

由于行贿人与受贿人相关联，共同职务犯罪的非公职人员与职务犯罪的主犯相关联，所以这类人员的犯罪通常与受贿犯罪、共同职务犯罪的主案犯并案处理。在特殊情况下，也可能分案处理。在分案处理的情况下，行贿犯罪案件与受贿犯罪案件、共同职务犯罪的从犯案件与主犯案件便形成了主、从案的关联关系。对于这类案件的管辖，一般应当坚持根据主案确定管辖的原则确定起诉、审判的人民检察院和人民法院。也就是说，这类职务犯罪的关联案件由受理主案的人民检察院、人民法院或者下级人民检察院、人民法院管辖。根据《监察法实施条例》第224条的规定，对于涉嫌行贿犯罪、介绍贿赂犯罪或者共同职务犯罪等关联案件的涉案人员，移送起诉时一般应当随主案确定管辖。主案与关联案件由不同监察机关立案调查的，调查关联案件的监察机关在移送起诉前，应当报告或者通报调查主案的监察机关，由其统一协调案件管辖事宜。因特殊原因，关联案件不宜随主案确定管辖的，调查主案的监察机关应当及时通报和协调有关事项。

关联规定指引

《监察法》

第15条 监察机关对下列公职人员和有关人员进行监察：

（一）中国共产党机关、人民代表大会及其常务委员会机关、人民政府、监察委员会、人民法院、人民检察院、中国人民政治协商会议各级委员会机关、民主党派机关和工商业联合会机关的公务员，以及参照《中华人民共和国公务员法》管理的人员；

（二）法律、法规授权或者受国家机关依法委托管理公共事务的组织中从事公务的人员；

（三）国有企业管理人员；

（四）公办的教育、科研、文化、医疗卫生、体育等单位中从事管理的人员；

（五）基层群众性自治组织中从事管理的人员；

（六）其他依法履行公职的人员。

《监察法实施条例》

第224条 对于涉嫌行贿犯罪、介绍贿赂犯罪或者共同职务犯罪等关联案件的涉案人员，移送起诉时一般应当随主案确定管辖。

主案与关联案件由不同监察机关立案调查的，调查关联案件的监察机关在移送起诉前，应当报告或者通报调查主案的监察机关，由其统一协调案件管辖事宜。因特殊原因，关联案件不宜随主案确定管辖的，调查主案的监察机关应当及时通报和协调有关事项。

第二章　监察机关移送案件的立案与受理

对于监察机关调查之后向检察机关移送起诉的案件，人民检察院须依法进行审查。《刑事诉讼法》第 170 条第 1 款规定："人民检察院对于监察机关移送起诉的案件，依照本法和监察法的有关规定进行审查。人民检察院经审查，认为需要补充核实的，应当退回监察机关补充调查，必要时可以自行补充侦查。"

一、立案与受理

1. 纪检监察案件的立案程序有何特点？

从纪检监察办案规范来看，监察机关立案不同于刑事诉讼中的侦查立案。《监察法》第 39 条规定，经过初步核实，对监察对象涉嫌职务违法犯罪，需要追究法律责任的，监察机关应当按照规定的权限和程序办理立案手续。监察机关主要负责人依法批准立案后，应当主持召开专题会议，研究确定调查方案，决定需要采取的调查措施。立案调查决定应当向被调查人宣布，并通报相关组织。涉嫌严重职务违法或者职务犯罪的，应当通知被调查人家属，并向社会公开发布。

《监督执纪工作规则》对立案程序作出进一步细化。该规则第 37 条规定，纪检监察机关经过初步核实，对党员、干部以及监察对象涉嫌违纪或者职务违法、职务犯罪，需要追究纪律或者法律责任的，应当立案审查调查。凡报请批准立案的，应当已经掌握部分违纪或者职务违法、职务犯罪事实和证据，具备进行审查调查的条件。第 38 条则规定，对符合立案条件的，承办部门应当起草立案审查调查呈批报告，经纪检监察机关主要负责人审批，报同级党委主要负责人批准，予以立案审查调查。立案审查调查决定应当向被审查调查人宣布，并向被审查调查人所在党委（党组）主要负责人通报。

根据上述规定可以归纳出纪检监察立案的基本条件和流程。立案应当具备三个基本条件：（1）程序上必须经过初步核实；（2）实体上必须是党员、干部以及监察对象涉嫌违纪或者职务违法、职务犯罪需要追究纪律或者法律责任；（3）证据上，办案部门已经掌握部分违纪或者职务违法、职务犯罪事实和证据，具备进行审查的条件。

立案调查的基本流程包括：（1）承办部门起草立案审查调查呈批报告；（2）经纪检监察机关主要负责人审批；（3）报同级党委主要负责人批准；（4）立案审查调查决定向被审查调查人宣布，并向被审查调查人所在党委（党组）主要负责人通报。

综上可以看出，纪检监察立案程序与公安机关、检察机关的立案程序明显不同。其一，初步核实与立案分离，立案以初核为基本前提；其二，纪检监察立案不以涉嫌职务犯罪为必要条件，涉嫌违纪、职务违法、职务犯罪均可立案；其三，违纪、职务违法、职务犯罪适用同样的呈报、审批、批准、宣布程序。

关联规定指引

《监督执纪工作规则》

第 37 条 纪检监察机关经过初步核实，对党员、干部以及监察对象涉嫌违纪或者职务违法、职务犯罪，需要追究纪律或者法律责任的，应当立案审查调查。

凡报请批准立案的，应当已经掌握部分违纪或者职务违法、职务犯罪事实和证据，具备进行审查调查的条件。

第38条　对符合立案条件的，承办部门应当起草立案审查调查呈批报告，经纪检监察机关主要负责人审批，报同级党委主要负责人批准，予以立案审查调查。

立案审查调查决定应当向被审查调查人宣布，并向被审查调查人所在党委（党组）主要负责人通报。

《监察法》

第39条　经过初步核实，对监察对象涉嫌职务违法犯罪，需要追究法律责任的，监察机关应当按照规定的权限和程序办理立案手续。

监察机关主要负责人依法批准立案后，应当主持召开专题会议，研究确定调查方案，决定需要采取的调查措施。

立案调查决定应当向被调查人宣布，并通报相关组织。涉嫌严重职务违法或者职务犯罪的，应当通知被调查人家属，并向社会公开发布。

2. 对于监察机关移送的案件，检察院是否需要再次立案？

监察机关依职权调查后认为需要追究刑事责任，移送检察机关起诉的案件，检察院是否需要再次立案？

对于监察机关移送起诉的案件，检察机关应当进行受理审查，不需要再行立案。这是因为《刑事诉讼法》第109条规定的立案主要是侦查立案。该条规定："公安机关或者人民检察院发现犯罪事实或者犯罪嫌疑人，应当按照管辖范围，立案侦查。"这里的立案主要是在侦查程序启动前进行的条件审查程序。对于已经启动的追诉程序移送到检察院和法院只需要进行受理审查即可，不需要再行立案。再者，根据《监察法》等规范，初核是立案的必经程序。初核和立案都要经过严格的审批程序。根据《监察法》第

39 条第 1 款的规定，经过初步核实，对监察对象涉嫌职务违法犯罪，需要追究法律责任的，监察机关应当按照规定的权限和程序办理立案手续。根据《监察法》第 39 条第 3 款的规定，立案调查决定应当向被调查人宣布，并通报相关组织。涉嫌严重职务违法或者职务犯罪的，应当通知被调查人家属，并向社会公开发布。

然而监察机关调查毕竟不同于刑事诉讼程序，监察机关将案件移送检察机关起诉意味着职务犯罪案件进入了刑事诉讼程序。如何确定职务犯罪案件刑事诉讼程序的起点呢？对此问题，有观点认为："对于监察委员会移送的案件，检察机关不需要另行立案，以受理移送审查起诉作为案件进入刑事诉讼的起点。"[①]《监察法》赋予监察机关调查不同于刑事侦查的属性，把受理移送审查起诉作为职务犯罪案件进入刑事诉讼的起点。

关联规定指引

《刑事诉讼法》

第 109 条 公安机关或者人民检察院发现犯罪事实或者犯罪嫌疑人，应当按照管辖范围，立案侦查。

《监察法》

第 39 条 经过初步核实，对监察对象涉嫌职务违法犯罪，需要追究法律责任的，监察机关应当按照规定的权限和程序办理立案手续。

监察机关主要负责人依法批准立案后，应当主持召开专题会议，研究确定调查方案，决定需要采取的调查措施。

立案调查决定应当向被调查人宣布，并通报相关组织。涉嫌严重职务违法或者职务犯罪的，应当通知被调查人家属，并向社会公开发布。

---

① 陈国庆：《刑事诉讼法修改与刑事检察工作的新发展》，载《国家检察官学院学报》2019 年第 1 期。

3. 对于监察机关移送的案件，检察机关如何受理？

对于监察机关移送起诉的案件，从流程上看，包括监察机关的移送和检察机关的受理和审查两部分。监察机关移送案件，需要先确定起诉和审判的管辖，然后把案件移送给有管辖权的人民检察院审查起诉。监察机关移送案件时，需要随案移送相关法律文书和证据材料，检察机关受理案件时需要对随案移送的法律文书和证据材料进行审查。

《人民检察院刑事诉讼规则》明确规定了监察机关移送案件的受理、审查和移送程序。根据该规则第156条的规定，监察机关移送起诉、提请没收违法所得、对不起诉决定提请复议的案件，由人民检察院负责案件管理的部门统一受理。根据第157条的规定，人民检察院负责案件管理的部门受理案件时，应当接收案卷材料，并立即审查下列内容：（1）依据移送的法律文书载明的内容确定案件是否属于本院管辖；（2）案卷材料是否齐备、规范，符合有关规定的要求；（3）移送的款项或者物品与移送清单是否相符；（4）犯罪嫌疑人是否在案以及采取强制措施的情况；（5）是否在规定的期限内移送案件。根据第158条第1款和第2款的规定，人民检察院负责案件管理的部门对接收的案卷材料审查后，认为具备受理条件的，应当及时进行登记，并立即将案卷材料和案件受理登记表移送办案部门办理。经审查，认为案卷材料不齐备的，应当及时要求移送案件的单位补送相关材料。对于案卷装订不符合要求的，应当要求移送案件的单位重新装订后移送。从《人民检察院刑事诉讼规则》的规定看，案件管理部门进行形式审查，符合条件的进行登记并移送办案部门办理，材料不齐的要求补齐，并无立案、不立案的规定。

需要指出的是，《刑事诉讼法》第291条增加了对于贪污贿赂犯罪案件的缺席审判程序。《人民检察院刑事诉讼规则》第505条第1款规定，对于监察机关移送起诉的贪污贿赂犯罪案件，犯罪嫌疑人、被告人在境外，人民检察院认为犯罪事实已经查清，证据确实、充分，依法应当追究刑事责任的，可以向人民法院提起公诉。因此，对于监察机关移送起诉的贪污贿赂犯罪案件，检察机关受理时并不以被调查人到案为必要条件。

关联规定指引

《刑事诉讼法》

第 291 条　对于贪污贿赂犯罪案件，以及需要及时进行审判，经最高人民检察院核准的严重危害国家安全犯罪、恐怖活动犯罪案件，犯罪嫌疑人、被告人在境外，监察机关、公安机关移送起诉，人民检察院认为犯罪事实已经查清，证据确实、充分，依法应当追究刑事责任的，可以向人民法院提起公诉。人民法院进行审查后，对于起诉书中有明确的指控犯罪事实，符合缺席审判程序适用条件的，应当决定开庭审判。

前款案件，由犯罪地、被告人离境前居住地或者最高人民法院指定的中级人民法院组成合议庭进行审理。

《人民检察院刑事诉讼规则》

第 156 条　下列案件，由人民检察院负责案件管理的部门统一受理：

（一）公安机关提请批准逮捕、移送起诉、提请批准延长侦查羁押期限、要求复议、提请复核、申请复查、移送申请强制医疗、移送申请没收违法所得的案件；

（二）监察机关移送起诉、提请没收违法所得、对不起诉决定提请复议的案件；

（三）下级人民检察院提出或者提请抗诉、报请指定管辖、报请核准追诉、报请核准缺席审判或者提请死刑复核监督的案件；

（四）人民法院通知出席第二审法庭或者再审法庭的案件；

（五）其他依照规定由负责案件管理的部门受理的案件。

第 157 条　人民检察院负责案件管理的部门受理案件时，应当接收案卷材料，并立即审查下列内容：

（一）依据移送的法律文书载明的内容确定案件是否属于本院管辖；

（二）案卷材料是否齐备、规范，符合有关规定的要求；

（三）移送的款项或者物品与移送清单是否相符；

（四）犯罪嫌疑人是否在案以及采取强制措施的情况；

（五）是否在规定的期限内移送案件。

第158条　人民检察院负责案件管理的部门对接收的案卷材料审查后，认为具备受理条件的，应当及时进行登记，并立即将案卷材料和案件受理登记表移送办案部门办理。

经审查，认为案卷材料不齐备的，应当及时要求移送案件的单位补送相关材料。对于案卷装订不符合要求的，应当要求移送案件的单位重新装订后移送。

对于移送起诉的案件，犯罪嫌疑人在逃的，应当要求公安机关采取措施保证犯罪嫌疑人到案后再移送起诉。共同犯罪案件中部分犯罪嫌疑人在逃的，对在案犯罪嫌疑人的移送起诉应当受理。

第505条　对于监察机关移送起诉的贪污贿赂犯罪案件，犯罪嫌疑人、被告人在境外，人民检察院认为犯罪事实已经查清，证据确实、充分，依法应当追究刑事责任的，可以向人民法院提起公诉。

对于公安机关移送起诉的需要及时进行审判的严重危害国家安全犯罪、恐怖活动犯罪案件，犯罪嫌疑人、被告人在境外，人民检察院认为犯罪事实已经查清，证据确实、充分，依法应当追究刑事责任的，经最高人民检察院核准，可以向人民法院提起公诉。

前两款规定的案件，由有管辖权的中级人民法院的同级人民检察院提起公诉。

人民检察院提起公诉的，应当向人民法院提交被告人已出境的证据。

4. 互涉案件，如何受理？

对于监察机关与人民检察院、公安机关互涉案件，通常的情况是一人犯数罪、共同犯罪、共同犯罪的犯罪嫌疑人还实施其他犯罪、多个犯罪嫌疑人实施的犯罪存在关联。这类案件一部分职务犯罪由监察机关调查，另一部分犯罪由人民检察院、公安机关侦查。对于这类案件，不同犯罪事实分别由不同的机构调查、侦查，在审查起诉之前的阶段无法并案处理。但由于涉嫌的犯罪有关联性，必要的时候并案处理更有利于查明案件事实，也有利于提升诉讼效率。因此，移送起诉时，需要监察机关与人民检察院、公安机关相互沟通协调，方便检察机关决定是否并案审查起诉。

根据《监察法实施条例》第 51 条的规定，公职人员既涉嫌贪污贿赂、失职渎职等严重职务违法和职务犯罪，又涉嫌公安机关、人民检察院等机关管辖的犯罪，依法由监察机关为主调查的，应当由监察机关和其他机关分别依职权立案，监察机关承担组织协调职责，协调调查和侦查工作进度、重要调查和侦查措施使用等重要事项。基于此规定，监察机关对于互涉案件应当协调调查和侦查工作进度，其中当然包括调查侦查终结后移送起诉工作进度。

对于互涉案件，人民检察院可以在职责范围内并案审查起诉。根据《人民检察院刑事诉讼规则》第 18 条第 2 款的规定，对于一人犯数罪、共同犯罪、共同犯罪的犯罪嫌疑人还实施其他犯罪、多个犯罪嫌疑人实施的犯罪存在关联，并案处理有利于查明案件事实和诉讼进行的，人民检察院可以在职责范围内对相关犯罪案件并案处理。

对于互涉案件需要退回补充调查、侦查的，可以依职权退回补充调查或者退回补充侦查。具体情形可以分别依据《人民检察院刑事诉讼规则》第 342 条、第 343 条、第 344 条的规定处理。

关联规定指引

《监察法实施条例》

第51条　公职人员既涉嫌贪污贿赂、失职渎职等严重职务违法和职务犯罪，又涉嫌公安机关、人民检察院等机关管辖的犯罪，依法由监察机关为主调查的，应当由监察机关和其他机关分别依职权立案，监察机关承担组织协调职责，协调调查和侦查工作进度、重要调查和侦查措施使用等重要事项。

《人民检察院刑事诉讼规则》

第18条　人民检察院办理直接受理侦查的案件涉及公安机关管辖的刑事案件，应当将属于公安机关管辖的刑事案件移送公安机关。如果涉嫌的主罪属于公安机关管辖，由公安机关为主侦查，人民检察院予以配合；如果涉嫌的主罪属于人民检察院管辖，由人民检察院为主侦查，公安机关予以配合。

对于一人犯数罪、共同犯罪、共同犯罪的犯罪嫌疑人还实施其他犯罪、多个犯罪嫌疑人实施的犯罪存在关联，并案处理有利于查明案件事实和诉讼进行的，人民检察院可以在职责范围内对相关犯罪案件并案处理。

第342条　人民检察院认为犯罪事实不清、证据不足或者存在遗漏罪行、遗漏同案犯罪嫌疑人等情形需要补充侦查的，应当制作补充侦查提纲，连同案卷材料一并退回公安机关补充侦查。人民检察院也可以自行侦查，必要时可以要求公安机关提供协助。

第343条　人民检察院对于监察机关移送起诉的案件，认为需要补充调查的，应当退回监察机关补充调查。必要时，可以自行补充侦查。

需要退回补充调查的案件，人民检察院应当出具补充调查决定书、补充调查提纲，写明补充调查的事项、理由、调查方向、需补充收集的证据及其证明作用等，连同案卷材料一并送交监察机关。

人民检察院决定退回补充调查的案件，犯罪嫌疑人已被采取强制措施的，应当将退回补充调查情况书面通知强制措施执行机关。监察机关需要讯问的，人民检察院应当予以配合。

第344条 对于监察机关移送起诉的案件，具有下列情形之一的，人民检察院可以自行补充侦查：

（一）证人证言、犯罪嫌疑人供述和辩解、被害人陈述的内容主要情节一致，个别情节不一致的；

（二）物证、书证等证据材料需要补充鉴定的；

（三）其他由人民检察院查证更为便利、更有效率、更有利于查清案件事实的情形。

自行补充侦查完毕后，应当将相关证据材料入卷，同时抄送监察机关。人民检察院自行补充侦查的，可以商请监察机关提供协助。

5. 涉案财物如何接收管理？

为严格管理涉案的财物，《监察法》和《监督执纪工作规则》均作出了相应的规定。《监察法》第46条规定："监察机关经调查，对违法取得的财物，依法予以没收、追缴或者责令退赔；对涉嫌犯罪取得的财物，应当随案移送人民检察院。"《监督执纪工作规则》第47条、第58条、第71条分别规定了涉案财物的查封、扣押、冻结、保管、处置、移交问题和相关责任。根据第47条的规定，纪检监察机关查封、扣押（暂扣、封存）、冻结、移交涉案财物，应当严格履行审批手续。执行查封、扣押（暂扣、封存）措施，监督执纪人员应当会同原财物持有人或者保管人、见证人，当面逐一拍照、登记、编号，现场填写登记表，由在场人员签名。对价值不明物品应当及时鉴定，专门封存保管。纪检监察机关应当设立专用账户、专门场所，指定专门人员保管涉案财物，严格履行交接、调取手续，定期对账核实。严禁私自占有、处置涉案财物及其孳息。根据第58条的规定，对被审查调查人违规违纪违法所得财物，应当依规依纪依法予以收缴、责令退赔或者登记上交。对涉嫌职务犯罪所得财物，应当随案移送司法机关。对经认定不属于违规违纪违法所得的，应当在案件审结后依规依纪依法予以返还，并办理签收手续。根据第71条的规定，对纪检监察干部截留挪用、侵占私分涉案财物等行为，依规依纪严肃处理；涉嫌职务违法、职务犯罪的，依法追究法律责任。

对于地方检察院办理监察机关移送的职务犯罪案件，《人民检察院刑事诉讼规则》第668条、第669条、第670条进行了明确规定。根据第668条的规定，监察机关随案移送涉案财物及其孳息的，人民检察院负责案件管理的部门应当在受理案件时进行审查，并及时办理入库保管手续。根据第669条的规定，人民检察院负责案件管理的部门对扣押的涉案物品进行保管，并对查封、扣押、冻结、处理涉案财物工作进行监督管理。对违反规定的行为提出纠正意见；涉嫌违法违纪的，报告检察长。根据第670条的规定，人民检察院办案部门需要调用、移送、处理查封、扣押、冻结的涉案财物的，应当按照规定办理审批手续。审批手续齐全的，负责案件管理的部门应当办理出库手续。

关联规定指引

《监督执纪工作规则》

第47条 查封、扣押（暂扣、封存）、冻结、移交涉案财物，应当严格履行审批手续。

执行查封、扣押（暂扣、封存）措施，监督执纪人员应当会同原财物持有人或者保管人、见证人，当面逐一拍照、登记、编号，现场填写登记表，由在场人员签名。对价值不明物品应当及时鉴定，专门封存保管。

纪检监察机关应当设立专用账户、专门场所，指定专门人员保管涉案财物，严格履行交接、调取手续，定期对账核实。严禁私自占有、处置涉案财物及其孳息。

第58条 对被审查调查人违规违纪违法所得财物，应当依规依纪依法予以收缴、责令退赔或者登记上交。

对涉嫌职务犯罪所得财物，应当随案移送司法机关。

对经认定不属于违规违纪违法所得的，应当在案件审结后依规依纪依法予以返还，并办理签收手续。

第71条 对纪检监察干部越权接触相关地区、部门、单位党委（党组）负责人，私存线索、跑风漏气、违反安全保密规定，接受请托、干预审查调查、以案谋私、办人情案，侮辱、打骂、虐待、体罚或者变相体罚被审查调查人，以违规违纪违法方式收集证据，截留挪用、侵占私分涉案财物，接受宴请和财物等行为，依规依纪严肃处理；涉嫌职务违法、职务犯罪的，依法追究法律责任。

《监察法》

第46条 监察机关经调查，对违法取得的财物，依法予以没收、追缴或者责令退赔；对涉嫌犯罪取得的财物，应当随案移送人民检察院。

《人民检察院刑事诉讼规则》

第668条 监察机关或者公安机关随案移送涉案财物及其孳息的，人民检察院负责案件管理的部门应当在受理案件时进行审查，并及时办理入库保管手续。

第669条 人民检察院负责案件管理的部门对扣押的涉案物品进行保管，并对查封、扣押、冻结、处理涉案财物工作进行监督管理。对违反规定的行为提出纠正意见；涉嫌违法违纪的，报告检察长。

第670条 人民检察院办案部门需要调用、移送、处理查封、扣押、冻结的涉案财物的，应当按照规定办理审批手续。审批手续齐全的，负责案件管理的部门应当办理出库手续。

6. 没收违法所得案件如何衔接和办理？

根据《刑事诉讼法》第 298 条第 1 款的规定，对于贪污贿赂犯罪等重大犯罪案件，犯罪嫌疑人、被告人逃匿，在通缉一年后不能到案，或者犯罪嫌疑人、被告人死亡，依照刑法规定应当追缴其违法所得及其他涉案财产的，人民检察院可以向人民法院提出没收违法所得的申请。对于监察机关在调查贪污贿赂、失职渎职等职务犯罪案件过程中，被调查人逃匿，在通缉一年后不能到案，或者死亡的，根据《监察法》第 48 条的规定，应当由监察机关提请人民检察院依照法定程序，向人民法院提出没收违法所得的申请。

根据《监察法实施条例》第 232 条的规定，对于贪污贿赂、失职渎职等职务犯罪案件，被调查人逃匿，在通缉一年后不能到案，或者被调查人死亡，依法应当追缴其违法所得及其他涉案财产的，承办部门在调查终结后应当依法移送审理。监察机关应当经集体审议，出具《没收违法所得意见书》，连同案卷材料、证据等，一并移送人民检察院依法提出没收违法所得的申请。监察机关将《没收违法所得意见书》移送人民检察院后，在逃的被调查人自动投案或者被抓获的，监察机关应当及时通知人民检察院。

对于监察机关提请人民检察院申请没收违法所得的案件，应当依照《刑事诉讼法》和《人民检察院刑事诉讼规则》的相关规定办理。具体而言，包括如下方面：

（1）没收违法所得的申请，应当由有管辖权的中级人民法院的同级人民检察院提出。监察机关向人民检察院移送没收违法所得意见书，应当由有管辖权的人民检察院的同级监察机关移送。[①]

（2）监察机关提请没收违法所得的案件由人民检察院负责案件管理的部门统一受理，人民检察院审查监察机关移送的没收违法所得意见书，向

---

① 参见《人民检察院刑事诉讼规则》第 519 条、第 521 条。

人民法院提出没收违法所得的申请以及对违法所得没收程序中调查活动、审判活动的监督，由负责捕诉的部门办理。[①]

（3）人民检察院审查监察机关移送的没收违法所得意见书，应当审查下列内容：

①是否属于本院管辖；

②是否符合《刑事诉讼法》第 298 条第 1 款规定的条件；

③犯罪嫌疑人基本情况，包括姓名、性别、国籍、出生年月日、职业和单位等；

④犯罪嫌疑人涉嫌犯罪的事实和相关证据材料；

⑤犯罪嫌疑人逃匿、下落不明、被通缉或者死亡的情况，通缉令或者死亡证明是否随案移送；

⑥违法所得及其他涉案财产的种类、数量、所在地以及查封、扣押、冻结的情况，查封、扣押、冻结的财产清单和相关法律手续是否随案移送；

⑦违法所得及其他涉案财产的相关事实和证据材料；

⑧有无近亲属和其他利害关系人以及利害关系人的姓名、身份、住址、联系方式。

对于与犯罪事实、违法所得及其他涉案财产相关的证据材料，不宜移送的，应当审查证据的清单、复制件、照片或者其他证明文件是否随案移送。[②]

（4）负责捕诉的部门应当在接到监察机关移送的没收违法所得意见书后 30 日以内作出是否提出没收违法所得申请的决定。30 日以内不能作出决定的，可以延长 15 日。经审查认为不符合《刑事诉讼法》第 298 条第 1 款规定条件的，应当作出不提出没收违法所得申请的决定，并向监察机关书面说明理由；认为需要补充证据的，应当书面要求监察机关补充证据，必

---

① 参见《人民检察院刑事诉讼规则》第 156 条、第 518 条。
② 参见《人民检察院刑事诉讼规则》第 522 条。

要时也可以自行调查。监察机关补充证据的时间不计入人民检察院办案期限。[①]

（5）在人民检察院审查监察机关移送的没收违法所得意见书的过程中，或者在人民法院审理案件过程中，在逃的犯罪嫌疑人、被告人自动投案或者被抓获的，人民检察院应当终止审查，并将案卷退回监察机关处理。[②]

关联规定指引

《刑事诉讼法》

第 298 条　对于贪污贿赂犯罪、恐怖活动犯罪等重大犯罪案件，犯罪嫌疑人、被告人逃匿，在通缉一年后不能到案，或者犯罪嫌疑人、被告人死亡，依照刑法规定应当追缴其违法所得及其他涉案财产的，人民检察院可以向人民法院提出没收违法所得的申请。

公安机关认为有前款规定情形的，应当写出没收违法所得意见书，移送人民检察院。

没收违法所得的申请应当提供与犯罪事实、违法所得相关的证据材料，并列明财产的种类、数量、所在地及查封、扣押、冻结的情况。

人民法院在必要的时候，可以查封、扣押、冻结申请没收的财产。

《监察法》

第 48 条　监察机关在调查贪污贿赂、失职渎职等职务犯罪案件过程中，被调查人逃匿或者死亡，有必要继续调查的，经省级以上监察机关批准，应当继续调查并作出结论。被调查人逃匿，在通缉一年后不能到案，或者死亡的，由监察机关提请人民检察院依照法定程序，向人民法院提出没收违法所得的申请。

---

① 参见《人民检察院刑事诉讼规则》第 523 条。

② 参见《人民检察院刑事诉讼规则》第 526 条、第 532 条。

《监察法实施条例》

第232条 对于贪污贿赂、失职渎职等职务犯罪案件，被调查人逃匿，在通缉一年后不能到案，或者被调查人死亡，依法应当追缴其违法所得及其他涉案财产的，承办部门在调查终结后应当依法移送审理。

监察机关应当经集体审议，出具《没收违法所得意见书》，连同案卷材料、证据等，一并移送人民检察院依法提出没收违法所得的申请。

监察机关将《没收违法所得意见书》移送人民检察院后，在逃的被调查人自动投案或者被抓获的，监察机关应当及时通知人民检察院。

《人民检察院刑事诉讼规则》

第156条 下列案件，由人民检察院负责案件管理的部门统一受理：

（一）公安机关提请批准逮捕、移送起诉、提请批准延长侦查羁押期限、要求复议、提请复核、申请复查、移送申请强制医疗、移送申请没收违法所得的案件；

（二）监察机关移送起诉、提请没收违法所得、对不起诉决定提请复议的案件；

（三）下级人民检察院提出或者提请抗诉、报请指定管辖、报请核准追诉、报请核准缺席审判或者提请死刑复核监督的案件；

（四）人民法院通知出席第二审法庭或者再审法庭的案件；

（五）其他依照规定由负责案件管理的部门受理的案件。

第518条 人民检察院审查监察机关或者公安机关移送的没收违法所得意见书，向人民法院提出没收违法所得的申请以及对违法所得没收程序中调查活动、审判活动的监督，由负责捕诉的部门办理。

第519条 没收违法所得的申请，应当由有管辖权的中级人民法院的同级人民检察院提出。

第521条 监察机关或者公安机关向人民检察院移送没收违法所得意见书，应当由有管辖权的人民检察院的同级监察机关或者公安机关移送。

第522条　人民检察院审查监察机关或者公安机关移送的没收违法所得意见书，应当审查下列内容：

（一）是否属于本院管辖；

（二）是否符合刑事诉讼法第二百九十八条第一款规定的条件；

（三）犯罪嫌疑人基本情况，包括姓名、性别、国籍、出生年月日、职业和单位等；

（四）犯罪嫌疑人涉嫌犯罪的事实和相关证据材料；

（五）犯罪嫌疑人逃匿、下落不明、被通缉或者死亡的情况，通缉令或者死亡证明是否随案移送；

（六）违法所得及其他涉案财产的种类、数量、所在地以及查封、扣押、冻结的情况，查封、扣押、冻结的财产清单和相关法律手续是否随案移送；

（七）违法所得及其他涉案财产的相关事实和证据材料；

（八）有无近亲属和其他利害关系人以及利害关系人的姓名、身份、住址、联系方式。

对于与犯罪事实、违法所得及其他涉案财产相关的证据材料，不宜移送的，应当审查证据的清单、复制件、照片或者其他证明文件是否随案移送。

二、追诉时效问题

学者们对监察追诉时效问题进行了探讨。有学者主张将监察追诉时效的期限，分为监察立案的期限和监察移送的期限，监察立案的期限设定为3年，监察移送的期限设定为3个月。[①] 对此观点，有学者认为，基于监察权的属性、功能以及与刑事追诉的衔接关系，应当区分职务违法监察和职务

① 刘练军：《监察追诉的时效问题》，载《法学论坛》2019年第1期。

犯罪监察的不同体系来讨论追诉时效问题。监察委员会通过统一的调查程序对职务违法和职务犯罪进行追诉，产生“政务处分”和“移送检察院起诉”两种法律后果。“移送检察院起诉”属于职务犯罪层面的程序性法律后果，直接适用刑法的追诉时效。①

确定监察案件的追诉时效是必要的，也是法治的应然要求。然而具体如何设置则需要仔细斟酌。由于监察案件涉及职务违法和职务犯罪两种不同性质的行为，责任不同，处理的结果也存在差异，如果不加区分统一设置追诉时效，显然是不合理的。同时，《刑法》规定的犯罪追诉时效和《中华人民共和国行政处罚法》规定的追诉时效也是截然不同的。② 政务处分的追诉时效在 2020 年 6 月 20 日通过的《中华人民共和国公职人员政务处分法》中并没有规定。政务处分的追诉时效与检察机关办理职务犯罪案件关系不大，但职务犯罪案件的追诉时效问题则是现实而紧迫的。

1. 监察机关调查职务犯罪案件，是否受追诉时效限制？

在监察调查的案件中，职务违法和职务犯罪具有不同的性质，适用同样的追诉时效显然不合理。《监察法》规定的是监察机关的组织、职权以及办理监察案件的程序和证据要求，职务犯罪定罪量刑需要依据《刑法》的规定。因此，职务犯罪的监察调查需要遵循刑法的基本原则和定罪量刑的具体规定。职务犯罪的追诉时效也应当与刑法规定相一致。

根据《监察法实施条例》第 24 条第 1 款第 1 项的规定，监察机关发现公职人员存在超过犯罪追诉时效、未追究刑事责任，但需要依法给予政务处分的，可以依法进行调查、处置。

---

① 钱小平：《监察追诉时效问题的再思考——兼与刘练军教授商榷》，载《法学论坛》2019 年第 5 期。

② 《中华人民共和国行政处罚法》第 36 条第 1 款规定：违法行为在二年内未被发现的，不再给予行政处罚；涉及公民生命健康安全、金融安全且有危害后果的，上述期限延长至五年。法律另有规定的除外。

关联规定指引

《监察法实施条例》

第 24 条　监察机关发现公职人员存在其他违法行为，具有下列情形之一的，可以依法进行调查、处置：

（一）超过行政违法追究时效，或者超过犯罪追诉时效、未追究刑事责任，但需要依法给予政务处分的；

（二）被追究行政法律责任，需要依法给予政务处分的；

（三）监察机关调查职务违法或者职务犯罪时，对被调查人实施的事实简单、清楚，需要依法给予政务处分的其他违法行为一并查核的。

监察机关发现公职人员成为监察对象前有前款规定的违法行为的，依照前款规定办理。

2. 监察机关移送起诉案件，检察机关在审查起诉过程中发现犯罪已过追诉时效的，如何办理？

对于监察机关调查后移送起诉的案件，检察机关负责案件管理部门在办理受理登记后，意味着案件正式进入刑事诉讼程序。案件办理部门应当按照《刑法》和《刑事诉讼法》的相关规定处理。

具体而言，根据我国《刑法》第 87 条的规定，职务犯罪经过下列期限不再追诉：（1）法定最高刑为不满五年有期徒刑的，经过五年；（2）法定最高刑为五年以上不满十年有期徒刑的，经过十年；（3）法定最高刑为十年以上有期徒刑的，经过十五年；（4）法定最高刑为无期徒刑、死刑的，经过二十年。如果二十年以后认为必须追诉的，须报请最高人民检察院核准。同时，根据《刑事诉讼法》第 16 条的规定，犯罪已过追诉时效期限的，不追究刑事责任，已经追究的，应当撤销案件，或者不起诉，或者终止审理，或者宣告无罪。检察机关受理案件后发现涉嫌的职务犯罪已过追诉期限的，应当按照《刑事诉讼法》的规定，作出不起诉的决定。

需要指出的是，检察机关发现已过追诉期限可能包括两种情形：一种是监察机关立案调查时已过追诉期限。对于这种情况，检察机关直接作不起诉处理。另一种是监察机关立案调查时没有过追诉期限，但移送时过了期限或者审查起诉过程中过了追诉期限。在这种情况下，关系到追诉期限终点的确认问题。关于追诉期限的终点，理论上有“强制时说”“立案时说”“审判时说”与“结果时说”① 等不同观点，实践中大多以立案时为准，个别案件中也有以审判时为准的。在监察体制改革和监察法出台以前，对于贪污贿赂案件最高人民法院和最高人民检察院基本上以立案侦查时间为准。如最高人民法院、最高人民检察院2012年制定的《关于办理行贿刑事案件具体应用法律若干问题的解释》第13条规定，《刑法》第390条第2款规定的“被追诉前”，是指检察机关对行贿人的行贿行为刑事立案前。

关联规定指引

《刑法》

第87条 犯罪经过下列期限不再追诉：

（一）法定最高刑为不满五年有期徒刑的，经过五年；

（二）法定最高刑为五年以上不满十年有期徒刑的，经过十年；

（三）法定最高刑为十年以上有期徒刑的，经过十五年；

（四）法定最高刑为无期徒刑、死刑的，经过二十年。如果二十年以后认为必须追诉的，须报请最高人民检察院核准。

第390条 对犯行贿罪的，处五年以下有期徒刑或者拘役，并处罚金；因行贿谋取不正当利益，情节严重的，或者使国家利益遭受重大损失的，处五年以上十年以下有期徒刑，并处罚金；情节特别严重的，或者使国家利益遭受特别重大损失的，处十年以上有期徒刑或者无期徒刑，并处罚金

① 邱兴隆：《追诉期限终点再认识——基于法解释学的梳理》，载《法商研究》2017年第4期。

或者没收财产。

行贿人在被追诉前主动交待行贿行为的，可以从轻或者减轻处罚。其中，犯罪较轻的，对侦破重大案件起关键作用的，或者有重大立功表现的，可以减轻或者免除处罚。

《刑事诉讼法》

第16条 有下列情形之一的，不追究刑事责任，已经追究的，应当撤销案件，或者不起诉，或者终止审理，或者宣告无罪：

（一）情节显著轻微、危害不大，不认为是犯罪的；

（二）犯罪已过追诉时效期限的；

（三）经特赦令免除刑罚的；

（四）依照刑法告诉才处理的犯罪，没有告诉或者撤回告诉的；

（五）犯罪嫌疑人、被告人死亡的；

（六）其他法律规定免予追究刑事责任的。

《最高人民法院、最高人民检察院关于办理行贿刑事案件具体应用法律若干问题的解释》

第13条 刑法第三百九十条第二款规定的“被追诉前”，是指检察机关对行贿人的行贿行为刑事立案前。

第三章　留置与强制措施的衔接

《监察法》规定了监察机关的职责和权限，授权监察机关可以采取包括谈话、询问、讯问、勘验、检查、搜查、扣押、查询、冻结、留置等十四种调查措施。这些措施有的侧重于发现事实真相、收集证据，有的侧重于保障，防止被调查人对抗或者逃避调查。这里需要进一步区分调查措施和强制措施，其中具有羁押性质且需要与刑事强制措施衔接的是留置措施，因而在强制措施衔接方面最核心的问题就是留置与刑事强制措施的衔接问题。

一、留置与刑事诉讼的强制措施如何衔接

在《监察法》规定的监察权限中，留置为其中一种，《监察法》出台以后，留置作为一种监察权限正式确认下来。

留置与强制措施的衔接采用何种模式？

现行体制下，监察调查程序与侦查程序分离，调查终结移送起诉的职务犯罪在检察机关受理以后才算进入刑事诉讼程序。若是只需要作出政务处分的案件，不需要移送，与司法机关不发生关系，所采取的留置措施由监察机关解除。涉嫌职务犯罪而移送起诉案件，留置措施随着案件移送而终止。由于留置就是防止被调查人对抗、逃避调查而采取的羁押性措施，

采取留置措施主要是因为具有羁押必要性，因而在案件移送起诉后，若这种羁押存在必要性，留置就需要变更为逮捕或者其他必要的强制措施。随着案件移送，程序转换，留置与强制措施的衔接就变得必要。

从《刑事诉讼法》的规定看，采用的是第三种模式。《刑事诉讼法》第170条第2款规定："对于监察机关移送起诉的已采取留置措施的案件，人民检察院应当对犯罪嫌疑人先行拘留，留置措施自动解除。人民检察院应当在拘留后的十日以内作出是否逮捕、取保候审或者监视居住的决定。在特殊情况下，决定的时间可以延长一日至四日。人民检察院决定采取强制措施的期间不计入审查起诉期限。"据此规定，职务犯罪案件强制措施衔接的基本模式是："留置—先行拘留—强制措施。"案件移送检察机关后，留置自动解除，检察机关先行拘留，在10—14日内作出采取强制措施的决定。为了避免决定强制措施时间占用审查起诉的期间，该款同时规定"人民检察院决定采取强制措施的期间不计入审查起诉期限"。这实际上解决了期限占用问题，也避免了程序叠加和责任混同的问题。

关联规定指引

《刑事诉讼法》

第170条　人民检察院对于监察机关移送起诉的案件，依照本法和监察法的有关规定进行审查。人民检察院经审查，认为需要补充核实的，应当退回监察机关补充调查，必要时可以自行补充侦查。

对于监察机关移送起诉的已采取留置措施的案件，人民检察院应当对犯罪嫌疑人先行拘留，留置措施自动解除。人民检察院应当在拘留后的十日以内作出是否逮捕、取保候审或者监视居住的决定。在特殊情况下，决定的时间可以延长一日至四日。人民检察院决定采取强制措施的期间不计入审查起诉期限。

二、“先行拘留”的性质和适用

1. 如何理解“先行拘留”的性质？

《刑事诉讼法》第170条第2款规定的“先行拘留”不是针对现行犯或者重大嫌疑分子，与《刑事诉讼法》第82条规定的情形不同，拘留后有单独的10日至14日的固定期限决定采用强制措施。从外在特征上看，更像是立案审查或者是对强制措施的特别审查程序，很容易引起误解。因此有必要对“先行拘留”的性质进行准确把握。

首先，“先行拘留”不是案件受理程序。根据《人民检察院刑事诉讼规则》的规定，对于监察机关移送起诉的案件，由人民检察院负责案件管理的部门统一受理，对是否具备受理条件进行审查、登记、移送办案部门办理。[①] 这一流程由负责案件管理的部门负责，而拘留后决定是否逮捕、取保候审或者监视居住的，应当是由负责捕诉的部门负责。《人民检察院刑事诉讼规则》第142条规定对于监察机关移送起诉的已采取留置措施的案件，“人民检察院应当在受理案件后，及时对犯罪嫌疑人作出拘留决定，交公安机关执行”。从时间上看，是在“受理案件后”，而不是“受理案件时”，由此可推应该是由负责捕诉的部门来决定。因此，决定拘留和案件受理是两个不同的程序，任务、性质各不相同，不能混同。

其次，“先行拘留”不是特别程序。先行拘留后办案部门虽然有10—14日决定采取强制措施的时间期限，但并不意味着“先行拘留”是特别程序。这是因为拘留决定和作出是否逮捕、取保候审或者监视居住的决定是分开的。根据《人民检察院刑事诉讼规则》第142条和第143条的规定，对于监察机关移送起诉的已采取留置措施的案件，人民检察院应当在执行拘留后10—14日内作出是否逮捕、取保候审或者监视居住的决定。其间还要留

---

① 参见《人民检察院刑事诉讼规则》第156条、第157条、第158条。

给公安机关执行拘留的时间。这里的先行，只是先于逮捕、取保候审或者监视居住决定的拘留。

最后，“先行拘留”是一种特殊情况下的拘留，不是独立的强制措施。《刑事诉讼法》第170条规定的“先行拘留”在适用对象、适用条件、诉讼阶段和决定主体上不同于第82条规定的拘留措施。但这并不意味着“先行拘留”是一种独立的强制措施。从属性上看，拘留是一种临时羁押措施，期限上短于逮捕后的羁押，严厉性上又强于取保候审和监视居住。从《刑事诉讼法》的规定看，拘留并不限于第82条规定的七种情形。根据《刑事诉讼法》第71条和第77条的规定，对于违反取保候审、监视居住的相关规定，需要予以逮捕的犯罪嫌疑人、被告人，也可以“先行拘留”。只不过这两条规定的“先行拘留”是先于逮捕决定，而《刑事诉讼法》第170条规定的“先行拘留”是先于“逮捕、取保候审或者监视居住的决定”，不具有特殊的属性。因而“先行拘留”可以看作是拘留的一种特殊情形，并不是一种独立的强制措施，更不是独立的程序或者诉讼环节。

关联规定指引

《刑事诉讼法》

第71条 被取保候审的犯罪嫌疑人、被告人应当遵守以下规定：

（一）未经执行机关批准不得离开所居住的市、县；

（二）住址、工作单位和联系方式发生变动的，在二十四小时以内向执行机关报告；

（三）在传讯的时候及时到案；

（四）不得以任何形式干扰证人作证；

（五）不得毁灭、伪造证据或者串供。

人民法院、人民检察院和公安机关可以根据案件情况，责令被取保候审的犯罪嫌疑人、被告人遵守以下一项或者多项规定：

（一）不得进入特定的场所；

（二）不得与特定的人员会见或者通信；

（三）不得从事特定的活动；

（四）将护照等出入境证件、驾驶证件交执行机关保存。

被取保候审的犯罪嫌疑人、被告人违反前两款规定，已交纳保证金的，没收部分或者全部保证金，并且区别情形，责令犯罪嫌疑人、被告人具结悔过，重新交纳保证金、提出保证人，或者监视居住、予以逮捕。

对违反取保候审规定，需要予以逮捕的，可以对犯罪嫌疑人、被告人先行拘留。

第77条 被监视居住的犯罪嫌疑人、被告人应当遵守以下规定：

（一）未经执行机关批准不得离开执行监视居住的处所；

（二）未经执行机关批准不得会见他人或者通信；

（三）在传讯的时候及时到案；

（四）不得以任何形式干扰证人作证；

（五）不得毁灭、伪造证据或者串供；

（六）将护照等出入境证件、身份证件、驾驶证件交执行机关保存。

被监视居住的犯罪嫌疑人、被告人违反前款规定，情节严重的，可以予以逮捕；需要予以逮捕的，可以对犯罪嫌疑人、被告人先行拘留。

第82条 公安机关对于现行犯或者重大嫌疑分子，如果有下列情形之一的，可以先行拘留：

（一）正在预备犯罪、实行犯罪或者在犯罪后即时被发觉的；

（二）被害人或者在场亲眼看见的人指认他犯罪的；

（三）在身边或者住处发现有犯罪证据的；

（四）犯罪后企图自杀、逃跑或者在逃的；

（五）有毁灭、伪造证据或者串供可能的；

（六）不讲真实姓名、住址，身份不明的；

（七）有流窜作案、多次作案、结伙作案重大嫌疑的。

第170条 人民检察院对于监察机关移送起诉的案件，依照本法和监察法的有关规定进行审查。人民检察院经审查，认为需要补充核实的，应当退回监察机关补充调查，必要时可以自行补充侦查。

对于监察机关移送起诉的已采取留置措施的案件，人民检察院应当对犯罪嫌疑人先行拘留，留置措施自动解除。人民检察院应当在拘留后的十日以内作出是否逮捕、取保候审或者监视居住的决定。在特殊情况下，决定的时间可以延长一日至四日。人民检察院决定采取强制措施的期间不计入审查起诉期限。

《人民检察院刑事诉讼规则》

第142条 对于监察机关移送起诉的已采取留置措施的案件，人民检察院应当在受理案件后，及时对犯罪嫌疑人作出拘留决定，交公安机关执行。执行拘留后，留置措施自动解除。

第143条 人民检察院应当在执行拘留后十日以内，作出是否逮捕、取保候审或者监视居住的决定。特殊情况下，决定的时间可以延长一日至四日。

人民检察院决定采取强制措施的期间不计入审查起诉期限。

第156条 下列案件，由人民检察院负责案件管理的部门统一受理：

（一）公安机关提请批准逮捕、移送起诉、提请批准延长侦查羁押期限、要求复议、提请复核、申请复查、移送申请强制医疗、移送申请没收违法所得的案件；

（二）监察机关移送起诉、提请没收违法所得、对不起诉决定提请复议的案件；

（三）下级人民检察院提出或者提请抗诉、报请指定管辖、报请核准追诉、报请核准缺席审判或者提请死刑复核监督的案件；

（四）人民法院通知出席第二审法庭或者再审法庭的案件；

（五）其他依照规定由负责案件管理的部门受理的案件。

第 157 条 人民检察院负责案件管理的部门受理案件时，应当接收案卷材料，并立即审查下列内容：

（一）依据移送的法律文书载明的内容确定案件是否属于本院管辖；

（二）案卷材料是否齐备、规范，符合有关规定的要求；

（三）移送的款项或者物品与移送清单是否相符；

（四）犯罪嫌疑人是否在案以及采取强制措施的情况；

（五）是否在规定的期限内移送案件。

第 158 条 人民检察院负责案件管理的部门对接收的案卷材料审查后，认为具备受理条件的，应当及时进行登记，并立即将案卷材料和案件受理登记表移送办案部门办理。

经审查，认为案卷材料不齐备的，应当及时要求移送案件的单位补送相关材料。对于案卷装订不符合要求的，应当要求移送案件的单位重新装订后移送。

对于移送起诉的案件，犯罪嫌疑人在逃的，应当要求公安机关采取措施保证犯罪嫌疑人到案后再移送起诉。共同犯罪案件中部分犯罪嫌疑人在逃的，对在案犯罪嫌疑人的移送起诉应当受理。

2.“先行拘留”后可以采取哪些强制措施？

从《刑事诉讼法》第 170 条的规定看，对于监察机关移送起诉的案件，只要已经采取留置措施的，人民检察院就应当先行作出拘留的决定，然后再在执行拘留后 10 日以内，作出是否逮捕、取保候审或者监视居住的决定。特殊情况下，决定的时间可以延长 1 日至 4 日。其中拘留是没有选择余地的，但拘留后采用何种强制措施是有选择性的。问题是“作出是否逮捕、取保候审或者监视居住的决定”如何理解？是不是只能在逮捕、取保候审、监视居住三者之间作出“是与否”的选择？是否可以决定不采取强制措施呢？

根据《监察法》和《刑事诉讼法》的相关规定，检察机关是可以根据具体情况决定不采取强制措施的。首先，《监察法》第 47 条第 1 款规定："对监察机关移送的案件，人民检察院依照《中华人民共和国刑事诉讼法》对被调查人采取强制措施。"既然依照《刑事诉讼法》对移送的被调查人采取强制措施，当然包括决定是否采取强制措施。其次，《人民检察院刑事诉讼规则》第 146 条规定："对于监察机关移送起诉的未采取留置措施的案件，人民检察院受理后，在审查起诉过程中根据案件情况，可以依照本规则相关规定决定是否采取逮捕、取保候审或者监视居住措施。"这里的表述也是"是否采取逮捕、取保候审或者监视居住措施"，也并不意味着必须三选一，也包括三者皆否的情形。

关联规定指引

《刑事诉讼法》

第 170 条　人民检察院对于监察机关移送起诉的案件，依照本法和监察法的有关规定进行审查。人民检察院经审查，认为需要补充核实的，应当退回监察机关补充调查，必要时可以自行补充侦查。

对于监察机关移送起诉的已采取留置措施的案件，人民检察院应当对犯罪嫌疑人先行拘留，留置措施自动解除。人民检察院应当在拘留后的十日以内作出是否逮捕、取保候审或者监视居住的决定。在特殊情况下，决定的时间可以延长一日至四日。人民检察院决定采取强制措施的期间不计入审查起诉期限。

《监察法》

第 47 条　对监察机关移送的案件，人民检察院依照《中华人民共和国刑事诉讼法》对被调查人采取强制措施。

人民检察院经审查，认为犯罪事实已经查清，证据确实、充分，依法应当追究刑事责任的，应当作出起诉决定。

人民检察院经审查，认为需要补充核实的，应当退回监察机关补充调查，必要时可以自行补充侦查。对于补充调查的案件，应当在一个月内补充调查完毕。补充调查以二次为限。

人民检察院对于有《中华人民共和国刑事诉讼法》规定的不起诉的情形的，经上一级人民检察院批准，依法作出不起诉的决定。监察机关认为不起诉的决定有错误的，可以向上一级人民检察院提请复议。

《人民检察院刑事诉讼规则》

第146条 对于监察机关移送起诉的未采取留置措施的案件，人民检察院受理后，在审查起诉过程中根据案件情况，可以依照本规则相关规定决定是否采取逮捕、取保候审或者监视居住措施。

3. 如何做好涉案人员移押和讯问衔接？

随着案件移送，涉案人员需从留置措施转向先行拘留。其中涉案人员的移押是一个非常现实的问题。这里所说的移押，就是指把涉案人员从留置场所转移到羁押场所。实践中，移押涉案人员的做法并不统一。有的地方是由检察院负责，有的地方是由公安机关负责。

从流程上看，案件从监察机关移送到人民检察院，先行拘留的执行由公安机关负责，被调查人从监察机关负责的留置场所移送到监管羁押场所需要监察机关、公安机关和检察机关三方协调配合。

根据《监察法实施条例》第220条的规定，监察机关一般应当在正式移送起诉10日前，向拟移送的人民检察院采取书面通知等方式预告移送事宜。对于已采取留置措施的案件，发现被调查人因身体等原因存在不适宜羁押等可能影响刑事强制措施执行情形的，应当通报人民检察院。对于未采取留置措施的案件，可以根据案件具体情况，向人民检察院提出对被调查人采取刑事强制措施的建议。显然，监察机关提前10日书面预告移送事宜给检察机关充分的准备时间，有利于检察人员为人员移押做好铺垫。

对于监察机关移送起诉的已采取留置措施的案件，人民检察院应当在受理后及时对犯罪嫌疑人作出拘留决定，并将有关法律文书和案由、犯罪嫌疑人基本情况等材料一并移交同级公安机关执行，公安机关执行后应当及时通知人民检察院。人民检察院对被拘留的犯罪嫌疑人，应当在执行拘留后的 24 小时以内进行讯问，并通知被拘留人的家属。人民检察院应当在收到移送起诉案卷材料之日起 3 日内告知犯罪嫌疑人有权委托辩护人，对已经采取留置措施的，应当在执行拘留时告知。

公安机关应当在收到拘留决定书等材料后立即执行拘留，至迟不得超过 3 日。公安机关具体负责执行拘留的相关工作，必要时监察机关、人民检察院予以协助，人民检察院应当将公安机关的执行回执复印件及时提供给监察机关。公安机关执行拘留后，留置措施自动解除。在异地押解等必要情况下，相关监察机关、人民检察院、公安机关应当予以协助配合。监管场所在办理收押过程中不得要求提供犯罪嫌疑人的处分决定书。

关联规定指引

《监察法实施条例》

第 220 条 监察机关一般应当在正式移送起诉十日前，向拟移送的人民检察院采取书面通知等方式预告移送事宜。对于已采取留置措施的案件，发现被调查人因身体等原因存在不适宜羁押等可能影响刑事强制措施执行情形的，应当通报人民检察院。对于未采取留置措施的案件，可以根据案件具体情况，向人民检察院提出对被调查人采取刑事强制措施的建议。

三、特殊情形下留置与强制措施的衔接

1. 退回补充调查案件强制措施如何衔接？

《刑事诉讼法》和《监察法》均规定，对于监察机关移送起诉的案件，人民检察院经审查，认为需要补充核实的，应当退回监察机关补充调查。补充调查的案件，应当在一个月内补充调查完毕。补充调查以二次为限。[①]退回补充调查实际上形成了职务犯罪案件的回流。从道理上讲应当把人和案卷一起退回到监察机关进行补充调查。案卷退回涉及案卷材料的交接问题，人交接则涉及强制措施的衔接问题。对于退回补充调查案件，已采取的强制措施的退与不退有两种意见。

支持不退回的意见认为：可以把案件退回监察机关补充调查，被调查人不必再退回到留置点进行留置，被调查人继续沿用已经采用的强制措施，已经逮捕的继续关押在看守所，即应当坚持“案退、人不退”的原则。这样主张的考量因素如下：

（1）退回补充调查并未改变案件已进入审查起诉阶段的事实；

（2）便利与效率方面考量；

（3）被羁押人监管安全；[②]

（4）看守所羁押能够继续补充调查的隔离条件，与留置的功能没有本质上的差别；

（5）把羁押措施变回留置，会造成程序上的倒退。

支持退回的意见认为：应当把案件退回监察机关补充调查的同时变更强制措施，被调查人应当交由监察机关决定是否采取留置措施。原因是：

---

① 参见《中华人民共和国刑事诉讼法》第170条第1款；《中华人民共和国监察法》第47条第3款。

② 卞建林：《配合与制约：监察调查与刑事诉讼的衔接》，载《法商研究》2019年第1期。

（1）人、案不可分。“案件”是指控犯罪事实与犯罪嫌疑人的组合体，二者不可分离。退卷不退人，不符合退回“案件”的规定。

（2）继续沿用强制措施缺乏法理上的正当性。强制措施只能适用于犯罪嫌疑人，案件退回补充调查意味着案件退回到监察调查阶段，犯罪嫌疑人身份变回被调查人，不能适用刑事诉讼法规定的强制措施。沿用强制措施于法无据。

（3）继续沿用强制措施不利于办案。监察机关不是侦查机关，无权讯问犯罪嫌疑人，提审被羁押人员以何种身份、何种手续存在疑问。

（4）继续沿用强制措施会造成责任不清。一旦出现安全事故，办案的是监察机关、决定羁押的是检察机关、负责执行的是公安机关，具体看押的是看守所，会造成责任混乱。

（5）继续沿用强制措施不利于犯罪嫌疑人的权利保护。监察机关只收回案卷，犯罪嫌疑人仍然维系原有的逮捕措施与羁押期限，该做法对犯罪嫌疑人人身自由权的保障造成威胁。①

目前涉及这方面规定的主要有《人民检察院刑事诉讼规则》第 343 条。《人民检察院刑事诉讼规则》第 343 条第 3 款规定，人民检察院决定退回补充调查的案件，犯罪嫌疑人已被采取强制措施的，应当将退回补充调查情况书面通知强制措施执行机关。监察机关需要讯问的，人民检察院应当予以配合。

关联规定指引

《刑事诉讼法》

第 170 条　人民检察院对于监察机关移送起诉的案件，依照本法和监察法的有关规定进行审查。人民检察院经审查，认为需要补充核实的，应当退回监察机关补充调查，必要时可以自行补充侦查。

① 程雷：《刑事诉讼法与监察法的衔接难题与破解之道》，载《中国法学》2019 年第 2 期。

对于监察机关移送起诉的已采取留置措施的案件，人民检察院应当对犯罪嫌疑人先行拘留，留置措施自动解除。人民检察院应当在拘留后的十日以内作出是否逮捕、取保候审或者监视居住的决定。在特殊情况下，决定的时间可以延长一日至四日。人民检察院决定采取强制措施的期间不计入审查起诉期限。

《监察法》

第47条 对监察机关移送的案件，人民检察院依照《中华人民共和国刑事诉讼法》对被调查人采取强制措施。

人民检察院经审查，认为犯罪事实已经查清，证据确实、充分，依法应当追究刑事责任的，应当作出起诉决定。

人民检察院经审查，认为需要补充核实的，应当退回监察机关补充调查，必要时可以自行补充侦查。对于补充调查的案件，应当在一个月内补充调查完毕。补充调查以二次为限。

人民检察院对于有《中华人民共和国刑事诉讼法》规定的不起诉的情形的，经上一级人民检察院批准，依法作出不起诉的决定。监察机关认为不起诉的决定有错误的，可以向上一级人民检察院提请复议。

《人民检察院刑事诉讼规则》

第343条 人民检察院对于监察机关移送起诉的案件，认为需要补充调查的，应当退回监察机关补充调查。必要时，可以自行补充侦查。

需要退回补充调查的案件，人民检察院应当出具补充调查决定书、补充调查提纲，写明补充调查的事项、理由、调查方向、需补充收集的证据及其证明作用等，连同案卷材料一并送交监察机关。

人民检察院决定退回补充调查的案件，犯罪嫌疑人已被采取强制措施的，应当将退回补充调查情况书面通知强制措施执行机关。监察机关需要讯问的，人民检察院应当予以配合。

2. 另案留置情况下，强制措施如何衔接？

在检察机关审查起诉期间，已经对犯罪嫌疑人采取强制措施的情况下，监察机关发现犯罪嫌疑人涉嫌职务犯罪而立案调查或者监察委员会移送的案件发现新的职务犯罪问题而另案调查，对被调查人采取留置措施的，如何办理？出现这种情况是因为不同犯罪行为导致案件出现了关联，进而导致犯罪嫌疑人、被调查人身份重叠。类似的情况在侦查阶段也会发生在公安机关与监察机关管辖关联的案件中。

发生另案留置的情形主要有三种：第一种是公安机关移送审查起诉的案件，在检察机关办案期间，监察委员会发现职务犯罪情形立案调查并采取留置措施。此时犯罪嫌疑人涉嫌普通刑事犯罪，事实已经查清，处于审查起诉阶段，已经被采取刑事强制措施；同时因为新发现有职务犯罪行为被监察机关立案调查，并被采取留置措施。第二种是人民检察院在审查起诉中又发现新的犯罪事实，按规定将线索移送监察机关，监察机关重新采取留置措施。这也是实践中所说的“漏罪”现象，监察机关对“漏罪”立案调查采取留置措施。第三种是监察机关自行发现新的犯罪事实决定立案调查并采取留置措施。在这种情况下，移送审查起诉的犯罪事实已经查清，新发现的犯罪事实正处于调查阶段。

对于这类案件的处理，《人民检察院刑事诉讼规则》作了部分规定。该规则第 349 条规定，人民检察院对已经退回监察机关二次补充调查或者退回公安机关二次补充侦查的案件，在审查起诉中又发现新的犯罪事实，应当将线索移送监察机关或者公安机关。对已经查清的犯罪事实，应当依法提起公诉。据此规定，人民检察院可以对已经查清的犯罪事实依法提起公诉。

但是对准备提起公诉的案件，监察机关另案留置情况下，强制措施如何衔接？从程序公正和效率角度考量，强制措施如何衔接要服从于案件的办理。对于另案留置的情形，检察机关关键要看新罪和旧罪能否并案处理。如果并案处理更有利于查明案件事实和诉讼进行的，检察机关可以依照《人民检察院刑事诉讼规则》第18条第2款的规定并案处理。在此情况下，检察机关可以待监察机关调查完毕后把新罪和旧罪并案处理，羁押期限重新计算。若是分案处理更为合适，则可以依照已经查明的犯罪事实提起公诉，是否继续羁押由审判机关决定。人民法院可以决定中止审理，待留置结束以后继续审判。

关联规定指引

《人民检察院刑事诉讼规则》

第18条 人民检察院办理直接受理侦查的案件涉及公安机关管辖的刑事案件，应当将属于公安机关管辖的刑事案件移送公安机关。如果涉嫌的主罪属于公安机关管辖，由公安机关为主侦查，人民检察院予以配合；如果涉嫌的主罪属于人民检察院管辖，由人民检察院为主侦查，公安机关予以配合。

对于一人犯数罪、共同犯罪、共同犯罪的犯罪嫌疑人还实施其他犯罪、多个犯罪嫌疑人实施的犯罪存在关联，并案处理有利于查明案件事实和诉讼进行的，人民检察院可以在职责范围内对相关犯罪案件并案处理。

第349条 人民检察院对已经退回监察机关二次补充调查或者退回公安机关二次补充侦查的案件，在审查起诉中又发现新的犯罪事实，应当将线索移送监察机关或者公安机关。对已经查清的犯罪事实，应当依法提起公诉。

3. 互涉案件中，留置与刑事强制措施如何衔接？

在互涉案件中，监察机关与侦查机关办理的案件相互关联，监察机关的调查与侦查机关的侦查同步进行，留置与刑事强制措施在时间和空间上会产生相互重合现象。对此情形，通常需要根据案件情况区分主办、协助机关，以主办机关决定为主。监察机关与其他机关办理互涉案件，应当严格依照法律规定适用留置或者强制措施。以监察机关为主调查的一般优先适用留置措施。监察机关经与其他机关协商一致，认为适用刑事强制措施更为适宜且符合法定条件的，可以适用刑事强制措施。对同一被调查、侦查对象，不得同时采取留置措施和拘留、逮捕措施。

犯罪嫌疑人同时涉嫌公安机关和监察委员会管辖的罪名，公安机关立案在先，并按流程报请人民检察院批准逮捕。逮捕后，监察机关对犯罪嫌疑人涉嫌职务犯罪情况立案调查，侦查和调查同时进行。实践中一种做法是监察机关不采取留置措施，将犯罪嫌疑人羁押在看守所。监察机关需要讯问时，由公安机关协助办理提讯手续。在办案期限不够的情况下，则由公安机关以自己管辖的罪名报请人民检察院批准延长侦查羁押期限。在这种情况下，人民检察院是否批准延长侦查羁押期限?

对于这种情形，人民检察院应当依照《刑事诉讼法》和《人民检察院刑事诉讼规则》的相关规定，由负责捕诉的部门办理。审查后，应当提出是否同意延长侦查羁押期限的意见，将公安机关延长侦查羁押期限的意见和本院的审查意见层报有决定权的人民检察院审查决定。[①] 对于同时具备下列条件的案件，人民检察院应当作出批准延长侦查羁押期限一个月的决定：

（1）符合《刑事诉讼法》第156条的规定；

（2）符合逮捕条件；

（3）犯罪嫌疑人有继续羁押的必要。[②]

---

① 参见《人民检察院刑事诉讼规则》第310条。

② 参见《人民检察院刑事诉讼规则》第311条。

关联规定指引

《刑事诉讼法》

第95条 犯罪嫌疑人、被告人被逮捕后，人民检察院仍应当对羁押的必要性进行审查。对不需要继续羁押的，应当建议予以释放或者变更强制措施。有关机关应当在十日以内将处理情况通知人民检察院。

第96条 人民法院、人民检察院和公安机关如果发现对犯罪嫌疑人、被告人采取强制措施不当的，应当及时撤销或者变更。公安机关释放被逮捕的人或者变更逮捕措施的，应当通知原批准的人民检察院。

第156条 对犯罪嫌疑人逮捕后的侦查羁押期限不得超过二个月。案情复杂、期限届满不能终结的案件，可以经上一级人民检察院批准延长一个月。

《人民检察院刑事诉讼规则》

第310条 人民检察院审查批准或者决定延长侦查羁押期限，由负责捕诉的部门办理。

受理案件的人民检察院对延长侦查羁押期限的意见审查后，应当提出是否同意延长侦查羁押期限的意见，将公安机关延长侦查羁押期限的意见和本院的审查意见层报有决定权的人民检察院审查决定。

第311条 对于同时具备下列条件的案件，人民检察院应当作出批准延长侦查羁押期限一个月的决定：

（一）符合刑事诉讼法第一百五十六条的规定；

（二）符合逮捕条件；

（三）犯罪嫌疑人有继续羁押的必要。

第四章　证明标准和证据审查

《监察法》出台和《刑事诉讼法》2018 年修订后，监察调查与刑事侦查从立法上完全分离开来，构成了两套并行的犯罪查证机制和规则体系。就职务犯罪而言，监察调查成为刑事诉讼的前置程序而独立存在，不受刑事诉讼规范的制约。但是因为调查后的职务犯罪案件还要进入刑事诉讼程序起诉、审判，又使得监察调查无法彻底脱离刑事诉讼程序。在以审判为中心的诉讼制度改革下，在刑事实体法统一规制下，职务犯罪案件定罪量刑的程序、诉讼证明的标准并无特殊。这也决定了监察机关在调查职务犯罪案件时要遵循与刑事诉讼相一致的取证规范、证据规则和证明标准。

一、证明标准问题

“以事实为根据，以法律为准绳”是国家监察工作的基本原则。[①] 以事实为根据，要求监察机关的处置必须建立在以证据为支撑的客观事实基础上。无事实则无处分，无证据则无事实。证据必须达到相应的标准才能认定事实的存在。因此，监察调查也需要有明确的证据标准。

1. 纪检监察案件的证据适用标准是如何规定的？

《监察法》对证据的收集和证明标准进行了相对概括的规定。如《监察

① 参见《中华人民共和国监察法》第 5 条。

法》第40条第1款规定，监察机关对职务违法和职务犯罪案件，应当进行调查，收集被调查人有无违法犯罪以及情节轻重的证据，查明违法犯罪事实，形成相互印证、完整稳定的证据链。第33条第2款规定："监察机关在收集、固定、审查、运用证据时，应当与刑事审判关于证据的要求和标准相一致。"第45条在规定对调查结果的处置时，第1款第4项规定："对涉嫌职务犯罪的，监察机关经调查认为犯罪事实清楚，证据确实、充分的，制作起诉意见书，连同案卷材料、证据一并移送人民检察院依法审查、提起公诉；"第2款规定："监察机关经调查，对没有证据证明被调查人存在违法犯罪行为的，应当撤销案件，并通知被调查人所在单位。"

从这些规定可以看出，《监察法》对证据和证明标准的要求是比较高的。移送起诉的案件要"犯罪事实清楚，证据确实、充分"，证据之间要"形成相互印证、完整稳定的证据链"，这些与人民法院定罪量刑的证据标准是一样的。不仅内在的要求几乎是一致的，《监察法》还明确规定监察机关在收集、固定、审查、运用证据时，应当与刑事审判关于证据的要求和标准相一致。

关联规定指引

《监察法》

第33条 监察机关依照本法规定收集的物证、书证、证人证言、被调查人供述和辩解、视听资料、电子数据等证据材料，在刑事诉讼中可以作为证据使用。

监察机关在收集、固定、审查、运用证据时，应当与刑事审判关于证据的要求和标准相一致。

以非法方法收集的证据应当依法予以排除，不得作为案件处置的依据。

第40条 监察机关对职务违法和职务犯罪案件，应当进行调查，收集被调查人有无违法犯罪以及情节轻重的证据，查明违法犯罪事实，形成相互印证、完整稳定的证据链。

严禁以威胁、引诱、欺骗及其他非法方式收集证据，严禁侮辱、打骂、虐待、体罚或者变相体罚被调查人和涉案人员。

第45条 监察机关根据监督、调查结果，依法作出如下处置：

（一）对有职务违法行为但情节较轻的公职人员，按照管理权限，直接或者委托有关机关、人员，进行谈话提醒、批评教育、责令检查，或者予以诫勉；

（二）对违法的公职人员依照法定程序作出警告、记过、记大过、降级、撤职、开除等政务处分决定；

（三）对不履行或者不正确履行职责负有责任的领导人员，按照管理权限对其直接作出问责决定，或者向有权作出问责决定的机关提出问责建议；

（四）对涉嫌职务犯罪的，监察机关经调查认为犯罪事实清楚，证据确实、充分的，制作起诉意见书，连同案卷材料、证据一并移送人民检察院依法审查、提起公诉；

（五）对监察对象所在单位廉政建设和履行职责存在的问题等提出监察建议。

监察机关经调查，对没有证据证明被调查人存在违法犯罪行为的，应当撤销案件，并通知被调查人所在单位。

2. 构建违纪、职务违法和职务犯罪三类案件层次性、差异化证据标准体系需要考虑哪些因素？

由于违纪、职务违法和职务犯罪三类案件性质不同，案件量不同，处分依据和标准也不同，适用同样的证据标准显然不合理，也不现实，实践中会产生各种问题。如果证据标准没有针对性不仅会整体影响纪检监察机关的办案效率和效果，也会直接影响职务犯罪案件的监检衔接。当前最紧迫的任务就是要构建针对违纪、职务违法和职务犯罪三类不同案件，具有层次性、差异化的证据标准体系。构建纪法罪层次性、差异化的证据标准体系，需要考虑哪些因素呢？具体而言，包括如下方面：

（1）把案件分流功能作为建立纪法罪证据标准体系的重要考量因素。

第一，违纪、职务违法和职务犯罪案件具有内在的关联性，随着审查调查的推进会相互转化。多数涉嫌职务犯罪人员具有公职人员身份，因而涉嫌犯罪的同时也可能涉嫌违纪和职务违法。调查对象的多重身份决定了纪检监察机关办理的案件可能会朝着多个方向发展，违纪、职务违法和职务犯罪三类案件相互交织和转化。严重职务犯罪案件在开始时可能以违纪的样态出现，违纪案件也可能以职务犯罪、职务违法的样态出现。这意味着关于违纪的问题线索，随着纪律审查工作的深入，案件性质会变成职务违法乃至严重职务犯罪。反之，涉嫌严重职务犯罪的线索，调查结果可能只是轻微违纪。

第二，案件分流是证据标准体系的基本功能。在三类案件相互关联、相互转化的情况下，有必要在审查调查过程中尽早甄别进行分流。纪法罪三类案件性质不同、危害性不同、复杂程度和取证工作量也不同。职务犯罪案件性质严重，证明标准高，证据规则多，取证程序要求严格，需要精细化取证。与之相反，违纪案件数量多，事实简单，不需要经过诉讼程序，若是一概按照职务犯罪案件的证据标准取证，易造成取证过度，浪费资源。基于保障公正、节约资源、提升效率的需要，重案细查、轻案快查是必然选择。要实现重案细查、轻案快查，就必须尽早进行案件甄别，尽快施行分流。

实现案件科学分流除提升办案人员专业素养外，还需要从两个方面进行规则指引：一是制定尽可能详细的构成要件，即构建违纪、职务违法和职务犯罪三类行为的构成要件体系，以方便办案人员准确认定行为性质。二是制定层次性、差异化的证据标准体系。通过证据标准体系引导办案人员对照案件性质进行证据收集，以实现纪检监察办案的法治化、规范化。因此，构建纪法罪证据标准体系必须着眼于发挥案件分流这一基本功能。

层次性和差异化是纪法罪证据体系的外在表现，案件分流则是其应当具备的基本功能。

第三，发挥案件分流功能需要把证据标准与纪法罪的构成要件有机结合。证据是认定行为性质的基础，也是区分案件的依据。要发挥案件分流功能，就必须把证据标准与构成要件紧密结合。在审查调查初期，证据标准的主要作用是引导办案人员根据已经发现的证据确定案件性质。在确定案件性质后，证据标准的主要作用是引导办案人员全面发现和固定证据，避免证据遗漏。这两个方面的作用都以证据标准与构成要件紧密结合为基础。脱离具体的构成要件设定证据标准就难以发挥案件分流的功能。因此，在构建证据标准体系时，对纪法罪三类案件进行层次区分，在证据标准上进行差异化设计只是初步要求，要发挥案件分流功能，还需要在此基础上针对具体违纪、职务违法和职务犯罪行为的构成要件设定具体的证据标准。对职务犯罪案件而言，需要一个罪名一个证据标准；对违纪和职务违法案件而言，需要一个性质的行为一个证据标准。在构建证据标准体系时，应当把证据标准与构成要件一一对应作为追求目标，努力实现一个罪名一个证据标准，一种职务违法行为一个证据标准，一种违纪行为一个证据标准。把证据标准与具体行为构成要件结合到位了，证据标准体系的层次性和差异化也就自然体现出来了。

（2）纪法罪证据标准体系应当与纪法罪案件分布规律和行为性质相适应。

第一，违纪、职务违法和职务犯罪在行为的危害性和需要承担的责任上是递增的，但案件量上是递减的。违纪是党组织和党员违反党章或其他规定，违反国家法律法规，违反政策，违反社会主义道德，危害党、国家和人民利益的行为，需要承担纪律责任。职务违法是公职人员触犯《公职人员政务处分法》，需要承担政务责任。职务犯罪则是触犯《刑法》，需要承担刑事责任。从危害性上看，职务违法大于违纪，职务犯罪大于职务违法；从责任的严重性上看，刑事责任重于政务责任，政务责任重于纪律责任。但从纪检监察机关查处的案件分布规律看，违纪、职务违法和职务犯罪的案件量是递减的。违纪案件量明显多于职务违法，职务违法的案件量多于职务犯罪。具体而言，职务犯罪案件性质严重，责任大，但案件量相对较少；违纪案件相对而言性质最轻，但案件量最大；职务违法案件在性质和案件量上都居于中间。这种分布规律列表如下：

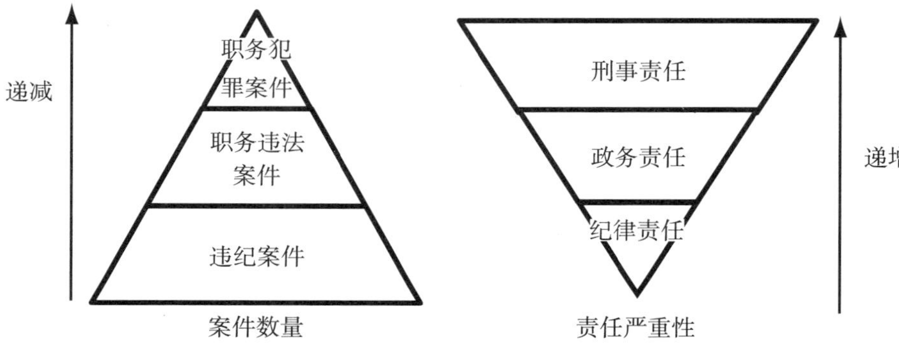

第二，案件量和案件性质都是制约证据标准的重要因素。对于数量大的案件，在建构证据标准时需要把办案效率作为侧重考量的因素。由于案件基数大，取证工作量也就大，同时占用办案人员的时间和精力就越多。对于这类案件如果设定过高的证明要求，势必会降低办案效率，导致案件积压。在办案人员时间和精力有限的情况下，过高的证据要求会增加办案压力，反而会影响案件质量。对于性质严重的案件，在构建证据标准时则需要把确保公平正义作为侧重考量的因素。这是因为责任越严重，追责对被调查人员利益剥夺就越厉害。一旦出错，对当事人造成的伤害就越严重。同时，案件性质越是严重，涉及的利害关系就越重大，社会公众关注度就越高，对程序和实体的公正性要求也就越高。对于性质严重的案件，在构建证据标准体系时需要把实体公正和程序公正统合考量，提升证明标准以确保准确认定案件事实，提升证据资格、规范取证程序以提升程序的正当性。具体到纪法罪三类案件中，不同案件需要解决的现实问题不同，建构证据标准体系的侧重点也应当有所差异。

第三，违纪案件的证据标准应当把提升办案效率作为侧重考量的因素。这是因为违纪案件虽然数量较多，但违纪责任相对刑事责任要轻许多，案件审查处置全程由纪检机构负责，无须经过诉讼机制。从纪律规范看，行为模式和责任形式都相对概括，违纪处分的裁量空间大，违纪责任处罚的幅度也较大，因而对证据的形式和取证程序要求以及查明案件事实需要达到的证据标准比职务犯罪案件要宽松。确定违纪案件证据标准时需要和刑事犯罪案件的证据标准区分开来。在收集、固定、审查、运用证据时，不必要求应当与刑事审判关于证据的要求和标准相一致。对于违纪案件可以适当降低证据标准，以保证基本事实清楚、证据确实充分为底线。在此基础上进一步考虑取证便利和取证必要性，提升取证效率。证据标准的适用不宜机械又漫无目的和重点，对证据审查和适用应当更注重灵活性。对构成要件的证明宜粗不宜细，对取证过程的要求可适当放宽，对证据种类和证据能力多作概括性规定，少作具体性限定。

第四，职务犯罪案件证据标准应当把确保公正放在首要位置。纪法罪三类案件中，职务犯罪性质最为严重，行为人需要承担刑事责任。确定行为人职务犯罪的刑事责任需要经过诉讼程序。监察机关调查以后，案件需要移送司法机关审查起诉和审判。诉讼活动需遵循严格的程序规则和证据规则，证据需要达到较高的证明标准才能起诉和定罪。职务犯罪案件虽然数量相对较少，但责任严重，证明标准、证据资格、取证程序要求最高。证据经过监察机关收集固定以后，还要受到非法证据排除规则等多方面规范的制约，对证据资格和取证行为的事后审查和制约也最为严格。

确定职务犯罪案件的证据标准时，需要着眼于后期的诉讼证明的需要，与以审判为中心的刑事诉讼制度改革相契合。监察机关在收集、固定、审查、运用证据时，应当与刑事审判关于证据的要求和标准相一致。对于在刑事诉讼中可以使用的证据，收集固定的流程和手段应当更加明确细致，审查运用的规则应当更加科学严谨，对非法证据的排除也应当更加严格。

构建职务犯罪案件的证据标准体系应当着眼于精细化操作，具体标准宜细不宜粗。在证据收集固定方面，要强调流程的规范性，体现证据收集的法治化。在证据发现、提取、鉴别方面，要强调手段的专业性和科学性，体现专业属性。在证据合法性上，应当引入刑事诉讼证据规则，与刑事诉讼的要求相一致。在案件事实的证明方面，监察调查后移送审查起诉的案件，证明案件事实的证据应当达到刑事诉讼中侦查终结的证据标准。

关联规定指引

《刑法》

第 13 条 一切危害国家主权、领土完整和安全，分裂国家、颠覆人民民主专政的政权和推翻社会主义制度，破坏社会秩序和经济秩序，侵犯国有财产或者劳动群众集体所有的财产，侵犯公民私人所有的财产，侵犯公民的人身权利、民主权利和其他权利，以及其他危害社会的行为，依照法律应当受刑罚处罚的，都是犯罪，但是情节显著轻微危害不大的，不认为是犯罪。

第 14 条 明知自己的行为会发生危害社会的结果，并且希望或者放任这种结果发生，因而构成犯罪的，是故意犯罪。

故意犯罪，应当负刑事责任。

第 15 条 应当预见自己的行为可能发生危害社会的结果，因为疏忽大意而没有预见，或者已经预见而轻信能够避免，以致发生这种结果的，是过失犯罪。

过失犯罪，法律有规定的才负刑事责任。

第 32 条 刑罚分为主刑和附加刑。

第 33 条 主刑的种类如下：

（一）管制；

（二）拘役；

（三）有期徒刑；

（四）无期徒刑；

（五）死刑。

第34条 附加刑的种类如下：

（一）罚金；

（二）剥夺政治权利；

（三）没收财产。

附加刑也可以独立适用。

第35条 对于犯罪的外国人，可以独立适用或者附加适用驱逐出境。

第36条 由于犯罪行为而使被害人遭受经济损失的，对犯罪分子除依法给予刑事处罚外，并应根据情况判处赔偿经济损失。

承担民事赔偿责任的犯罪分子，同时被判处罚金，其财产不足以全部支付的，或者被判处没收财产的，应当先承担对被害人的民事赔偿责任。

第37条 对于犯罪情节轻微不需要判处刑罚的，可以免予刑事处罚，但是可以根据案件的不同情况，予以训诫或者责令具结悔过、赔礼道歉、赔偿损失，或者由主管部门予以行政处罚或者行政处分。

《公职人员政务处分法》

第7条 政务处分的种类为：

（一）警告；

（二）记过；

（三）记大过；

（四）降级；

（五）撤职；

（六）开除。

第8条 政务处分的期间为：

（一）警告，六个月；

（二）记过，十二个月；

（三）记大过，十八个月；

（四）降级、撤职，二十四个月。

政务处分决定自作出之日起生效，政务处分期自政务处分决定生效之日起计算。

第9条 公职人员二人以上共同违法，根据各自在违法行为中所起的作用和应当承担的法律责任，分别给予政务处分。

第10条 有关机关、单位、组织集体作出的决定违法或者实施违法行为的，对负有责任的领导人员和直接责任人员中的公职人员依法给予政务处分。

3. 如何理解《监察法》与《刑事诉讼法》对职务犯罪案件在证据要求和证明标准上的差异？

职务犯罪案件与职务违法、违纪案件在程序上的差异在于，职务违法、违纪案件在监察机关处置之后即告结束，职务犯罪案件则需移送司法机关进行刑事诉讼。案件进入刑事诉讼程序，势必遵循刑事诉讼的证据规则和证明标准。从《监察法》第45条和《刑事诉讼法》第162条的规定看，监察机关移送的职务犯罪案件在证据标准、法律文书、案卷材料、证据与公安机关侦查终结移送的案件完全是一样的。① 证明标准都是“犯罪事实清楚，证据确实、充分”。稍微不同的是《监察法》的表述更带主观色彩，“监察机关经调查认为”犯罪事实清楚，证据确实、充分。这也说明《监察

① 《中华人民共和国监察法》第45条第1款：“监察机关根据监督、调查结果，依法作出如下处置：……（四）对涉嫌职务犯罪的，监察机关经调查认为犯罪事实清楚，证据确实、充分的，制作起诉意见书，连同案卷材料、证据一并移送人民检察院依法审查、提起公诉；……”《中华人民共和国刑事诉讼法》第162条第1款：“公安机关侦查终结的案件，应当做到犯罪事实清楚，证据确实、充分，并且写出起诉意见书，连同案卷材料、证据一并移送同级人民检察院审查决定；同时将案件移送情况告知犯罪嫌疑人及其辩护律师。”

法》对职务犯罪证明标准的要求是与《刑事诉讼法》相一致的，在一定程度上“将刑事诉讼法的程序标准直接转化、吸收进《监察法》”①。

由于程序上的递进关系，决定了职务犯罪案件要遵循与其他刑事案件同样的证据规则和证明标准，同样的证据规则和证明标准进而决定了监察调查的取证规范不可能与刑事侦查取证规范有太大的差异。因此，有学者指出，“创设独立的监察取证规范的观点不具有可行性和妥当性”。因为其与以审判为中心的诉讼制度改革不相吻合，可能导致法律之间的不协调，也不符合立法经济性原则。②

但是，《监察法》规定的调查措施和取证规范必须兼顾调查职务违法和职务犯罪的双重需要，又使得调查取证规范与侦查取证规范必然存在差异。如调查措施中有谈话、留置，而侦查措施中是没有的，《刑事诉讼法》也不可能有相应的规定。有些调查措施所取得证据甚至不在《刑事诉讼法》规定的证据种类中，如谈话笔录是什么证据？被调查人供述和辩解与犯罪嫌疑人的供述和辩解是否一样？这种差异性也决定了监察调查与刑事诉讼“证据一体”是不可能的。

综上可以看出，监察调查的职务犯罪案件进入刑事诉讼程序以后，案件办理需要遵循《刑事诉讼法》规定的证据规则和证明标准，但监察调查的取证规范与刑事诉讼法规定的取证规范并不完全一致。取证规范的差异必然会引发证据审查、认定和采信等方面的问题和争议。

解决的办法就在于对纪检监察案件进行分类处理，构建纪法罪三类案件相互区分的证据标准体系，一方面，照顾三类案件证明标准和取证要求上的差异性；另一方面，对职务犯罪案件的证据标准和证明要求尽可能向刑事诉讼靠拢，力争与刑事诉讼中侦查终结的证据标准相一致。

---

① 魏晓娜：《职务犯罪调查与刑事诉讼法的适用》，载《中国人民大学学报》2018 年第 4 期。

② 李勇：《〈监察法〉与〈刑事诉讼法〉衔接问题研究——“程序二元、证据一体”理论模型之提出》，载《证据法学》2018 年第 5 期。

关联规定指引

《刑事诉讼法》

第162条 公安机关侦查终结的案件，应当做到犯罪事实清楚，证据确实、充分，并且写出起诉意见书，连同案卷材料、证据一并移送同级人民检察院审查决定；同时将案件移送情况告知犯罪嫌疑人及其辩护律师。

犯罪嫌疑人自愿认罪的，应当记录在案，随案移送，并在起诉意见书中写明有关情况。

《监察法》

第45条 监察机关根据监督、调查结果，依法作出如下处置：

（一）对有职务违法行为但情节较轻的公职人员，按照管理权限，直接或者委托有关机关、人员，进行谈话提醒、批评教育、责令检查，或者予以诫勉；

（二）对违法的公职人员依照法定程序作出警告、记过、记大过、降级、撤职、开除等政务处分决定；

（三）对不履行或者不正确履行职责负有责任的领导人员，按照管理权限对其直接作出问责决定，或者向有权作出问责决定的机关提出问责建议；

（四）对涉嫌职务犯罪的，监察机关经调查认为犯罪事实清楚，证据确实、充分的，制作起诉意见书，连同案卷材料、证据一并移送人民检察院依法审查、提起公诉；

（五）对监察对象所在单位廉政建设和履行职责存在的问题等提出监察建议。

监察机关经调查，对没有证据证明被调查人存在违法犯罪行为的，应当撤销案件，并通知被调查人所在单位。

4. 如何理解“与刑事审判关于证据的要求和标准相一致”？

《监察法》第33条第2款规定：“监察机关在收集、固定、审查、运用证据时，应当与刑事审判关于证据的要求和标准相一致。”从立法目的上看，《监察法》这一规定是为监察调查和刑事诉讼在证据上的衔接奠定基础，对《监察法》第33条第2款的规定，可以做如下理解：

（1）适用案件范围应当是涉嫌职务犯罪的案件，而不包括职务违法案件。这是因为职务违法案件不可能进入审判程序，监察机关对职务违法案件的处置不同于刑事审判，对职务违法行为处置的证据要求和证据标准应当由《监察法》或者《公职人员政务处分法》来规定，不应当与刑事审判的证据要求和标准相一致。

（2）“收集、固定、审查、运用证据”不仅包括监察机关进行的立案调查活动，还应当包括案件审理活动，既包括采取调查措施收集、固定证据的活动，也包括审查、运用已收集的证据对涉嫌职务犯罪的行为作出处置决定的活动。

（3）“刑事审判关于证据的要求和标准”是指刑事诉讼法对人民法院在审判刑事案件时在认定事实上采信证据的要求和标准。其中，“证据的要求和标准”是指审判机关采信证据应当遵循的证据规则和认定事实应当达到的证明标准，而不是指刑事诉讼法所有对证据收集、固定、审查、运用的要求和标准。

（4）“相一致”是指在遵循证据规则和证明标准方面与刑事审判中认定事实采信证据的要求相趋同，而不是“应当遵循”《刑事诉讼法》所有关于收集、固定、审查、运用证据的程序规范。由于《监察法》规定的收集、固定、审查、运用证据的程序与《刑事诉讼法》虽有相同和相似的地方，但客观上是不同的程序。证据规则和证明标准可以相一致，但流程规范是明确具体的，本身就不是一致的，要求一致反而会造成法律适用上的混乱。

关联规定指引

《刑事诉讼法》

（第五章，内容略）

《监察法》

第33条 监察机关依照本法规定收集的物证、书证、证人证言、被调查人供述和辩解、视听资料、电子数据等证据材料，在刑事诉讼中可以作为证据使用。

监察机关在收集、固定、审查、运用证据时，应当与刑事审判关于证据的要求和标准相一致。

以非法方法收集的证据应当依法予以排除，不得作为案件处置的依据。

二、证据资格问题

监察机关依照《监察法》采取调查措施，监察调查不受《刑事诉讼法》关于侦查取证程序规范的制约，但调查后的职务犯罪案件又要进入刑事诉讼程序进行审判，遵循刑事诉讼的证据规则和证明标准。这就必然产生证据资格问题，即监察机关调查中收集、固定的证据能否直接作为刑事诉讼的证据使用的问题。对于其他机关收集的证据能否作为刑事诉讼的证据的问题，《刑事诉讼法》第54条第2款作出规定，依据该规定，行政机关在行政执法和查办案件过程中收集的物证、书证、视听资料、电子数据等证据材料，在刑事诉讼中可以作为证据使用。《刑事诉讼法》第54条的规定并不能成为监察机关收集证据能够用于刑事诉讼的合法依据。为解决此问题，《监察法》第33条第1款规定，监察机关依照本法规定收集的物证、书证、证人证言、被调查人供述和辩解、视听资料、电子数据等证据材料，在刑事诉讼中可以作为证据使用。这一规定把监察体制改革前的证据转化转变为直接证据移送，“解决了重复取证的低效率问题”。[①] 这里需要注意与《刑事诉讼法》第52条“审判人员、检察人员、侦查人员必须依照法定程序”收集证据的取证法定规则加以区别。此外。引申出一个问题，根据《刑事诉讼法》第50条规定的证据种类的名称，“被调查人供述和辩解”能否归为“犯罪嫌疑人供述和辩解”。

有学者指出，仅仅在监察法中规定证据转化规则显然不够，必须同时对我国《刑事诉讼法》中的相关条款也应进行修改调整。[②] 不过，修订的《刑事诉讼法》并没有作出相应的调整。《人民检察院刑事诉讼规则》确认了这一规定，该规则第65条规定，监察机关依照法律规定收集的物证、书证、证人证言、被调查人供述和辩解、视听资料、电子数据等证据材料，在刑事诉讼中可以作为证据使用。

1. 如何认识言词证据和其他证据材料的证据资格问题？

根据《刑事诉讼法》第54条第2款的规定，行政机关收集的可作为证据使用的证据材料全是实物证据，不包括言词证据。实践中对于行政机关收集的言词证据在刑事诉讼中不能直接作为证据使用，通常要进行转化。之所以对言词证据进行转化，是由于这类证据稳定性差，主观性强，容易反复，而且很容易受到办案主体执法不规范的影响。从《监察法》第33条第1款规定的证据材料种类看，既包括实物证据（物证、书证、视听资料、电子数据），也包括证人证言、被调查人供述和辩解等言词证据。也就是说，证人证言、被调查人供述和辩解不需要再行转换就可以直接作为刑事诉讼证据使用。

对于《监察法》第33条列举以外的证据材料，如被害人陈述、鉴定意见、勘验、检查笔录等证据材料是否可以作为刑事诉讼证据使用？从《人

① 陈光中、邵俊：《我国监察体制改革若干问题思考》，载《中国法学》2017年第4期。
② 王秀梅、黄玲林：《监察法与刑事诉讼法衔接若干问题研究》，载《法学论坛》2019年第2期。

民检察院刑事诉讼规则》第 65 条的规定看，与《监察法》第 33 条第 1 款的规定相一致。该规则倒是对《刑事诉讼法》第 54 条第 2 款的规定作了扩大解释。《人民检察院刑事诉讼规则》第 64 条第 2 款规定，行政机关在行政执法和查办案件过程中收集的鉴定意见、勘验、检查笔录，经人民检察院审查符合法定要求的，可以作为证据使用。从法理上看，对《监察法》第 33 条第 1 款的规定也应当作扩大解释。

第一，该规定的表述使用的是"等证据材料"，是可以作"等外"理解的。实际上《人民检察院刑事诉讼规则》第 64 条第 2 款就是对《刑事诉讼法》第 54 条第 2 款作了"等外"的扩大解释。

第二，被害人在监察机关管辖的渎职侵权案件中是客观存在，调查这类案件，是可以也应当收集被害人陈述的。

第三，《监察法》规定的调查措施中包括了鉴定、勘验、检查、查询、扣押等措施，这些调查措施是及时查明事实真相的手段，也是收集、固定证据的方式，鉴定意见、勘验、检查笔录直接作为证据使用，在主体和程序方面也是没有问题的。

关联规定指引

《刑事诉讼法》

第 54 条 人民法院、人民检察院和公安机关有权向有关单位和个人收集、调取证据。有关单位和个人应当如实提供证据。

行政机关在行政执法和查办案件过程中收集的物证、书证、视听资料、电子数据等证据材料，在刑事诉讼中可以作为证据使用。

对涉及国家秘密、商业秘密、个人隐私的证据，应当保密。

凡是伪造证据、隐匿证据或者毁灭证据的，无论属于何方，必须受法律追究。

《监察法》

第33条　监察机关依照本法规定收集的物证、书证、证人证言、被调查人供述和辩解、视听资料、电子数据等证据材料，在刑事诉讼中可以作为证据使用。

监察机关在收集、固定、审查、运用证据时，应当与刑事审判关于证据的要求和标准相一致。

以非法方法收集的证据应当依法予以排除，不得作为案件处置的依据。

《人民检察院刑事诉讼规则》

第64条　行政机关在行政执法和查办案件过程中收集的物证、书证、视听资料、电子数据等证据材料，经人民检察院审查符合法定要求的，可以作为证据使用。

行政机关在行政执法和查办案件过程中收集的鉴定意见、勘验、检查笔录，经人民检察院审查符合法定要求的，可以作为证据使用。

2. 如何认识监察立案前收集证据的转化问题？

在监察程序中，初核是立案的必经程序。根据《监察法》第39条第1款的规定，只有经过初步核实，对监察对象涉嫌职务违法犯罪，需要追究法律责任的，监察机关才应当按照规定的权限和程序办理立案手续。

从诉讼证明基本原理看，是否可以直接移送关键要看初核可以采取的措施、收集证据材料的性质和类型以及这些证据材料与刑事诉讼对证据的要求是否相符。

根据《监察法》的规定，初核是对监察对象问题线索的处置方式。初核要核实的问题线索实际上包括违纪、职务违法和职务犯罪三类。初核可以采取何种措施，从2019年1月1日公布实施的《监督执纪工作规则》第33条、第34条的规定看，纪检监察机关采取初步核实方式处置问题线索，应当制定工作方案，成立核查组，履行审批程序。被核查人为下一级党委

（党组）主要负责人的，纪检监察机关应当报同级党委主要负责人批准。核查组经批准可以采取必要措施收集证据，与相关人员谈话了解情况，要求相关组织作出说明，调取个人有关事项报告，查阅复制文件、账目、档案等资料，查核资产情况和有关信息，进行鉴定勘验。对被核查人及相关人员主动上交的财物，核查组应当予以暂扣。需要采取技术调查或者限制出境等措施的，纪检监察机关可以履行审批手续交有关机关执行。不难看出，初核可以采取的措施相当广泛，既可以谈话，又可以采取调取、查询、鉴定、勘验等措施，必要时可以采取技术调查或者限制出境等措施。从初核收集证据材料的种类看，也是多种多样的。既有言词证据（如谈话笔录等），也有实物证据（如调取的书证、暂扣的财物等）。

综上可知，初核要核查的问题线索涉及范围相对广泛，既包括违纪、职务违法，也包括职务犯罪；初核可以采取的措施已经超出《监察法》规定的调查措施的范围，而且初核中如何收集固定证据的规范非常模糊。在此背景下，初核收集的证据直接移送作为刑事诉讼的证据显然是不合理也不现实的。首先，有些证据不符合《刑事诉讼法》规定的证据种类，如“与相关人员谈话”取得的笔录材料，是证人证言还是被调查人供述和辩解？其次，一些措施直接作为证据使用难以达到刑事诉讼对证据资格的要求。因此，对立案前取得的部分证据材料进行转换是必要的，也是必须的，而且也不限于言词证据。

但是另一方面，我们也应当看到，有些证据是无法转换的，如初核中调取实物证据的原件、原物、暂扣的财物等。对于有些证据材料，没有转换的必要，客观上也不方便转换。对于这类证据则是可以直接作为证据使用的。

需要转换的证据材料可以归纳为如下几种类型：

（1）不符合《刑事诉讼法》规定的证据种类的证据材料，需要转换。如谈话笔录，尤其是初核谈话时身份无法确定的情况下形成的笔录，需要在立案后进行转化。

（2）不是通过《监察法》规定的调查措施收集、固定的证据材料，需要进行转化，如在违纪调查中取得的函询材料等。

3. 无管辖权机关随案移送的证据材料，能否作为证据使用？

一般而言，办案机关发现对正在办理的案件无管辖权时，应当将案件移送有管辖权的机关办理。但是，对于已经收集的证据材料能否在刑事诉讼中作为证据使用通常存在疑问。如果不排除，收集证据的主体正当性存疑；如果绝对排除，新的办案机关需要重新收集、调取，徒增工作量，且有的证据会错过机会无法再收集、调取。从法理上看，办案机关对于正在办理的案件应当进行调查或者侦查，依法收集、调取证据材料符合法律的规定。办案机关发现无管辖权时，案件应当移送有管辖权的机关办理，收集、调取证据材料的主体资格随即丧失。但是发现无管辖权以前，案件系属于原办案机关，原办案机关有收集、调取证据的权利，此前收集的证据材料只要符合法定要求，是可以作为证据使用的。但是，案件移送后，案件系属于有管辖权的办案机关，新的办案机关有补充完善证据的权利。对于重要证据，应当进一步补充完善。在监检衔接的案件中，也应当如此。

三、非法证据排除问题

在排除非法证据方面，《监察法》与《刑事诉讼法》的规定大体上是一致的。根据《监察法》第 33 条第 3 款的规定，以非法方法收集的证据应当依法予以排除，不得作为案件处置的依据。《监察法》第 40 条第 2 款规定，严禁以威胁、引诱、欺骗及其他非法方式收集证据，严禁侮辱、打骂、虐待、体罚或者变相体罚被调查人和涉案人员。这些规定与《刑事诉讼法》第 56 条、第 52 条的基本立场是一致的，排除非法证据，禁止以非法方法收集证据。不同的是在表述上略有差异。《刑事诉讼法》第 52 条的表述是“严禁刑讯逼供和以威胁、引诱、欺骗以及其他非法方法收集证据，不得强迫任何人证实自己有罪”；《监察法》第40条第2款则没有用“刑讯逼供”的表述，而是以“侮辱、打骂、虐待、体罚或者变相体罚被调查人和涉案人员”来替代。

1. 如何看待《监察法》与《刑事诉讼法》文意表述上的差异？

两法表述上的差异导致实践中文意理解的分歧，进而导致实践中监检办案衔接中的困惑。具体问题如下：

（1）如何理解“不得作为案件处置的依据”与“不得作为起诉意见、起诉决定和判决的依据”？

从字面文意看，《监察法》第33条第3款规定：“以非法方法收集的证据应当依法予以排除，不得作为案件处置的依据。”这一规定规定的是监察机关排除非法证据的义务，也就是自我排除的义务。在后续程序中，人民检察院和人民法院能否排除监察机关移送案件中的非法证据，《监察法》并没有明确规定。

“不得作为案件处置的依据”中的处置是指监察机关对案件的“处置”，还是作广义的解释，理解为对案件的处理？对此，有学者倾向于后者，认为应当包括后续的起诉、审判环节。理由是《监察法》第33条第2款规定，“监察机关在收集、固定、审查、运用证据时，应当与刑事审判关于证据的要求和标准相一致”，可以解读为非法证据排除方面也应当按照《刑事诉讼法》的要求进行。①

实际上，《监察法》明确监察机关对非法证据的自我排除义务，只规定非法证据“不得作为案件处置的依据”是合理的，在此不宜对“处置”作扩大解释。这是因为《监察法》不是《刑事诉讼法》，规定起诉、审判环节

① 王沿淡、黄维智：《监察办案与审查起诉程序衔接问题研究》，载《西南民族大学学报（人文社会科学版）》2018年第11期。

如何排除非法证据与《刑事诉讼法》的规定重复，且超出《监察法》的范畴。再者，《监察法》第 33 条第 3 款的规定不排斥检察机关、审判机关在起诉和审判中排除非法证据。从非法证据“不得作为案件处置的依据”无论如何也推不出非法证据“可以作为起诉和审判案件的依据”。

从刑事诉讼的相关规范看，人民检察院和人民法院对于监察机关以非法方法收集的证据应当排除，不需要《监察法》再次授权。监察调查的案件移送起诉后进入刑事诉讼程序，应按照刑事诉讼法规定的程序进行，使用刑事诉讼的证据规则和证据标准，当然包括适用《刑事诉讼法》规定的非法证据排除规则。《刑事诉讼法》第 56 条第 2 款规定了“在侦查、审查起诉、审判时发现有应当排除的证据的，应当依法予以排除，不得作为起诉意见、起诉决定和判决的依据”，该规定并没有限定案件范围，职务犯罪案件也应当包含其中。

就检察机关而言，在受理监察机关移送起诉的案件后严格按照证据规则、证据要求和证明标准审查，在此基础上排除非法证据是应尽职责。同时依法排除非法证据也是互相配合、互相制约的体现，与《监察法》第 4 条的规定是一致的。

（2）如何理解“犯罪嫌疑人供述”与“被调查人供述”？

《刑事诉讼法》第 56 条第 1 款规定“采用刑讯逼供等非法方法收集的犯罪嫌疑人、被告人供述和采用暴力、威胁等非法方法收集的证人证言、被害人陈述，应当予以排除……”其中排除的是“犯罪嫌疑人供述”，而在监察机关移送的案件中对应的是“被调查人供述”。《监察法》中的“被调查人供述”能否归于《刑事诉讼法》第 56 条的“犯罪嫌疑人供述”，在文意理解上可能存在歧义。从《人民检察院刑事诉讼规则》的规定看，第 65 条规定了监察机关依照法律规定收集的“被调查人供述和辩解”在刑事诉讼中可以作为证据使用，但在第 66 条、第 67 条和第 68 条规定排除非法证据的情形时所用的表述是“犯罪嫌疑人供述”，并没有明确是否包括“被调查人供述”。如果严格从文意上理解，《人民检察院刑事诉讼规则》第 66 条至第 68 条的规定是不包含“被调查人供述”的。

从法理上分析，“被调查人供述”应当归于《刑事诉讼法》第 56 条的“犯罪嫌疑人供述”。这是因为刑事被追诉人的身份进入不同的程序阶段称呼有所差异。监察机关移送起诉的案件自人民检察院受理之日起，案件进入刑事诉讼程序，被调查人的身份已经转为犯罪嫌疑人。其所作的供述就是犯罪嫌疑人供述。其在监察调查时所做的供述虽然叫作被调查人供述，但依然是其本人的供述，只是称呼不同而已。只要对其采用非法方法收集的供述就应当适用《刑事诉讼法》第 56 条的规定。因此，结合《监察法》的规定，只要能够认定其在供述时被侮辱、打骂、虐待、体罚或者变相体罚，其供述就可以认定为非法证据，应当予以排除。

（3）如何理解“刑讯逼供”与“侮辱、打骂、虐待、体罚或者变相体罚”？

刑讯逼供是非法证据排除规则的主要对象，《监察法》第 40 条第 2 款的表述是“严禁以威胁、引诱、欺骗及其他非法方式收集证据，严禁侮辱、打骂、虐待、体罚或者变相体罚被调查人和涉案人员”。从形式上看，《监察法》采用的“侮辱、打骂、虐待、体罚或者变相体罚”这样的表述把刑讯逼供更加具体化了，刑讯对象称之为“被调查人和涉案人员”更符合监察调查的工作实际，但也要注意避免两法在文字表述上的差异导致在刑事诉讼中适用非法证据排除出现障碍。

《刑事诉讼法》第 56 条第 1 款的表述是“采用刑讯逼供等非法方法收集的犯罪嫌疑人、被告人供述和采用暴力、威胁等非法方法收集的证人证言、被害人陈述，应当予以排除”。刑讯逼供仅是列举的非法方法之一，并非全部。《监察法》中“严禁侮辱、打骂、虐待、体罚或者变相体罚被调查人和涉案人员”，监察调查中办案人员若是采用这些方法收集证据，则可以认定为用其他非法方法收集证据。

监察人员采用“侮辱、打骂、虐待、体罚或者变相体罚”的方法也可以认定为《刑事诉讼法》规定的“刑讯逼供”。刑讯逼供本身是一个相对概括和模糊的概念，刑讯逼供的手段在立法上是很难详细列举的。一方面，刑讯的手段多种多样，难以列举穷尽；另一方面，刑讯的手段不断变化，即便列举了事件中依然会出现列举之外且相似的刑讯手段，列举过多反而会起到反面启发作用。因此，对刑讯逼供手段保持相对概括的表述反而更具有适应性。换个角度看，《监察法》所禁止的“侮辱、打骂、虐待、体罚或者变相体罚被调查人和涉案人员”可以视为刑讯逼供的表现，而不是刑讯逼供之外的其他非法方法。从造成肉体和精神上的伤害看，侮辱、打骂、虐待、体罚或者变相体罚与通常所说的刑讯逼供是一致的。2018 年《全国人民代表大会常务委员会关于修改〈中华人民共和国刑事诉讼法〉的决定》对第 56 条的表述未做修改，并没有把“侮辱、打骂、虐待、体罚或者变相体罚”单列出来与刑讯逼供并列。

关联规定指引

《刑事诉讼法》

第 56 条 采用刑讯逼供等非法方法收集的犯罪嫌疑人、被告人供述和采用暴力、威胁等非法方法收集的证人证言、被害人陈述，应当予以排除。收集物证、书证不符合法定程序，可能严重影响司法公正的，应当予以补正或者作出合理解释；不能补正或者作出合理解释的，对该证据应当予以排除。

在侦查、审查起诉、审判时发现有应当排除的证据的，应当依法予以排除，不得作为起诉意见、起诉决定和判决的依据。

《监察法》

第 33 条 监察机关依照本法规定收集的物证、书证、证人证言、被调查人供述和辩解、视听资料、电子数据等证据材料，在刑事诉讼中可以作为证据使用。

监察机关在收集、固定、审查、运用证据时，应当与刑事审判关于证据的要求和标准相一致。

以非法方法收集的证据应当依法予以排除，不得作为案件处置的依据。

第40条 监察机关对职务违法和职务犯罪案件，应当进行调查，收集被调查人有无违法犯罪以及情节轻重的证据，查明违法犯罪事实，形成相互印证、完整稳定的证据链。

严禁以威胁、引诱、欺骗及其他非法方式收集证据，严禁侮辱、打骂、虐待、体罚或者变相体罚被调查人和涉案人员。

《人民检察院刑事诉讼规则》

第66条 对采用刑讯逼供等非法方法收集的犯罪嫌疑人供述和采用暴力、威胁等非法方法收集的证人证言、被害人陈述，应当依法排除，不得作为移送审查逮捕、批准或者决定逮捕、移送起诉以及提起公诉的依据。

第67条 对采用下列方法收集的犯罪嫌疑人供述，应当予以排除：

（一）采用殴打、违法使用戒具等暴力方法或者变相肉刑的恶劣手段，使犯罪嫌疑人遭受难以忍受的痛苦而违背意愿作出的供述；

（二）采用以暴力或者严重损害本人及其近亲属合法权益等进行威胁的方法，使犯罪嫌疑人遭受难以忍受的痛苦而违背意愿作出的供述；

（三）采用非法拘禁等非法限制人身自由的方法收集的供述。

第68条 对采用刑讯逼供方法使犯罪嫌疑人作出供述，之后犯罪嫌疑人受该刑讯逼供行为影响而作出的与该供述相同的重复性供述，应当一并排除，但下列情形除外：

（一）侦查期间，根据控告、举报或者自己发现等，公安机关确认或者不能排除以非法方法收集证据而更换侦查人员，其他侦查人员再次讯问时告知诉讼权利和认罪认罚的法律规定，犯罪嫌疑人自愿供述的；

（二）审查逮捕、审查起诉期间，检察人员讯问时告知诉讼权利和认罪认罚的法律规定，犯罪嫌疑人自愿供述的。

2. 监察移送案件中，证据合法性的证明责任由谁承担？

对于监察机关移送起诉的案件，对证据收集的合法性由谁证明？这一问题关系到证据合法性证明责任的分担。我国《刑事诉讼法》把这一证明责任分配给了代表国家公诉的检察机关。根据《刑事诉讼法》第 59 条第 1 款的规定，在对证据收集的合法性进行法庭调查的过程中，人民检察院应当对证据收集的合法性加以证明。其中包括监察机关移送的职务犯罪案件。如果检察机关不能证明收集证据的合法性，法庭经过审理确认或者不能排除存在以非法方法收集证据情形的，按照《刑事诉讼法》第 60 条的规定，对有关证据应当予以排除。

由于移送审查起诉的案件，证据收集、固定工作并不是检察机关完成的，但是检察机关要承担证据收集合法性的证明责任，这就决定了两个方面的问题。

第一，检察机关对证据收集的合法性有调查的职责和义务，检察机关为了完成证据合法性的证明责任，有权采取相应的调查核实措施。

第二，负责收集固定证据的公安机关和监察机关有辅助证明的责任。

这种辅助证明责任主要表现为对证据收集、固定过程和相关情况有说明义务，有提供补充材料的义务，必要时有出庭说明情况的义务等。《刑事诉讼法》第 59 条第 2 款规定，现有证据材料不能证明证据收集的合法性的，人民检察院可以提请人民法院通知有关侦查人员或者其他人员出庭说明情况；人民法院可以通知有关侦查人员或者其他人员出庭说明情况。有关侦查人员或者其他人员也可以要求出庭说明情况。经人民法院通知，有关人员应当出庭。侦查人员或者其他人员出庭说明情况正是这种辅助证明责任的体现。这里的其他人员主要是指参与证据收集、固定工作的人员。

具体到监察机关移送起诉的案件也是如此。检察机关承担证据合法性证明责任，因而有权采取必要的措施对监察机关收集、固定证据的行为进行合法性调查。监察机关有义务就证据收集情况提供相应的证据材料并作必要的说明以证明证据收集的合法性。

关联规定指引

《刑事诉讼法》

第59条 在对证据收集的合法性进行法庭调查的过程中，人民检察院应当对证据收集的合法性加以证明。

现有证据材料不能证明证据收集的合法性的，人民检察院可以提请人民法院通知有关侦查人员或者其他人员出庭说明情况；人民法院可以通知有关侦查人员或者其他人员出庭说明情况。有关侦查人员或者其他人员也可以要求出庭说明情况。经人民法院通知，有关人员应当出庭。

第60条 对于经过法庭审理，确认或者不能排除存在本法第五十六条规定的以非法方法收集证据情形的，对有关证据应当予以排除。

3. 检察机关对监察移送案件证据的合法性如何审查和调查核实？

相关规范性文件对检察机关办理监察机关移送的职务犯罪案件时如何排除非法证据作了进一步规定。

《人民检察院刑事诉讼规则》也对监察移送起诉案件证据合法性审查和排除作出相应的规定。根据该规则，人民检察院经审查认定存在非法取证行为的，对该证据应当予以排除，其他证据不能证明犯罪嫌疑人实施犯罪行为的，可以依法将案件退回监察机关补充调查或者作出不起诉决定。被排除的非法证据应当随案移送，并写明为依法排除的非法证据。[①] 人民检察院认为可能存在以刑讯逼供等非法方法收集证据情形的，可以书面要求监

① 参见《人民检察院刑事诉讼规则》第73条第1款。

察机关对证据收集的合法性作出说明。说明应当加盖单位公章，并由调查人员签名。[①] 人民检察院在审查起诉中发现有应当排除的非法证据，应当依法排除，同时可以要求监察机关另行指派调查人员重新取证。必要时，人民检察院也可以自行调查取证。[②]

关联规定指引

《人民检察院刑事诉讼规则》

第73条 人民检察院经审查认定存在非法取证行为的，对该证据应当予以排除，其他证据不能证明犯罪嫌疑人实施犯罪行为的，应当不批准或者决定逮捕。已经移送起诉的，可以依法将案件退回监察机关补充调查或者退回公安机关补充侦查，或者作出不起诉决定。被排除的非法证据应当随案移送，并写明为依法排除的非法证据。

对于侦查人员的非法取证行为，尚未构成犯罪的，应当依法向其所在机关提出纠正意见。对于需要补正或者作出合理解释的，应当提出明确要求。

对于非法取证行为涉嫌犯罪需要追究刑事责任的，应当依法立案侦查。

第74条 人民检察院认为可能存在以刑讯逼供等非法方法收集证据情形的，可以书面要求监察机关或者公安机关对证据收集的合法性作出说明。说明应当加盖单位公章，并由调查人员或者侦查人员签名。

第341条 人民检察院在审查起诉中发现有应当排除的非法证据，应当依法排除，同时可以要求监察机关或者公安机关另行指派调查人员或者侦查人员重新取证。必要时，人民检察院也可以自行调查取证。

---

① 参见《人民检察院刑事诉讼规则》第74条。
② 参见《人民检察院刑事诉讼规则》第341条。

4. 如何判断取证合法性所依据的法律规范?

从非法证据排除规则的渊源上看,可以上溯到1988年全国人大常委会批准加入的联合国《禁止酷刑和其他残忍、不人道或有辱人格的待遇或处罚公约》(以下简称《联合国反酷刑公约》)。该公约明确要求缔约国在国内法中必须确立非法证据排除规则。其中第15条规定,每一缔约国应确保在任何诉讼程式中不得援引任何确属酷刑逼供作出的陈述为证据,但这类陈述可引作对被控施用酷刑逼供者起诉的证据。该公约是刑事诉讼适用非法证据排除规则的立法依据,也是监察证据适用非法证据排除规则的立法依据。从这一点上看,《监察法》和《刑事诉讼法》在非法证据排除规则的适用上是同根同源的,具有相同的立法依据和一致的价值取向。

从判断证据合法性的标准上看,非法证据之"非法"有两种含义:一是指证据形式不合法,通常是指证据材料不符合法律规定的证据种类和形式要求。二是指取证行为不合法,包括取证的主体不适格,取证行为违背法律规定等,如询问证人没有单独进行,讯问聋、哑人没有通晓聋、哑手势的人参加,等等。

对于前一种情形,即判断证据材料是否符合法定的证据形式,应当依照《刑事诉讼法》的规定。这是因为移送起诉的案件已经进入刑事诉讼程序,对证据的形式、种类的合法性必须依照刑事诉讼证据规则来判定。因此在这种情况下判断非法证据之"法"是指刑事诉讼法及相关的司法解释。

对于监检衔接的案件,证据的收集和调取工作依据的是监察规范,审查、认定工作既需要根据刑事诉讼规范,也需要依据监察规范。对于监察机关收集、调取的证据材料,人民法院、人民检察院依照监察法、刑事诉讼法、立法解释、监察法规、司法解释等进行审查和认定。此意味着监察规范和刑事诉讼规范都是证据审查和认定的法律依据。

对于取证行为合法性的判断应当首先依据《监察法》的规定。这是因为监察机关采取何种调查措施，调查中收集、固定、审查、运用证据的流程规范都是依据《监察法》的规定。脱离《监察法》的规定认定取证行为是否合法显然是不可能的。因此，对于监察机关移送起诉的案件，判断取证行为是否合法应当首先依照《监察法》的规定。

在《监察法》没有规定或者只作原则性规定的情况下，可以依据刑事诉讼法的相关要求和标准进行判断。从法律依据上看，《监察法》第 33 条第 2 款明确要求监察机关在收集、固定、审查、运用证据时，应当与刑事审判关于证据的要求和标准相一致。刑事审判关于证据的要求和标准就是刑事诉讼法对证据的要求和标准。从法理上看，案件移送进入诉讼程序追究刑事责任，理应遵循刑事诉讼的证据规则和证明要求。证据规则在很大程度上就是取证行为规则，认定证据非法的依据大多数就是取证行为违反刑事诉讼法规定的侦查取证规范。在《监察法》没有规定或者只作原则性规定的情况下，参照《刑事诉讼法》的规定和相关司法解释本身就是刑事证据规则的内在要求。

需要指出的是，在《监察法》出台以前，2017 年 6 月 20 日最高人民法院、最高人民检察院、公安部、国家安全部、司法部联合印发了《关于办理刑事案件严格排除非法证据若干问题的规定》（以下简称《严格排除非法证据规定》）。该规定是“两高三部”在进一步防止冤假错案的基础上，就排除非法证据问题发布的一个重要文件。该文件明确了非法取供的具体情形、重复性供述的排除问题，系统规定了不同诉讼阶段排除非法证据的程序以及与非法证据排除相关联的一系列重要问题。虽然该文件出台于《监察法》出台以前，但对于人民检察院和人民法院办理刑事案件依然具有约束力。监察机关移送起诉的案件进入刑事诉讼程序以后，人民检察院和人民法院办理移送的案件也应当严格按照该文件的规定执行。该文件也是刑事审判关于证据的要求和标准的规范性文件，监察机关也应当依照《监察法》第 33 条的规定，在收集、固定、审查、运用证据时与本文件的要求和标准相一致。因此,《严格排除非法证据规定》也应当是办理监察机关移送的案件时判断证据合法性和排除非法证据的规范性文件。

关联规定指引

《监察法》

第33条 监察机关依照本法规定收集的物证、书证、证人证言、被调查人供述和辩解、视听资料、电子数据等证据材料,在刑事诉讼中可以作为证据使用。

监察机关在收集、固定、审查、运用证据时,应当与刑事审判关于证据的要求和标准相一致。

以非法方法收集的证据应当依法予以排除,不得作为案件处置的依据。

《最高人民法院、最高人民检察院、公安部、国家安全部、司法部关于办理刑事案件严格排除非法证据若干问题的规定》

(囿于篇幅有限,正文内容略。)

5. 如何把握排除非法证据的标准?

《监察法》明确了证据要求和标准,确立了非法证据排除规则,侧重规定了收集证据的禁止事项,对于非法证据的种类、依法排除的情形和具体条件,在监察机关移送的职务犯罪案件中,人民检察院和人民法院需要把刑事诉讼规范和监察法的规定相结合确定排除非法证据。

从《刑事诉讼法》的规定看,对供述、证人证言、被害人陈述等言词证据采取绝对排除方式,对收集的物证、书证等实物证据采取的是相对排除的方式。对于采用刑讯逼供等非法方法收集的犯罪嫌疑人、被告人供述和采用暴力、威胁等非法方法收集的证人证言、被害人陈述,应当予以排除。收集物证、书证不符合法定程序,可能严重影响司法公正的,应当予以补正或者作出合理解释;不能补正或者作出合理解释的,对该证据应当予以排除。①

根据《监察法实施条例》第65条的规定，监察机关调查的职务犯罪案件也是适用同样的标准。对于调查人员采用暴力、威胁以及非法限制人身自由等非法方法收集的被调查人供述、证人证言、被害人陈述，应当依法予以排除。所称暴力的方法，是指采用殴打、违法使用戒具等方法或者变相肉刑的恶劣手段，使人遭受难以忍受的痛苦而违背意愿作出供述、证言、陈述；威胁的方法，是指采用以暴力或者严重损害本人及其近亲属合法权益等进行威胁的方法，使人遭受难以忍受的痛苦而违背意愿作出供述、证言、陈述。收集物证、书证不符合法定程序，可能严重影响案件公正处理的，应当予以补正或者作出合理解释；不能补正或者作出合理解释的，对该证据应当予以排除。

《严格排除非法证据规定》则进一步细化了排除非法证据的标准。具体标准可归纳如下：

第一，对非法收集的供述，应当排除的情形包括三种：

（1）采取殴打、违法使用戒具等暴力方法或者变相肉刑的恶劣手段，使犯罪嫌疑人、被告人遭受难以忍受的痛苦而违背意愿作出的供述，应当予以排除。

（2）采用以暴力或者严重损害本人及其近亲属合法权益等进行威胁的方法，使犯罪嫌疑人、被告人遭受难以忍受的痛苦而违背意愿作出的供述，应当予以排除。

（3）采用非法拘禁等非法限制人身自由的方法收集的犯罪嫌疑人、被告人供述，应当予以排除。

第二，对于重复性供述应当一并排除，但下列情形除外：

（1）侦查期间，根据控告、举报或者自己发现等，侦查机关确认或者不能排除以非法方法收集证据而更换侦查人员，其他侦查人员再次讯问时

① 参见《中华人民共和国刑事诉讼法》第56条。

告知诉讼权利和认罪的法律后果，犯罪嫌疑人自愿供述的；

（2）审查逮捕、审查起诉和审判期间，检察人员、审判人员讯问时告知诉讼权利和认罪的法律后果，犯罪嫌疑人、被告人自愿供述的。

第三，采用暴力、威胁以及非法限制人身自由等非法方法收集的证人证言、被害人陈述，应当予以排除。

第四，收集物证、书证不符合法定程序，可能严重影响司法公正的，应当予以补正或者作出合理解释；不能补正或者作出合理解释的，对有关证据应当予以排除。[①]

2019 年 12 月出台的《人民检察院刑事诉讼规则》对《严格排除非法证据规定》中关于非法证据排除的标准进行了吸收，作出了与之一致的规定。[②] 这些标准也应当会成为检察机关办理监察机关移送案件时排除非法证据的标准。

关联规定指引

《刑事诉讼法》

第 56 条 采用刑讯逼供等非法方法收集的犯罪嫌疑人、被告人供述和采用暴力、威胁等非法方法收集的证人证言、被害人陈述，应当予以排除。收集物证、书证不符合法定程序，可能严重影响司法公正的，应当予以补正或者作出合理解释；不能补正或者作出合理解释的，对该证据应当予以排除。

在侦查、审查起诉、审判时发现有应当排除的证据的，应当依法予以排除，不得作为起诉意见、起诉决定和判决的依据。

---

① 参见《最高人民法院、最高人民检察院、公安部、国家安全部、司法部关于办理刑事案件严格排除非法证据若干问题的规定》（法发〔2017〕15 号）第 2 条至第 7 条。

② 参见《人民检察院刑事诉讼规则》第 67 条、第 68 条、第 69 条、第 70 条。

《监察法实施条例》

第65条　对于调查人员采用暴力、威胁以及非法限制人身自由等非法方法收集的被调查人供述、证人证言、被害人陈述，应当依法予以排除。

前款所称暴力的方法，是指采用殴打、违法使用戒具等方法或者变相肉刑的恶劣手段，使人遭受难以忍受的痛苦而违背意愿作出供述、证言、陈述；威胁的方法，是指采用以暴力或者严重损害本人及其近亲属合法权益等进行威胁的方法，使人遭受难以忍受的痛苦而违背意愿作出供述、证言、陈述。

收集物证、书证不符合法定程序，可能严重影响案件公正处理的，应当予以补正或者作出合理解释；不能补正或者作出合理解释的，对该证据应当予以排除。

《人民检察院刑事诉讼规则》

第67条　对采用下列方法收集的犯罪嫌疑人供述，应当予以排除：

（一）采用殴打、违法使用戒具等暴力方法或者变相肉刑的恶劣手段，使犯罪嫌疑人遭受难以忍受的痛苦而违背意愿作出的供述；

（二）采用以暴力或者严重损害本人及其近亲属合法权益等进行威胁的方法，使犯罪嫌疑人遭受难以忍受的痛苦而违背意愿作出的供述；

（三）采用非法拘禁等非法限制人身自由的方法收集的供述。

第68条　对采用刑讯逼供方法使犯罪嫌疑人作出供述，之后犯罪嫌疑人受该刑讯逼供行为影响而作出的与该供述相同的重复性供述，应当一并排除，但下列情形除外：

（一）侦查期间，根据控告、举报或者自己发现等，公安机关确认或者不能排除以非法方法收集证据而更换侦查人员，其他侦查人员再次讯问时告知诉讼权利和认罪认罚的法律规定，犯罪嫌疑人自愿供述的；

（二）审查逮捕、审查起诉期间，检察人员讯问时告知诉讼权利和认罪认罚的法律规定，犯罪嫌疑人自愿供述的。

第69条 采用暴力、威胁以及非法限制人身自由等非法方法收集的证人证言、被害人陈述，应当予以排除。

第70条 收集物证、书证不符合法定程序，可能严重影响司法公正的，人民检察院应当及时要求公安机关补正或者作出书面解释；不能补正或者无法作出合理解释的，对该证据应当予以排除。

对公安机关的补正或者解释，人民检察院应当予以审查。经补正或者作出合理解释的，可以作为批准或者决定逮捕、提起公诉的依据。

四、证据材料的移送与审查问题

对于犯罪案件的移送通常包括三方面内容，即人、案卷材料和涉案款物。对于监察机关移送起诉的案件来说，也主要是这三个方面的内容。人的交接关系到留置与强制措施的衔接问题。涉案款物的移送关系到赃款赃物的处理，案卷材料的移送则关系到法律文书和证据材料的交接问题。

1. 如何把握证据移送的范围？

关于证据移送的范围，《监察法》和《刑事诉讼法》侧重进行原则性规定。根据《监察法》第45条之规定，监察机关对涉嫌职务犯罪案件需要移送的材料包括起诉意见书、案卷材料和证据。《监察法》第33条第1款还规定，监察机关收集的物证、书证、证人证言、被调查人供述和辩解、视听资料、电子数据等证据材料，在刑事诉讼中可以作为证据使用。与《刑事诉讼法》第54条第2款的规定不同。行政机关在行政执法和查办案件过程中收集的实物证据在刑事诉讼中可以作为证据使用，监察机关收集的实物证据和言词证据都可以作为证据使用。据此可知，可以送的证据既包括实物证据，也包括言词证据。《刑事诉讼法》对监察机关移送证据的范围并没有特别规定。

从《人民检察院刑事诉讼规则》的规定看，对于监察机关移送的案件，人民检察院由负责案件管理的部门统一受理并进行审查。审查的内容包括：

（1）依据移送的法律文书载明的内容确定案件是否属于本院管辖；

（2）案卷材料是否齐备、规范，符合有关规定的要求；

（3）移送的款项或者物品与移送清单是否相符；

（4）犯罪嫌疑人是否在案以及采取强制措施的情况；

（5）是否在规定的期限内移送案件。

经审查，认为案卷材料不齐备的，应当及时要求移送案件的单位补送相关材料。对于案卷装订不符合要求的，应当要求移送案件的单位重新装订后移送。①

不难看出，人民检察院负责案件管理的部门审查是一种形式审查，不涉及对证据移送的种类和对案件事实的证明作用的审查。

对案件事实和证据的实质审查由负责捕诉的部门负责。根据《人民检察院刑事诉讼规则》第330条的规定，应当查明的基本事实包括：

（1）犯罪嫌疑人身份状况是否清楚，包括姓名、性别、国籍、出生年月日、职业和单位等；单位犯罪的，单位的相关情况是否清楚；

（2）犯罪事实、情节是否清楚；实施犯罪的时间、地点、手段、危害后果是否明确；

（3）认定犯罪性质和罪名的意见是否正确；有无法定的从重、从轻、减轻或者免除处罚情节及酌定从重、从轻情节；共同犯罪案件的犯罪嫌疑人在犯罪活动中的责任认定是否恰当；

（4）犯罪嫌疑人是否认罪认罚；

（5）证明犯罪事实的证据材料是否随案移送；证明相关财产系违法所得的证据材料是否随案移送；不宜移送的证据的清单、复制件、照片或者其他证明文件是否随案移送；

（6）证据是否确实、充分，是否依法收集，有无应当排除非法证据的

---

① 参见《人民检察院刑事诉讼规则》第156条、第157条、第158条。

情形；

（7）采取侦查措施包括技术侦查措施的法律手续和诉讼文书是否完备；

（8）有无遗漏罪行和其他应当追究刑事责任的人；

（9）是否属于不应当追究刑事责任的；

（10）有无附带民事诉讼；对于国家财产、集体财产遭受损失的，是否需要由人民检察院提起附带民事诉讼；对于破坏生态环境和资源保护，食品药品安全领域侵害众多消费者合法权益，侵害英雄烈士的姓名、肖像、名誉、荣誉等损害社会公共利益的行为，是否需要由人民检察院提起附带民事公益诉讼；

（11）采取的强制措施是否适当，对于已经逮捕的犯罪嫌疑人，有无继续羁押的必要；

（12）侦查活动是否合法；

（13）涉案财物是否查封、扣押、冻结并妥善保管，清单是否齐备；对被害人合法财产的返还和对违禁品或者不宜长期保存的物品的处理是否妥当，移送的证明文件是否完备。[①]

《人民检察院刑事诉讼规则》第330条的规定并没有对监察机关移送的案件与其他案件进行区分。其中部分内容不适用这类案件，如第12项审查“侦查活动是否合法”。也有的内容需要从法理上做扩大解释，如第7项中“采取侦查措施包括技术侦查措施的法律手续和诉讼文书是否完备”具体到监察机关移送的案件则应理解为“采取调查措施包括技术调查措施的法律手续和文书是否完备”。

关于证据材料移送的范围依然有几点需要进一步厘清，具体包括监察机关讯问被调查人和其他重要取证工作的录音录像资料、被排除的非法证据材料等。

---

① 参见《人民检察院刑事诉讼规则》第330条。

关联规定指引

《刑事诉讼法》

第54条　人民法院、人民检察院和公安机关有权向有关单位和个人收集、调取证据。有关单位和个人应当如实提供证据。

行政机关在行政执法和查办案件过程中收集的物证、书证、视听资料、电子数据等证据材料，在刑事诉讼中可以作为证据使用。

对涉及国家秘密、商业秘密、个人隐私的证据，应当保密。

凡是伪造证据、隐匿证据或者毁灭证据的，无论属于何方，必须受法律追究。

《监察法》

第33条　监察机关依照本法规定收集的物证、书证、证人证言、被调查人供述和辩解、视听资料、电子数据等证据材料，在刑事诉讼中可以作为证据使用。

监察机关在收集、固定、审查、运用证据时，应当与刑事审判关于证据的要求和标准相一致。

以非法方法收集的证据应当依法予以排除，不得作为案件处置的依据。

第45条　监察机关根据监督、调查结果，依法作出如下处置：

（一）对有职务违法行为但情节较轻的公职人员，按照管理权限，直接或者委托有关机关、人员，进行谈话提醒、批评教育、责令检查，或者予以诫勉；

（二）对违法的公职人员依照法定程序作出警告、记过、记大过、降级、撤职、开除等政务处分决定；

（三）对不履行或者不正确履行职责负有责任的领导人员，按照管理权限对其直接作出问责决定，或者向有权作出问责决定的机关提出问责建议；

（四）对涉嫌职务犯罪的，监察机关经调查认为犯罪事实清楚，证据确实、充分的，制作起诉意见书，连同案卷材料、证据一并移送人民检察院依法审查、提起公诉；

（五）对监察对象所在单位廉政建设和履行职责存在的问题等提出监察建议。

监察机关经调查，对没有证据证明被调查人存在违法犯罪行为的，应当撤销案件，并通知被调查人所在单位。

《人民检察院刑事诉讼规则》

第156条 下列案件，由人民检察院负责案件管理的部门统一受理：

（一）公安机关提请批准逮捕、移送起诉、提请批准延长侦查羁押期限、要求复议、提请复核、申请复查、移送申请强制医疗、移送申请没收违法所得的案件；

（二）监察机关移送起诉、提请没收违法所得、对不起诉决定提请复议的案件；

（三）下级人民检察院提出或者提请抗诉、报请指定管辖、报请核准追诉、报请核准缺席审判或者提请死刑复核监督的案件；

（四）人民法院通知出席第二审法庭或者再审法庭的案件；

（五）其他依照规定由负责案件管理的部门受理的案件。

第157条 人民检察院负责案件管理的部门受理案件时，应当接收案卷材料，并立即审查下列内容：

（一）依据移送的法律文书载明的内容确定案件是否属于本院管辖；

（二）案卷材料是否齐备、规范，符合有关规定的要求；

（三）移送的款项或者物品与移送清单是否相符；

（四）犯罪嫌疑人是否在案以及采取强制措施的情况；

（五）是否在规定的期限内移送案件。

第158条 人民检察院负责案件管理的部门对接收的案卷材料审查后，认为具备受理条件的，应当及时进行登记，并立即将案卷材料和案件受理登记表移送办案部门办理。

经审查，认为案卷材料不齐备的，应当及时要求移送案件的单位补送相关材料。对于案卷装订不符合要求的，应当要求移送案件的单位重新装订后移送。

对于移送起诉的案件，犯罪嫌疑人在逃的，应当要求公安机关采取措施保证犯罪嫌疑人到案后再移送起诉。共同犯罪案件中部分犯罪嫌疑人在逃的，对在案犯罪嫌疑人的移送起诉应当受理。

第330条 人民检察院审查移送起诉的案件，应当查明：

（一）犯罪嫌疑人身份状况是否清楚，包括姓名、性别、国籍、出生年月日、职业和单位等；单位犯罪的，单位的相关情况是否清楚；

（二）犯罪事实、情节是否清楚；实施犯罪的时间、地点、手段、危害后果是否明确；

（三）认定犯罪性质和罪名的意见是否正确；有无法定的从重、从轻、减轻或者免除处罚情节及酌定从重、从轻情节；共同犯罪案件的犯罪嫌疑人在犯罪活动中的责任认定是否恰当；

（四）犯罪嫌疑人是否认罪认罚；

（五）证明犯罪事实的证据材料是否随案移送；证明相关财产系违法所得的证据材料是否随案移送；不宜移送的证据的清单、复制件、照片或者其他证明文件是否随案移送；

（六）证据是否确实、充分，是否依法收集，有无应当排除非法证据的情形；

（七）采取侦查措施包括技术侦查措施的法律手续和诉讼文书是否完备；

（八）有无遗漏罪行和其他应当追究刑事责任的人；

（九）是否属于不应当追究刑事责任的；

（十）有无附带民事诉讼；对于国家财产、集体财产遭受损失的，是否需要由人民检察院提起附带民事诉讼；对于破坏生态环境和资源保护，食品药品安全领域侵害众多消费者合法权益，侵害英雄烈士的姓名、肖像、名誉、荣誉等损害社会公共利益的行为，是否需要由人民检察院提起附带民事公益诉讼；

（十一）采取的强制措施是否适当，对于已经逮捕的犯罪嫌疑人，有无继续羁押的必要；

（十二）侦查活动是否合法；

（十三）涉案财物是否查封、扣押、冻结并妥善保管，清单是否齐备；对被害人合法财产的返还和对违禁品或者不宜长期保存的物品的处理是否妥当，移送的证明文件是否完备。

2. 录音录像材料是否随案移送？

录音录像材料是证明取证合法性乃至案件事实的重要证据材料。《监察法》第41条第2款规定调查人员进行讯问以及搜查、查封、扣押等重要取证工作，应当对全过程进行录音录像，但同时又规定“留存备查”，并没有明确移送检察机关审查起诉。《人民检察院刑事诉讼规则》第263条第2款规定，对于监察机关移送起诉的案件，认为需要调取有关录音、录像的，可以商监察机关调取。

从诉讼证明角度看，重要取证行为的录音录像资料随案移送是必要的。

第一，人民检察院在诉讼中承担证据合法性的证明责任，调取和查看录音录像资料是核实取证合法性的必要手段，也是应当履行的职责。

第二，录音录像资料记录的信息更为全面、准确，对于取证行为合法性具有更强的证明作用。在一些案件中，录音录像可能是证明取证行为是否合法的关键证据。在审判阶段公诉人可以有针对性地播放讯问录音录像对证据收集的合法性加以证明。因此在法庭审理中播放录音录像是必要的。

第三，在审判环节，被告人及其辩护人有权申请法庭特定时段的录音录像。根据《严格排除非法证据规定》第 31 条第 2 款的规定，被告人及其辩护人可以出示相关线索或者材料，并申请法庭播放特定时段的讯问录音录像。

第四，对于涉及国家秘密、商业秘密、个人隐私或者其他犯罪线索的录音录像可以通过技术处理或者限定播放范围来处理。《人民检察院刑事诉讼规则》第 77 条第 2 款规定："需要播放的讯问录音、录像中涉及国家秘密、商业秘密、个人隐私或者含有其他不宜公开内容的，公诉人应当建议在法庭组成人员、公诉人、侦查人员、被告人及其辩护人范围内播放。因涉及国家秘密、商业秘密、个人隐私或者其他犯罪线索等内容，人民检察院对讯问录音、录像的相关内容进行技术处理的，公诉人应当向法庭作出说明。"因此，对于涉及秘密和其他需要保护的利益不宜公开的录音录像可以通过严格设定接触录音录像人员的保密义务、技术处理、限定观看人员范围等方式加以解决。这些措施也能够满足职务犯罪案件在录音录像方面的特殊需求。从长远看，讯问被调查人的录音录像随案移送也应当制度化。

关联规定指引

《监察法》

第 41 条 调查人员采取讯问、询问、留置、搜查、调取、查封、扣押、勘验检查等调查措施，均应当依照规定出示证件，出具书面通知，由二人以上进行，形成笔录、报告等书面材料，并由相关人员签名、盖章。

调查人员进行讯问以及搜查、查封、扣押等重要取证工作，应当对全过程进行录音录像，留存备查。

《人民检察院刑事诉讼规则》

第 77 条 在法庭审理过程中，被告人或者辩护人对讯问活动合法性提出异议，公诉人可以要求被告人及其辩护人提供相关线索或者材料。必要时，公诉人可以提请法庭当庭播放相关时段的讯问录音、录像，对有关异议或者事实进行质证。

需要播放的讯问录音、录像中涉及国家秘密、商业秘密、个人隐私或者含有其他不宜公开内容的，公诉人应当建议在法庭组成人员、公诉人、侦查人员、被告人及其辩护人范围内播放。因涉及国家秘密、商业秘密、个人隐私或者其他犯罪线索等内容，人民检察院对讯问录音、录像的相关内容进行技术处理的，公诉人应当向法庭作出说明。

第263条 对于公安机关提请批准逮捕、移送起诉的案件，检察人员审查时发现存在本规则第七十五条第一款规定情形的，可以调取公安机关讯问犯罪嫌疑人的录音、录像并审查相关的录音、录像。对于重大、疑难、复杂的案件，必要时可以审查全部录音、录像。

对于监察机关移送起诉的案件，认为需要调取有关录音、录像的，可以商监察机关调取。

对于人民检察院直接受理侦查的案件，审查时发现负责侦查的部门未按照本规则第七十五条第三款的规定移送录音、录像或者移送不全的，应当要求其补充移送。对取证合法性或者讯问笔录真实性等产生疑问的，应当有针对性地审查相关的录音、录像。对于重大、疑难、复杂的案件，可以审查全部录音、录像。

《严格排除非法证据规定》

第31条 公诉人对证据收集的合法性加以证明，可以出示讯问笔录、提讯登记、体检记录、采取强制措施或者侦查措施的法律文书、侦查终结前对讯问合法性的核查材料等证据材料，有针对性地播放讯问录音录像，提请法庭通知侦查人员或者其他人员出庭说明情况。

被告人及其辩护人可以出示相关线索或者材料，并申请法庭播放特定时段的讯问录音录像。

侦查人员或者其他人员出庭，应当向法庭说明证据收集过程，并就相关情况接受发问。对发问方式不当或者内容与证据收集的合法性无关的，法庭应当制止。

公诉人、被告人及其辩护人可以对证据收集的合法性进行质证、辩论。

五、调查人员出庭说明情况

1. 调查人员是否应当出庭说明情况？

调查人员是否出庭作证，《刑事诉讼法》第59条第2款规定："现有证据材料不能证明证据收集的合法性的，人民检察院可以提请人民法院通知有关侦查人员或者其他人员出庭说明情况；人民法院可以通知有关侦查人员或者其他人员出庭说明情况。有关侦查人员或者其他人员也可以要求出庭说明情况。经人民法院通知，有关人员应当出庭。"

理论上，赞同调查人员出庭说明情况的比较多。代表性的意见认为：从《监察法》的立法精神看，非常重视调查人员依法办案的问题；从工作性质上讲，调查人员的工作也有侦查性质。在必要的时候安排调查人员出庭说明情况，"对于提高调查人员依法办案的自觉性，彰显监察机关遵守法律、维护法治的形象，证明证据收集的合法性，都有重要的意义"。[①] 也有的从调查、侦查"证据一体"角度论证其必要性，认为"有关人员"实际上为监察机关的调查人员出庭作证留下了空间。[②]

客观上讲，调查人员出庭作证，就证据收集情况作出说明是非常必要的。物证、书证、视听资料、电子数据及勘验、检查、辨认、侦查实验等笔录的真实性与获取、制作紧密相关。调查人员是讯问、询问参与者，就其合法性出庭说明也最有说服力。

---

① 顾永忠：《公职人员职务犯罪追诉程序的重大变革、创新与完善——以〈监察法〉和〈刑事诉讼法〉的有关规定为背景》，载《法治研究》2019年第1期。

② 李勇：《〈监察法〉与〈刑事诉讼法〉衔接问题研究——"程序二元、证据一体"理论模型之提出》，载《证据法学》2018年第5期。

从规范性文件看，《人民检察院刑事诉讼规则》和《最高人民法院关于适用〈中华人民共和国刑事诉讼法〉的解释》都明确了特定情形下调查人员出庭说明情况。《人民检察院刑事诉讼规则》第410条和第413条规定了在两种情形下，公诉人可以提请法庭通知调查人员出庭说明情况。根据《最高人民法院关于适用〈中华人民共和国刑事诉讼法〉的解释》第246条、第249条、第251条的规定，公诉人、当事人或者辩护人、诉讼代理人对证人证言有异议，且该证人证言对定罪量刑有重大影响，或者对鉴定意见有异议，人民法院认为证人、鉴定人有必要出庭作证的，应当通知证人、鉴定人出庭。控辩双方对侦破经过、证据来源、证据真实性或者合法性等有异议，申请调查人员、侦查人员或者有关人员出庭，人民法院认为有必要的，应当通知调查人员、侦查人员或者有关人员出庭。附带民事诉讼原告人及其诉讼代理人、被告人及其法定代理人、辩护人都可以提请法庭通知调查人员出庭。为查明案件事实、调查核实证据，人民法院也可以依职权通知调查人员出庭。同时，调查人员在必要的情况下出庭说明也是监察法规的要求。《监察法实施条例》第229条规定，在案件审判过程中，人民检察院书面要求监察机关补充提供证据，对证据进行补正、解释，或者协助人民检察院补充侦查的，监察机关应当予以配合。监察机关不能提供有关证据材料的，应当书面说明情况。人民法院在审判过程中就证据收集合法性问题要求有关调查人员出庭说明情况时，监察机关应当依法予以配合。

关联规定指引

《刑事诉讼法》

第59条 在对证据收集的合法性进行法庭调查的过程中，人民检察院应当对证据收集的合法性加以证明。

现有证据材料不能证明证据收集的合法性的，人民检察院可以提请人民法院通知有关侦查人员或者其他人员出庭说明情况；人民法院可以通知有关侦查人员或者其他人员出庭说明情况。有关侦查人员或者其他人员也可以要求出庭说明情况。经人民法院通知，有关人员应当出庭。

《监察法实施条例》

第229条 在案件审判过程中，人民检察院书面要求监察机关补充提供证据，对证据进行补正、解释，或者协助人民检察院补充侦查的，监察机关应当予以配合。监察机关不能提供有关证据材料的，应当书面说明情况。

人民法院在审判过程中就证据收集合法性问题要求有关调查人员出庭说明情况时，监察机关应当依法予以配合。

《最高人民法院关于适用〈中华人民共和国刑事诉讼法〉的解释》

第246条 公诉人可以提请法庭通知证人、鉴定人、有专门知识的人、调查人员、侦查人员或者其他人员出庭，或者出示证据。被害人及其法定代理人、诉讼代理人，附带民事诉讼原告人及其诉讼代理人也可以提出申请。

在控诉方举证后，被告人及其法定代理人、辩护人可以提请法庭通知证人、鉴定人、有专门知识的人、调查人员、侦查人员或者其他人员出庭，或者出示证据。

第249条 公诉人、当事人或者辩护人、诉讼代理人对证人证言有异议，且该证人证言对定罪量刑有重大影响，或者对鉴定意见有异议，人民法院认为证人、鉴定人有必要出庭作证的，应当通知证人、鉴定人出庭。

控辩双方对侦破经过、证据来源、证据真实性或者合法性等有异议，申请调查人员、侦查人员或者有关人员出庭，人民法院认为有必要的，应当通知调查人员、侦查人员或者有关人员出庭。

第251条 为查明案件事实、调查核实证据，人民法院可以依职权通知证人、鉴定人、有专门知识的人、调查人员、侦查人员或者其他人员出庭。

《人民检察院刑事诉讼规则》

第410条 在法庭审理过程中，被告人及其辩护人提出被告人庭前供述系非法取得，审判人员认为需要进行法庭调查的，公诉人可以通过出示讯问笔录、提讯登记、体检记录、采取强制措施或者侦查措施的法律文书、侦查终结前对讯问合法性进行核查的材料等证据材料，有针对性地播放讯问录音、录像，提请法庭通知调查人员、侦查人员或者其他人员出庭说明情况等方式，对证据收集的合法性加以证明。

审判人员认为可能存在刑事诉讼法第五十六条规定的以非法方法收集其他证据的情形，需要进行法庭调查的，公诉人可以参照前款规定对证据收集的合法性进行证明。

公诉人不能当庭证明证据收集的合法性，需要调查核实的，可以建议法庭休庭或者延期审理。

在法庭审理期间，人民检察院可以要求监察机关或者公安机关对证据收集的合法性进行说明或者提供相关证明材料。必要时，可以自行调查核实。

第413条 对于搜查、查封、扣押、冻结、勘验、检查、辨认、侦查实验等活动中形成的笔录存在争议，需要调查人员、侦查人员以及上述活动的见证人出庭陈述有关情况的，公诉人可以建议合议庭通知其出庭。

2. 公诉人哪些情形下可以提请或者建议法庭通知调查人员出庭?

《人民检察院刑事诉讼规则》从检察机关履行证明责任的角度确认了调查人员出庭问题，规定在两种情况下公诉人可以提请或者建议法庭通知调查人员出庭。

第一，根据该规则第410条第1款的规定，在法庭审理过程中，被告人及其辩护人提出被告人庭前供述系非法取得，审判人员认为需要进行法庭调查的，公诉人可以提请法庭通知调查人员或者其他人员出庭说明情况等方式，对证据收集的合法性加以证明。

第二，根据该规则第 413 条的规定，对于搜查、查封、扣押、冻结、勘验、检查、辨认、侦查实验等活动中形成的笔录存在争议，需要调查人员、侦查人员以及上述活动的见证人出庭陈述有关情况的，公诉人可以建议合议庭通知其出庭。

《最高人民法院关于适用〈中华人民共和国刑事诉讼法〉的解释》第 249 条第 2 款也规定了可以申请通知调查人员出庭的情形。该款规定："控辩双方对侦破经过、证据来源、证据真实性或者合法性等有异议，申请调查人员、侦查人员或者有关人员出庭，人民法院认为有必要的，应当通知调查人员、侦查人员或者有关人员出庭。"显然，根据此规定，公诉人提请法庭通知调查人员出庭说明情况的情形更为广泛，只要控辩双方对侦破经过、证据来源、证据真实性或者合法性等有异议，公诉人就可提请法庭通知调查人员出庭。

关联规定指引

《人民检察院刑事诉讼规则》

第 410 条　在法庭审理过程中，被告人及其辩护人提出被告人庭前供述系非法取得，审判人员认为需要进行法庭调查的，公诉人可以通过出示讯问笔录、提讯登记、体检记录、采取强制措施或者侦查措施的法律文书、侦查终结前对讯问合法性进行核查的材料等证据材料，有针对性地播放讯问录音、录像，提请法庭通知调查人员、侦查人员或者其他人员出庭说明情况等方式，对证据收集的合法性加以证明。

审判人员认为可能存在刑事诉讼法第五十六条规定的以非法方法收集其他证据的情形，需要进行法庭调查的，公诉人可以参照前款规定对证据收集的合法性进行证明。

公诉人不能当庭证明证据收集的合法性，需要调查核实的，可以建议法庭休庭或者延期审理。

在法庭审理期间，人民检察院可以要求监察机关或者公安机关对证据收集的合法性进行说明或者提供相关证明材料。必要时，可以自行调查核实。

第413条 对于搜查、查封、扣押、冻结、勘验、检查、辨认、侦查实验等活动中形成的笔录存在争议，需要调查人员、侦查人员以及上述活动的见证人出庭陈述有关情况的，公诉人可以建议合议庭通知其出庭。

《最高人民法院关于适用〈中华人民共和国刑事诉讼法〉的解释》

第249条 公诉人、当事人或者辩护人、诉讼代理人对证人证言有异议，且该证人证言对定罪量刑有重大影响，或者对鉴定意见有异议，人民法院认为证人、鉴定人有必要出庭作证的，应当通知证人、鉴定人出庭。

控辩双方对侦破经过、证据来源、证据真实性或者合法性等有异议，申请调查人员、侦查人员或者有关人员出庭，人民法院认为有必要的，应当通知调查人员、侦查人员或者有关人员出庭。

第五章　退回补充调查和自行补充侦查

退回补充调查是检察机关与监察机关办案衔接中的一个重要问题，也是理论界关注的焦点问题之一。实践中则更关注具体操作问题。由于《监察法》第47条第3款概括规定退回补充调查的条件、补充调查的期限和次数，由此引申出一些实务问题，如退回补充调查与自行补充侦查的案件范围如何确定？退回补充调查要不要说明补充调查的事项和理由？办案期限如何计算？二次退回补充调查之后依然需要补充核实的，检察机关该怎么办？检察机关自行补充侦查的结果是否要向监察机关通报？监察机关对检察机关自行补充侦查的结果不同意怎么办？理论和实践中的问题其实是紧密联系的，需要结合起来思考和把握。

一、退回补充调查问题

1. 如何理解和把握退回补充调查的条件？

根据《监察法》第47条第3款的规定，退回监察机关补充调查的条件是人民检察院经审查"认为需要补充核实的"。《刑事诉讼法》第170条第1款规定："人民检察院对于监察机关移送起诉的案件，依照本法和监察法的有关规定进行审查。人民检察院经审查，认为需要补充核实的，应当退回监察机关补充调查，必要时可以自行补充侦查。"《人民检察院刑事诉讼规则》第 343 条第 1 款规定:“人民检察院对于监察机关移送起诉的案件,认为需要补充调查的,应当退回监察机关补充调查。必要时,可以自行补充侦查。”显然,《刑事诉讼法》和《监察法》采用了一致的表述,即“认为需要补充核实”,《人民检察院刑事诉讼规则》的表述是“认为需要补充调查”。其中“认为需要”是从办案人员主观判断角度进行表述的,肯定了办案人员的主观能动性。

相对而言,《人民检察院刑事诉讼规则》第 342 条对于退回补充侦查的情形进行了进一步列举。该条规定:“人民检察院认为犯罪事实不清、证据不足或者存在遗漏罪行、遗漏同案犯罪嫌疑人等情形需要补充侦查的,应当制作补充侦查提纲,连同案卷材料一并退回公安机关补充侦查。人民检察院也可以自行侦查,必要时可以要求公安机关提供协助。”这一规定列举了退回补充侦查的两种具体情形:一是犯罪事实不清、证据不足;二是存在遗漏罪行、遗漏同案犯罪嫌疑人。这一规定对于退回补充调查具有启发意义。

实践中,对于退回补充调查的条件需要根据《监察法》《刑事诉讼法》以及《人民检察院刑事诉讼规则》中关于起诉、自行补充侦查的规定综合考虑。从《刑事诉讼法》第 176 条的规定看,提起公诉的条件是人民检察院认为犯罪嫌疑人的犯罪事实已经查清,证据确实、充分,依法应当追究刑事责任。因此,犯罪事实不清,证据不足,是退回补充侦查的当然条件,也是退回补充调查的条件。

从法理上看,对于主要犯罪事实清楚,只是部分证据需要补充完善的,可以通过两个途径解决:一是由监察机关在审查起诉期间内补充证据;二是必要时由检察机关自行补充侦查。如果期限内未补证完毕或者补正后依然不符合起诉标准的,也应当退回补充调查。

需要指出的是,对于监察机关移送起诉的案件,如果发现存在遗漏罪行、遗漏同案犯罪嫌疑人的情形,是否退回补充调查,并无明确规定。

关联规定指引

《监察法》

第47条　对监察机关移送的案件，人民检察院依照《中华人民共和国刑事诉讼法》对被调查人采取强制措施。

人民检察院经审查，认为犯罪事实已经查清，证据确实、充分，依法应当追究刑事责任的，应当作出起诉决定。

人民检察院经审查，认为需要补充核实的，应当退回监察机关补充调查，必要时可以自行补充侦查。对于补充调查的案件，应当在一个月内补充调查完毕。补充调查以二次为限。

人民检察院对于有《中华人民共和国刑事诉讼法》规定的不起诉的情形的，经上一级人民检察院批准，依法作出不起诉的决定。监察机关认为不起诉的决定有错误的，可以向上一级人民检察院提请复议。

《刑事诉讼法》

第170条　人民检察院对于监察机关移送起诉的案件，依照本法和监察法的有关规定进行审查。人民检察院经审查，认为需要补充核实的，应当退回监察机关补充调查，必要时可以自行补充侦查。

对于监察机关移送起诉的已采取留置措施的案件，人民检察院应当对犯罪嫌疑人先行拘留，留置措施自动解除。人民检察院应当在拘留后的十日以内作出是否逮捕、取保候审或者监视居住的决定。在特殊情况下，决定的时间可以延长一日至四日。人民检察院决定采取强制措施的期间不计入审查起诉期限。

第176条　人民检察院认为犯罪嫌疑人的犯罪事实已经查清，证据确实、充分，依法应当追究刑事责任的，应当作出起诉决定，按照审判管辖的规定，向人民法院提起公诉，并将案卷材料、证据移送人民法院。

犯罪嫌疑人认罪认罚的，人民检察院应当就主刑、附加刑、是否适用缓刑等提出量刑建议，并随案移送认罪认罚具结书等材料。

《人民检察院刑事诉讼规则》

第342条 人民检察院认为犯罪事实不清、证据不足或者存在遗漏罪行、遗漏同案犯罪嫌疑人等情形需要补充侦查的，应当制作补充侦查提纲，连同案卷材料一并退回公安机关补充侦查。人民检察院也可以自行侦查，必要时可以要求公安机关提供协助。

第343条 人民检察院对于监察机关移送起诉的案件，认为需要补充调查的，应当退回监察机关补充调查。必要时，可以自行补充侦查。

需要退回补充调查的案件，人民检察院应当出具补充调查决定书、补充调查提纲，写明补充调查的事项、理由、调查方向、需补充收集的证据及其证明作用等，连同案卷材料一并送交监察机关。

人民检察院决定退回补充调查的案件，犯罪嫌疑人已被采取强制措施的，应当将退回补充调查情况书面通知强制措施执行机关。监察机关需要讯问的，人民检察院应当予以配合。

2. 退回补充调查的流程如何操作？

在新的办案机制下，监检衔接主要是由人民检察院职务犯罪检察部门和监察机关案件审理部门进行对接。对于上级指定管辖和交办的案件，退回补充调查则需要报上级人民检察院审核，并由上级人民检察院与同级监察机关沟通。根据《人民检察院刑事诉讼规则》第343条第2款的规定，需要退回补充调查的案件，人民检察院应当出具补充调查决定书、补充调查提纲，写明补充调查的事项、理由、调查方向、需补充收集的证据及其证明作用等，连同案卷材料一并送交监察机关。根据该条第3款的规定，人民检察院决定退回补充调查的案件，犯罪嫌疑人已被采取强制措施的，应当将退回补充调查情况书面通知强制措施执行机关。监察机关需要讯问的，人民检察院应当予以配合。

关联规定指引

《人民检察院刑事诉讼规则》

第 343 条　人民检察院对于监察机关移送起诉的案件，认为需要补充调查的，应当退回监察机关补充调查。必要时，可以自行补充侦查。

需要退回补充调查的案件，人民检察院应当出具补充调查决定书、补充调查提纲，写明补充调查的事项、理由、调查方向、需补充收集的证据及其证明作用等，连同案卷材料一并送交监察机关。

人民检察院决定退回补充调查的案件，犯罪嫌疑人已被采取强制措施的，应当将退回补充调查情况书面通知强制措施执行机关。监察机关需要讯问的，人民检察院应当予以配合。

3. 如何理解退回补充调查期间案件的系属状态？

从《监察法》第 47 条的规定来看，只是规定人民检察院对于监察机关移送的案件既可以退回补充调查也可以自行补充侦查，并没有明确案件系属状态。因而导致退回补充调查的案件中强制措施的衔接、律师会见、退回案卷材料的范围等一系列问题处于未决状态。

关于退回补充调查期间案件的系属状态，学者们在研究《监察法》与《刑事诉讼法》的衔接问题时有所涉及。有学者基于“退回补充调查并未改变案件已进入审查起诉阶段的事实”进而建议退回补充调查的案件无必要再重新恢复适用留置措施。[①] 有学者分析了公安机关补充侦查期间案件系属关系及其内在法理，并将之类推到监察机关补充调查的案件中。主张认为“虽然相关的案卷材料、补充调查决定书、补充调查提纲等退回监察机关，但由于起诉意见并未撤回，案件仍然系属于检察院，本质上还处于审查起

① 卞建林：《配合与制约：监察调查与刑事诉讼的衔接》，载《法商研究》2019 年第 1 期。

诉阶段、刑事诉讼程序之中”。[①] 这些主张基于刑事诉讼的内在机理，也符合刑事案件程序运行的基本规律。

综合《监察法》《刑事诉讼法》《人民检察院刑事诉讼规则》的相关规定看，认为退回补充调查的案件应当系属于人民检察院，有其内在理由。

第一，退回补充调查的理由是“认为需要补充核实”，不是案件不符合受理条件或者不应当追究刑事责任。需要补充核实意味着案件部分条件欠缺，需要补充的是不足的部分而不是全案。

第二，根据《人民检察院刑事诉讼规则》第 343 条第 2 款的规定，人民检察院对需要退回补充调查的案件除退回案卷材料外，还应当出具补充调查决定书、补充调查提纲，写明补充调查的事项、理由、调查方向、需要补充收集的证据及其证明作用等，一并送交监察机关。很明显，退回的目的是让监察机关协助补足公诉条件。由此可见，退回补充调查并不意味着检察机关放弃或者暂停行使对该职务犯罪的公诉权，退回补充调查和自行补充侦查都是检察机关行使公诉权的一部分。

第三，退回材料不包括《起诉意见书》和涉案款物，则说明不是全案退回而是部分退回。其中，《起诉意见书》是案件系属关系标志性的法律文书，《起诉意见书》留在检察院，意味着案件依然在检察机关的职权控制之下。

第四，根据《人民检察院刑事诉讼规则》第 343 条第 3 款的规定，“犯罪嫌疑人”的身份并没有改变，并不因为退回补充调查就变成了“被调查人”。犯罪嫌疑人已被采取强制措施的，强制措施并不变更，而是由检察机关将退回补充调查情况书面通知强制措施执行机关。监察机关需要讯问的，人民检察院应当予以配合。实践中，这种配合主要是指提讯文书上的配合，更进一步说明了案件系属于人民检察院，而非监察机关。

---

① 董坤：《法规范视野下监察与司法程序衔接机制——以〈刑事诉讼法〉第 170 条切入》，载《国家检察官学院学报》2019 年第 6 期。

关联规定指引

《监察法》

第 47 条　对监察机关移送的案件，人民检察院依照《中华人民共和国刑事诉讼法》对被调查人采取强制措施。

人民检察院经审查，认为犯罪事实已经查清，证据确实、充分，依法应当追究刑事责任的，应当作出起诉决定。

人民检察院经审查，认为需要补充核实的，应当退回监察机关补充调查，必要时可以自行补充侦查。对于补充调查的案件，应当在一个月内补充调查完毕。补充调查以二次为限。

人民检察院对于有《中华人民共和国刑事诉讼法》规定的不起诉的情形的，经上一级人民检察院批准，依法作出不起诉的决定。监察机关认为不起诉的决定有错误的，可以向上一级人民检察院提请复议。

《人民检察院刑事诉讼规则》

第 343 条　人民检察院对于监察机关移送起诉的案件，认为需要补充调查的，应当退回监察机关补充调查。必要时，可以自行补充侦查。

需要退回补充调查的案件，人民检察院应当出具补充调查决定书、补充调查提纲，写明补充调查的事项、理由、调查方向、需补充收集的证据及其证明作用等，连同案卷材料一并送交监察机关。

人民检察院决定退回补充调查的案件，犯罪嫌疑人已被采取强制措施的，应当将退回补充调查情况书面通知强制措施执行机关。监察机关需要讯问的，人民检察院应当予以配合。

4. 退回补充调查期间监察机关是否可以撤销案件？

从实践情况看，退回补充调查通常是犯罪事实不清楚、主要证据有问题或者漏罪、漏犯情况。补充调查过程中案件事实可能会发生变化，不排除个别情况下的重大变化，如犯罪事实不是犯罪嫌疑人所为、犯罪嫌疑人意外死亡、犯罪已过刑事追诉时效等情况。在此情况下，监察机关能否直接做撤案处理？

从现有的法律规定看，对于移送起诉的案件，在检察机关审查起诉期间，监察机关能否撤回案件没有规定。

从法理上看，监察机关在补充调查期间发现犯罪嫌疑人没有犯罪事实，或者符合《刑事诉讼法》第16条规定的情形之一的，可以先行重新作出处理意见，撤销刑事责任的追究是可以的，这主要是基于对被调查人权利的保护。但由于此时案件依然系属于人民检察院，监察机关应当将撤销案件的事实和理由通知移送的人民检察院。

《人民检察院刑事诉讼规则》对退回监察机关的规定又作了调整。根据该规则第365条的规定，人民检察院对于监察机关或者公安机关移送起诉的案件，发现犯罪嫌疑人没有犯罪事实，或者符合《刑事诉讼法》第16条规定的情形之一的，经检察长批准，应当作出不起诉决定。对于犯罪事实并非犯罪嫌疑人所为，需要重新调查或者侦查的，应当在作出不起诉决定后书面说明理由，将案卷材料退回监察机关或者公安机关并建议重新调查或者侦查。据此规定，对监察机关移送的案件除管辖错误可以退回外，[①] 不存在退回的情形，要么提起公诉，要么作不起诉决定。即便对于犯罪事实并非犯罪嫌疑人所为，需要重新调查的，也应当先作出不起诉决定再退回案卷材料，而不是退回案件。

---

① 《人民检察院刑事诉讼规则》第357条第2款规定："在审查起诉阶段，发现公安机关移送起诉的案件属于监察机关管辖，或者监察机关移送起诉的案件属于公安机关管辖，但案件事实清楚，证据确实、充分，符合起诉条件的，经征求监察机关、公安机关意见后，没有不同意见的，可以直接起诉；提出不同意见，或者事实不清、证据不足的，应当将案件退回移送案件的机关并说明理由，建议其移送有管辖权的机关办理。"

关联规定指引

《刑事诉讼法》

第16条 有下列情形之一的，不追究刑事责任，已经追究的，应当撤销案件，或者不起诉，或者终止审理，或者宣告无罪：

（一）情节显著轻微、危害不大，不认为是犯罪的；

（二）犯罪已过追诉时效期限的；

（三）经特赦令免除刑罚的；

（四）依照刑法告诉才处理的犯罪，没有告诉或者撤回告诉的；

（五）犯罪嫌疑人、被告人死亡的；

（六）其他法律规定免予追究刑事责任的。

《人民检察院刑事诉讼规则》

第357条 人民检察院立案侦查时认为属于直接受理侦查的案件，在审查起诉阶段发现属于监察机关管辖的，应当及时商监察机关办理。属于公安机关管辖，案件事实清楚，证据确实、充分，符合起诉条件的，可以直接起诉；事实不清、证据不足的，应当及时移送有管辖权的机关办理。

在审查起诉阶段，发现公安机关移送起诉的案件属于监察机关管辖，或者监察机关移送起诉的案件属于公安机关管辖，但案件事实清楚，证据确实、充分，符合起诉条件的，经征求监察机关、公安机关意见后，没有不同意见的，可以直接起诉；提出不同意见，或者事实不清、证据不足的，应当将案件退回移送案件的机关并说明理由，建议其移送有管辖权的机关办理。

第365条 人民检察院对于监察机关或者公安机关移送起诉的案件，发现犯罪嫌疑人没有犯罪事实，或者符合刑事诉讼法第十六条规定的情形之一的，经检察长批准，应当作出不起诉决定。

对于犯罪事实并非犯罪嫌疑人所为，需要重新调查或者侦查的，应当在作出不起诉决定后书面说明理由，将案卷材料退回监察机关或者公安机关并建议重新调查或者侦查。

5. 对检察机关退回补充调查案件，监察机关应如何处理？

对于这一问题，《监察法实施条例》第226条、第227条作了进一步明确。该条例第226条规定："监察机关对于人民检察院依法退回补充调查的案件，应当向主要负责人报告，并积极开展补充调查工作。"第227条规定："对人民检察院退回补充调查的案件，经审批分别作出下列处理：（一）认定犯罪事实的证据不够充分的，应当在补充证据后，制作补充调查报告书，连同相关材料一并移送人民检察院审查，对无法补充完善的证据，应当作出书面情况说明，并加盖监察机关或者承办部门公章；（二）在补充调查中发现新的同案犯或者增加、变更犯罪事实，需要追究刑事责任的，应当重新提出处理意见，移送人民检察院审查；（三）犯罪事实的认定出现重大变化，认为不应当追究被调查人刑事责任的，应当重新提出处理意见，将处理结果书面通知人民检察院并说明理由；（四）认为移送起诉的犯罪事实清楚，证据确实、充分的，应当说明理由，移送人民检察院依法审查。"

关联规定指引

《监察法实施条例》

第226条 监察机关对于人民检察院依法退回补充调查的案件，应当向主要负责人报告，并积极开展补充调查工作。

第227条 对人民检察院退回补充调查的案件，经审批分别作出下列处理：

（一）认定犯罪事实的证据不够充分的，应当在补充证据后，制作补充调查报告书，连同相关材料一并移送人民检察院审查，对无法补充完善的证据，应当作出书面情况说明，并加盖监察机关或者承办部门公章；

（二）在补充调查中发现新的同案犯或者增加、变更犯罪事实，需要追究刑事责任的，应当重新提出处理意见，移送人民检察院审查；

（三）犯罪事实的认定出现重大变化，认为不应当追究被调查人刑事责任的，应当重新提出处理意见，将处理结果书面通知人民检察院并说明理由；

（四）认为移送起诉的犯罪事实清楚，证据确实、充分的，应当说明理由，移送人民检察院依法审查。

二、自行补充侦查问题

1. 如何界定自行补充侦查的案件范围？

从法律条文的表述看，《监察法》和《刑事诉讼法》的规定都是“人民检察院经审查，认为需要补充核实的，应当退回监察机关补充调查，必要时可以自行补充侦查”。退回补充调查前用的限定词是“应当”，自行补充侦查前用的限定词是“必要时可以”。因此，从文意理解可知，退回补充调查是原则，例外情形下才适用自行补充侦查。在实践操作中，通常也是坚持以退回监察机关补充调查为主，自行补充侦查为辅助的做法。

从《人民检察院刑事诉讼规则》的规定看，基本上坚持了以退回补充调查为主，自行补充侦查为辅的理念。明确规定检察机关自行补充侦查的必要情形，其他情况退回监察机关补充调查即可。该规则第 344 条第 1 款对人民检察院可以自行补充侦查的情形作了规定，具体包括三种：

（1）证人证言、犯罪嫌疑人供述和辩解、被害人陈述的内容主要情节一致，个别情节不一致的；

（2）物证、书证等证据材料需要补充鉴定的；

（3）其他由人民检察院查证更为便利、更有效率、更有利于查清案件事实的情形。

从规定看，可以自行补充侦查的情形都是一些事关细节性、无须专门查证的小问题，整体体现了便利、效率和便于查明事实的原则。同时，该条还规定，人民检察院自行补充侦查，可以商请监察机关提供协助。自行补充侦查完毕后，应当将相关证据材料入卷，同时抄送监察机关。这一规定在一定程度上体现了职务犯罪案件的特殊性，也体现了监察机关与检察机关相互配合、相互制约的关系，同时也体现了对检察机关监察调查权的尊重和维护。

从实践操作的情况看，退回补充调查的情形主要是案件基本事实不清楚、主要证据存疑或者存在漏罪、漏犯现象的情况。自行补充侦查的主要是证据有瑕疵，补充侦查即可核实的情形。在自行补充侦查中，有问题可随时与监察机关沟通协商解决。

关联规定指引

《刑事诉讼法》

第170条 人民检察院对于监察机关移送起诉的案件，依照本法和监察法的有关规定进行审查。人民检察院经审查，认为需要补充核实的，应当退回监察机关补充调查，必要时可以自行补充侦查。

对于监察机关移送起诉的已采取留置措施的案件，人民检察院应当对犯罪嫌疑人先行拘留，留置措施自动解除。人民检察院应当在拘留后的十日以内作出是否逮捕、取保候审或者监视居住的决定。在特殊情况下，决定的时间可以延长一日至四日。人民检察院决定采取强制措施的期间不计入审查起诉期限。

《监察法》

第47条 对监察机关移送的案件，人民检察院依照《中华人民共和国刑事诉讼法》对被调查人采取强制措施。

人民检察院经审查，认为犯罪事实已经查清，证据确实、充分，依法应当追究刑事责任的，应当作出起诉决定。

人民检察院经审查，认为需要补充核实的，应当退回监察机关补充调查，必要时可以自行补充侦查。对于补充调查的案件，应当在一个月内补充调查完毕。补充调查以二次为限。

人民检察院对于有《中华人民共和国刑事诉讼法》规定的不起诉的情形的，经上一级人民检察院批准，依法作出不起诉的决定。监察机关认为不起诉的决定有错误的，可以向上一级人民检察院提请复议。

《人民检察院刑事诉讼规则》

第344条 对于监察机关移送起诉的案件，具有下列情形之一的，人民检察院可以自行补充侦查：

（一）证人证言、犯罪嫌疑人供述和辩解、被害人陈述的内容主要情节一致，个别情节不一致的；

（二）物证、书证等证据材料需要补充鉴定的；

（三）其他由人民检察院查证更为便利、更有效率、更有利于查清案件事实的情形。

自行补充侦查完毕后，应当将相关证据材料入卷，同时抄送监察机关。人民检察院自行补充侦查的，可以商请监察机关提供协助。

2. 自行补充侦查需要遵循哪些程序？

根据《人民检察院刑事诉讼规则》第348条的规定，人民检察院在审查起诉中决定自行侦查的，应当在审查起诉期限内侦查完毕。由此可知，人民检察院决定自行补充侦查的，不再单独计算补充侦查的时间期限和次数，而是应当在审查起诉的期限内补充侦查完毕。审查起诉的期限不因为检察机关自行补充侦查而延长或者重新计算。由于自行补充侦查主要起辅助性作用，需要核实的问题相对简单，限定在审查起诉期限内是合理的。

一般而言，对于监察机关移送的案件，检察机关启动自行补充侦查应当在内部履行与退回补充调查相类似的审批程序。补充侦查的主体最好坚持“谁审查，谁负责”的原则，由负责审查起诉的承办检察官主导补充侦查，必要时可以调配办案人员。开展自行补充侦查的检察人员不得少于二人。在自行侦查过程中，需要技术支持和安全保障的，由检察机关的技术部门和警务部门派员协助。需要监察机关协助的，可以依照《人民检察院刑事诉讼规则》第 344 条的规定，商请监察机关提供协助。由于补充侦查的主体是检察机关，应当适用《刑事诉讼法》规定的讯问、询问、勘验、检查、查封、扣押、鉴定等侦查措施，而不是适用《监察法》的规定。

关联规定指引

《人民检察院刑事诉讼规则》

第 344 条 对于监察机关移送起诉的案件，具有下列情形之一的，人民检察院可以自行补充侦查：

（一）证人证言、犯罪嫌疑人供述和辩解、被害人陈述的内容主要情节一致，个别情节不一致的；

（二）物证、书证等证据材料需要补充鉴定的；

（三）其他由人民检察院查证更为便利、更有效率、更有利于查清案件事实的情形。

自行补充侦查完毕后，应当将相关证据材料入卷，同时抄送监察机关。人民检察院自行补充侦查的，可以商请监察机关提供协助。

第 348 条 人民检察院在审查起诉中决定自行侦查的，应当在审查起诉期限内侦查完毕。

第六章　监察移送案件的审查起诉

《监察法》第 11 条第 3 项规定了“对涉嫌职务犯罪的，将调查结果移送人民检察院依法审查、提起公诉”。该规定明确了检察机关对监察调查职务犯罪的公诉权，同时在“提起公诉”的基础上增加“审查”二字，确认了检察机关的“审查”职能。这一规定与《刑事诉讼法》第 3 条的规定相一致，保留了检察机关公诉权的完整性，同时也与刑事犯罪追诉基本规律相一致。

一、审查的范围与漏罪漏犯问题

1. 如何把握移送案件的审查范围？

对监察机关移送的职务犯罪案件，检察机关的审查主要包括两个方面：一是对案件的基本事实和证据进行审查；二是对取证合法性进行审查。《人民检察院刑事诉讼规则》第 330 条不区分监察移送的案件和公安移送的案件，在审查内容上又加入了审查犯罪嫌疑人是否认罪认罚的内容。认罪认罚的内容显然也适用于监察机关移送的职务犯罪案件，但第 330 条第 10 项“……对于破坏生态环境和资源保护，食品药品安全领域侵害众多消费者合法权益，侵害英雄烈士的姓名、肖像、名誉、荣誉等损害社会公共利益的行为，是否需要由人民检察院提起附带民事公益诉讼”以及第 11 项、第12项的规定，显然不适用监察机关移送的职务犯罪案件。①

在《人民检察院刑事诉讼规则》中，虽然规定了排除非法证据，但对取证合法性审查只作出原则性规定。根据该规则第74条的规定，人民检察院认为可能存在以刑讯逼供等非法方法收集证据情形的，可以书面要求监察机关对证据收集的合法性作出说明。说明应当加盖单位公章，并由调查人员签名。

关联规定指引

《人民检察院刑事诉讼规则》

第330条 人民检察院审查移送起诉的案件，应当查明：

（一）犯罪嫌疑人身份状况是否清楚，包括姓名、性别、国籍、出生年月日、职业和单位等；单位犯罪的，单位的相关情况是否清楚；

（二）犯罪事实、情节是否清楚；实施犯罪的时间、地点、手段、危害后果是否明确；

（三）认定犯罪性质和罪名的意见是否正确；有无法定的从重、从轻、减轻或者免除处罚情节及酌定从重、从轻情节；共同犯罪案件的犯罪嫌疑人在犯罪活动中的责任认定是否恰当；

（四）犯罪嫌疑人是否认罪认罚；

（五）证明犯罪事实的证据材料是否随案移送；证明相关财产系违法所得的证据材料是否随案移送；不宜移送的证据的清单、复制件、照片或者其他证明文件是否随案移送；

（六）证据是否确实、充分，是否依法收集，有无应当排除非法证据的情形；

（七）采取侦查措施包括技术侦查措施的法律手续和诉讼文书是否完备；

---

① 《人民检察院刑事诉讼规则》第330条的这两项规定是，“（十一）采取的强制措施是否适当，对于已经逮捕的犯罪嫌疑人，有无继续羁押的必要；（十二）侦查活动是否合法”。

（八）有无遗漏罪行和其他应当追究刑事责任的人；

（九）是否属于不应当追究刑事责任的；

（十）有无附带民事诉讼；对于国家财产、集体财产遭受损失的，是否需要由人民检察院提起附带民事诉讼；对于破坏生态环境和资源保护，食品药品安全领域侵害众多消费者合法权益，侵害英雄烈士的姓名、肖像、名誉、荣誉等损害社会公共利益的行为，是否需要由人民检察院提起附带民事公益诉讼；

（十一）采取的强制措施是否适当，对于已经逮捕的犯罪嫌疑人，有无继续羁押的必要；

（十二）侦查活动是否合法；

（十三）涉案财物是否查封、扣押、冻结并妥善保管，清单是否齐备；对被害人合法财产的返还和对违禁品或者不宜长期保存的物品的处理是否妥当，移送的证明文件是否完备。

2. 漏罪、漏犯问题如何处理？

实践中比较突出的问题是职务犯罪案件中漏罪、漏犯的处理，监察机关移送的案件中漏罪、漏犯问题主要表现在如下几个方面：

一是遗漏罪名现象。例如，移送的证据表明，犯罪嫌疑人收受贿赂之后又有滥用职权行为，或者与行贿人有共同贪污行为，涉嫌受贿罪、贪污罪、滥用职权罪等多个罪名。监察机关只是调查了受贿罪，其他罪名没有调查。又如有的串通投标案件中，被告人系国有公司直接负责的责任人员，涉嫌串通投标罪的同时又涉嫌单位行贿罪、受贿罪等多个罪名，移送的证据材料能够证明发生了对有影响力的人行贿、贪污等其他犯罪行为，应当另外构成对有影响力的人行贿罪、贪污罪，但相关的证据又不足以证明犯罪成立。

二是遗漏犯罪事实现象。如犯罪嫌疑人涉嫌多次受贿或者多次贪污，但监察机关只是调查了其中的部分事实。如贿赂案件中涉及多个行贿人，监察机关只调查了部分行贿人行贿的事实。在贪污案件中，行为人涉及多个工程和多笔事实，但只调查了部分贪污款项，遗漏了部分重要事实。

三是遗漏犯罪嫌疑人现象。如有的案件中，监察机关把行贿人移送检察机关追究行贿罪，但受贿人不移送。当检察人员核实情况时被告知，受贿人因为是认罪态度较好，退款退赃，按照“四种形态”处理了。也就是所谓“四转三”，对受贿人作纪律处分，不作犯罪处理。

从《人民检察院刑事诉讼规则》的规定看，审查内容包括了有无漏罪、漏犯的问题。该文件把“有无遗漏罪行和其他应当追究刑事责任的人”作为审查的基本内容加以明确。如果在监察机关移送审查起诉的案件中发现“有遗漏罪行和其他应当追究刑事责任的人”的情形时，检察机关该如何处理。

《人民检察院刑事诉讼规则》第 349 条规定：“人民检察院对已经退回监察机关二次补充调查或者退回公安机关二次补充侦查的案件，在审查起诉中又发现新的犯罪事实，应当将线索移送监察机关或者公安机关。对已经查清的犯罪事实，应当依法提起公诉。”

对于漏犯问题，《人民检察院刑事诉讼规则》规定，人民检察院在审查起诉中，发现监察机关依法应当移送起诉的涉案人员未移送起诉且未作出书面说明的，应当及时商请监察机关作出书面说明，或者将犯罪问题线索移送监察机关。监察机关在移送起诉时，已对前款所列人员的处理情况出具书面说明的，人民检察院不再提出处理意见。

关联规定指引

《人民检察院刑事诉讼规则》

第 349 条 人民检察院对已经退回监察机关二次补充调查或者退回公安机关二次补充侦查的案件，在审查起诉中又发现新的犯罪事实，应当将线索移送监察机关或者公安机关。对已经查清的犯罪事实，应当依法提起公诉。

二、不起诉问题

《监察法》第47条第4款规定："人民检察院对于有《中华人民共和国刑事诉讼法》规定的不起诉的情形的，经上一级人民检察院批准，依法作出不起诉的决定。监察机关认为不起诉的决定有错误的，可以向上一级人民检察院提请复议。"据此规定，对于监察机关移送审查起诉的案件人民检察院可以依据《刑事诉讼法》的规定作出不起诉决定，但是在决定程序上需要经上一级人民检察院批准。

从《刑事诉讼法》的规定看，不起诉一共有五种情形：

（1）法定不起诉，即第177条第1款规定的不起诉。犯罪嫌疑人没有犯罪事实，或者有《刑事诉讼法》第16条规定的情形之一的，人民检察院应当作出不起诉决定。

（2）酌定不起诉，即第177条第2款规定的不起诉。对于犯罪情节轻微，依照《刑法》规定不需要判处刑罚或者免除刑罚的，人民检察院可以作出不起诉决定。

（3）存疑不起诉，即第175条第4款规定的不起诉。对于二次补充侦查的案件，人民检察院仍然认为证据不足，不符合起诉条件的，应当作出不起诉的决定。

（4）特殊情形下的不起诉，即第182条第1款规定的不起诉。犯罪嫌疑人自愿如实供述涉嫌犯罪的事实，有重大立功或者案件涉及国家重大利益的，经最高人民检察院核准，公安机关可以撤销案件，人民检察院可以作出不起诉决定，也可以对涉嫌数罪中的一项或者多项不起诉。这种不起诉也被称为认罪认罚案件中的特殊不起诉。

（5）附条件不起诉，即第282条第1款规定的不起诉。对于未成年人涉嫌刑法分则第四章、第五章、第六章规定的犯罪，可能判处一年有期徒刑以下刑罚，符合起诉条件，但有悔罪表现的，人民检察院可以作出附条件不起诉的决定。这五种情形，除第五种针对未成年人的附条件不起诉外，其余四种在监察机关移送审查起诉的案件中都可能发生。

实践中，对于监察机关移送审查起诉的案件，与不起诉相关的问题主要有：对监察移送案件能否作存疑不起诉？对具有《刑事诉讼法》第 182 条规定情形的，能否对涉嫌数罪中的一项或者多项不起诉？不起诉是否以退回补充调查为前提？决定不起诉是否应当听取检察机关的意见？这些问题主要涉及不起诉的适用范围和程序问题。

1. 对监察机关移送审查起诉的案件能否作出存疑不起诉的决定？

从《监察法》的规定看，对于有《刑事诉讼法》规定的不起诉的情形的，人民检察院都可以作出不起诉的决定。第 175 条第 4 款是针对“二次补充侦查的案件”，而对监察机关移送的案件，不是退回补充侦查，而是原则上“退回补充调查”。二次退回补充调查的案件是否可以归入“二次补充侦查的案件”？如果严格从文意上理解，两者是不同的，第 175 条第 4 款的规定不适用监察机关移送审查起诉的案件。中央纪委国家监察委员会在《〈中华人民共和国监察法〉释义》中没有明确检察机关可以作出存疑不起诉，保留了进一步解释的空间。[①] 但是理论研究界有观点认为人民检察院有权作出存疑不起诉决定。[②]

从《人民检察院刑事诉讼规则》的规定看，人民检察院对监察机关移送审查起诉的案件可以作出存疑不起诉的决定。根据该规则第 367 条的规定，人民检察院对于二次退回补充调查的案件，仍然认为证据不足，不符合起诉条件的，经检察长批准，依法作出不起诉决定。对于经过一次退回

① 参见中共中央纪律检查委员会、中华人民共和国国家监察委员会法规室编写：《〈中华人民共和国监察法〉释义》，中国方正出版社 2018 年版，第 215 页。

② 谢小剑：《监察调查与刑事诉讼程序衔接的法教义学分析》，载《法学》2019 年第 9 期。

补充调查的案件，认为证据不足，不符合起诉条件，且没有再次退回补充调查必要的，经检察长批准，可以作出不起诉决定。这一规定是尊重刑事诉讼基本规律的体现，也是实际办案的需要。第一，现实中，监察机关移送的案件确实存在“证据不足，不符合起诉条件”的情况，对于这类案件作出不起诉决定，可以减少诉累，节约司法资源。第二，作出存疑不起诉决定是人民检察院行使国家公诉权的体现。

为了操作方便，《人民检察院刑事诉讼规则》第 368 条规定了证据不足，不符合起诉条件的五种具体情形。具有如下五种情形之一，不能确定犯罪嫌疑人构成犯罪和需要追究刑事责任的，属于证据不足，不符合起诉条件：

（1）犯罪构成要件事实缺乏必要的证据予以证明的；

（2）据以定罪的证据存在疑问，无法查证属实的；

（3）据以定罪的证据之间、证据与案件事实之间的矛盾不能合理排除的；

（4）根据证据得出的结论具有其他可能性，不能排除合理怀疑的；

（5）根据证据认定案件事实不符合逻辑和经验法则，得出的结论明显不符合常理的。

这一规定也同样适用于监察机关移送的案件。

从适用条件上看，在一般情况下，人民检察院对监察机关移送的案件作存疑不起诉需要以退回补充调查为前置条件，但不必以经过二次退回调查为必要条件。对经过一次退回补充调查的案件，人民检察院认为证据不足，不符合起诉条件，且没有再次退回补充调查必要的，经检察长批准，可以作出不起诉决定。当然，在存在非法取证行为依法排除非法证据的情况下，也可以不经退回补充调查作出存疑不起诉的决定。根据《人民检察院刑事诉讼规则》第 73 条第 1 款的规定，人民检察院经审查认定存在非法取证行为的，对该证据应当予以排除，其他证据不能证明犯罪嫌疑人实施犯罪行为的，应当不批准或者决定逮捕。已经移送起诉的，可以依法将案件退回监察机关补充调查，或者作出不起诉决定。从文意上理解，本条中“退回监察机关补充调查”和“作出不起诉决定”是并列选项。

关联规定指引

《刑事诉讼法》

第175条 人民检察院审查案件，可以要求公安机关提供法庭审判所必需的证据材料；认为可能存在本法第五十六条规定的以非法方法收集证据情形的，可以要求其对证据收集的合法性作出说明。

人民检察院审查案件，对于需要补充侦查的，可以退回公安机关补充侦查，也可以自行侦查。

对于补充侦查的案件，应当在一个月以内补充侦查完毕。补充侦查以二次为限。补充侦查完毕移送人民检察院后，人民检察院重新计算审查起诉期限。

对于二次补充侦查的案件，人民检察院仍然认为证据不足，不符合起诉条件的，应当作出不起诉的决定。

《人民检察院刑事诉讼规则》

第73条 人民检察院经审查认定存在非法取证行为的，对该证据应当予以排除，其他证据不能证明犯罪嫌疑人实施犯罪行为的，应当不批准或者决定逮捕。已经移送起诉的，可以依法将案件退回监察机关补充调查或者退回公安机关补充侦查，或者作出不起诉决定。被排除的非法证据应当随案移送，并写明为依法排除的非法证据。

对于侦查人员的非法取证行为，尚未构成犯罪的，应当依法向其所在机关提出纠正意见。对于需要补正或者作出合理解释的，应当提出明确要求。

对于非法取证行为涉嫌犯罪需要追究刑事责任的，应当依法立案侦查。

第367条 人民检察院对于二次退回补充调查或者补充侦查的案件，仍然认为证据不足，不符合起诉条件的，经检察长批准，依法作出不起诉决定。

人民检察院对于经过一次退回补充调查或者补充侦查的案件，认为证据不足，不符合起诉条件，且没有再次退回补充调查或者补充侦查必要的，经检察长批准，可以作出不起诉决定。

第368条 具有下列情形之一，不能确定犯罪嫌疑人构成犯罪和需要追究刑事责任的，属于证据不足，不符合起诉条件：

（一）犯罪构成要件事实缺乏必要的证据予以证明的；

（二）据以定罪的证据存在疑问，无法查证属实的；

（三）据以定罪的证据之间、证据与案件事实之间的矛盾不能合理排除的；

（四）根据证据得出的结论具有其他可能性，不能排除合理怀疑的；

（五）根据证据认定案件事实不符合逻辑和经验法则，得出的结论明显不符合常理的。

2.《刑事诉讼法》第182条规定的特殊不起诉是否适用于监察机关移送的案件？

2018年修订的《刑事诉讼法》第182条增加规定了认罪认罚案件中特殊情形下的不起诉。根据该条第1款的规定，犯罪嫌疑人自愿如实供述涉嫌犯罪的事实，有重大立功或者案件涉及国家重大利益的，经最高人民检察院核准，公安机关可以撤销案件，人民检察院可以作出不起诉决定，也可以对涉嫌数罪中的一项或者多项不起诉。本条规定明确了两个方面的内容：一是认罪认罚案件中，犯罪嫌疑人有重大立功或者案件涉及国家重大利益的，撤销案件和不起诉的核准权依法由最高人民检察院行使。公安机关撤销案件、人民检察院作不起诉处理都应当报最高人民检察院核准。二是人民检察院对这类案件享有更大的裁量权。不仅可以作出起诉或者不起诉的处理，而且可以作选择性地对涉嫌数罪中的一项或者多项作不起诉处理。

从法理上看，监察机关撤销调查的职务犯罪案件不需要经最高人民检察院核准。案件移送审查起诉之前，未进入刑事诉讼程序，检察机关无权核准。但是，对于监察机关移送审查起诉的案件，犯罪嫌疑人认罪认罚，有重大立功或者案件涉及国家重大利益的，人民检察院能否依据《刑事诉讼法》第 182 条的规定作不起诉处理?

从立法精神和认罪认罚从宽制度的适用范围看，人民检察院是可以作出不起诉决定的。《刑事诉讼法》第 182 条的规定是认罪认罚案件中的一种特殊从宽处理方式。其适用的前提是“犯罪嫌疑人自愿如实供述涉嫌犯罪的事实”。从认罪认罚从宽制度适用的范围看，并没有明确的限制，监察机关调查的案件也同样适用认罪认罚从宽制度。需要指出的是，《监察法》对认罪认罚也作了相应的规定。根据《监察法》第 31 条的规定，涉嫌职务犯罪的被调查人主动认罪认罚，有下列情形之一的，监察机关经领导人员集体研究，并报上一级监察机关批准，可以在移送人民检察院时提出从宽处罚的建议：

（1）自动投案，真诚悔罪悔过的；

（2）积极配合调查工作，如实供述监察机关还未掌握的违法犯罪行为的；

（3）积极退赃，减少损失的；

（4）具有重大立功表现或者案件涉及国家重大利益等情形的。

根据《监察法》第 32 条的规定，职务违法犯罪的涉案人员揭发有关被调查人职务违法犯罪行为，查证属实的，或者提供重要线索，有助于调查其他案件的，监察机关经领导人员集体研究，并报上一级监察机关批准，可以在移送人民检察院时提出从宽处罚的建议。这两款规定的从宽处罚建议情形，包含了《刑事诉讼法》第 182 条规定的基本条件：犯罪嫌疑人自愿如实供述涉嫌犯罪的事实、有重大立功或者案件涉及国家重大利益。因此，对于监察机关移送审查起诉的案件，具备认罪认罚从宽的条件，且监察机关提出从宽处罚建议的，人民检察院可以根据《刑事诉讼法》第182条的规定，经报最高人民检察院核准，对犯罪嫌疑人作出不起诉决定，也可以对涉嫌数罪中的一项或者多项不起诉。当然，根据《人民检察院刑事诉讼规则》第279条的规定，作出这种情形的不起诉处理，应当由检察长决定。决定不起诉的，人民检察院应当及时对查封、扣押、冻结的财物及其孳息作出处理。

关联规定指引

《刑事诉讼法》

第182条 犯罪嫌疑人自愿如实供述涉嫌犯罪的事实，有重大立功或者案件涉及国家重大利益的，经最高人民检察院核准，公安机关可以撤销案件，人民检察院可以作出不起诉决定，也可以对涉嫌数罪中的一项或者多项不起诉。

根据前款规定不起诉或者撤销案件的，人民检察院、公安机关应当及时对查封、扣押、冻结的财物及其孳息作出处理。

《监察法》

第31条 涉嫌职务犯罪的被调查人主动认罪认罚，有下列情形之一的，监察机关经领导人员集体研究，并报上一级监察机关批准，可以在移送人民检察院时提出从宽处罚的建议：

（一）自动投案，真诚悔罪悔过的；

（二）积极配合调查工作，如实供述监察机关还未掌握的违法犯罪行为的；

（三）积极退赃，减少损失的；

（四）具有重大立功表现或者案件涉及国家重大利益等情形的。

第32条 职务违法犯罪的涉案人员揭发有关被调查人职务违法犯罪行为，查证属实的，或者提供重要线索，有助于调查其他案件的，监察机关经领导人员集体研究，并报上一级监察机关批准，可以在移送人民检察院时提出从宽处罚的建议。

《人民检察院刑事诉讼规则》

第279条 犯罪嫌疑人自愿如实供述涉嫌犯罪的事实，有重大立功或者案件涉及国家重大利益的，经最高人民检察院核准，公安机关可以撤销案件，人民检察院可以作出不起诉决定，也可以对涉嫌数罪中的一项或者多项不起诉。

前款规定的不起诉，应当由检察长决定。决定不起诉的，人民检察院应当及时对查封、扣押、冻结的财物及其孳息作出处理。

3. 决定不起诉是否要听取监察机关的意见？

《〈中华人民共和国监察法〉释义》一书认为，对于监察机关移送的案件，检察机关作出不起诉处理决定前，“应当积极与监察机关开展工作层面的沟通，征求监察委员会的意见”①。

人民检察院对于监察机关移送起诉的案件，作出不起诉决定应当事先与监察机关沟通协商，听取监察机关的意见。从监察机关、检察机关的职能分工和定位看，检察机关主动听取意见有利于事实认定和案件定性，也体现了相互配合，但不能违背原则作出决定。② 检察机关的办案人员应当独立、依法作出处理决定。因为案件已经移送审查起诉，责任主体是人民检察院，而不是监察机关。

---

① 参见中共中央纪律检查委员会、中华人民共和国国家监察委员会法规室编写：《〈中华人民共和国监察法〉释义》，中国方正出版社2018年版，第216页。

② 谢小剑：《监察调查与刑事诉讼程序衔接的法教义学分析》，载《法学》2019年第9期。

第七章　监察移送案件中的认罪认罚和从宽处理问题

认罪认罚从宽处理是2018年修改后《刑事诉讼法》规定的一项重要制度，是全面贯彻宽严相济刑事政策的重要举措。对于监察机关移送审查起诉的案件，是否适用这项制度？如何适用？监察调查阶段被调查人认罪认罚，如何从宽？与认罪认罚相关的证据材料如何调取和补充？这些问题在办理监检衔接的案件中至关重要。

一、规范要求与适用上的差异

1. 监察机关移送案件能否适用认罪认罚从宽制度？

自党的十八届四中全会通过的《中共中央关于全面推进依法治国若干重大问题的决定》提出"完善刑事诉讼中认罪认罚从宽制度"以来，相关部门根据按照中央的部署，积极推进试点并逐步在试点中总结、推广和完善。现在初步形成了刑事诉讼中的认罪认罚制度。自2019年以来，全国检察机关立足国家治理全局，着力更新司法理念，认真履行法定职责，主动加强与其他办案机关的协同配合，规范有序推进认罪认罚从宽制度落实，取得了明显成效。2020年10月，第十三届全国人大常委会第二十二次会议听取了《最高人民检察院关于人民检察院适用认罪认罚从宽制度情况的报告》并进行了分组审议。2020 年 12 月 1 日，最高人民检察院就十三届全国人大常委会对人民检察院适用认罪认罚从宽制度情况报告的审议意见提出 28 条贯彻落实意见。其中，第 20 条意见要求“增进与监察机关沟通，配合完善监察调查程序与刑事诉讼程序衔接机制，充分发挥认罪认罚从宽制度在惩治职务犯罪中的积极作用”。显然，最高人民检察院对监察机关移送案件适用认罪认罚从宽制度持非常积极的态度。

从相关政策文件和法律规定看，对于监察机关移送的案件在刑事诉讼中适用认罪认罚从宽制度是没有问题的。最高人民法院、最高人民检察院、公安部、国家安全部联合制定的《关于适用认罪认罚从宽制度的指导意见》（以下简称《认罪认罚指导意见》）规定：“认罪认罚从宽制度贯穿刑事诉讼全过程，适用于侦查、起诉、审判各个阶段。认罪认罚从宽制度没有适用罪名和可能判处刑罚的限定，所有刑事案件都可以适用，不能因罪轻、罪重或者罪名特殊等原因而剥夺犯罪嫌疑人、被告人自愿认罪认罚获得从宽处理的机会……”显然，认罪认罚从宽制度适用的范围非常宽，不受诉讼阶段的限制，也不受案件类型的限制。2018 年修订的《刑事诉讼法》增加了多条关于认罪认罚的规定，在适用范围方面也没有对监察机关移送的案件进行区分。《监察法》第 31 条对涉嫌职务犯罪的被调查人认罪认罚的从宽处理作出规定。从《监察法》和《刑事诉讼法》的相关规定来看，认罪认罚从宽制度在两法中有着内在的衔接。对于监察机关移送的案件在刑事诉讼中适用认罪认罚从宽制度是没有问题的。

关联规定指引

《监察法》

第 31 条 涉嫌职务犯罪的被调查人主动认罪认罚，有下列情形之一的，监察机关经领导人员集体研究，并报上一级监察机关批准，可以在移送人民检察院时提出从宽处罚的建议：

（一）自动投案，真诚悔罪悔过的；

（二）积极配合调查工作，如实供述监察机关还未掌握的违法犯罪行为的；

（三）积极退赃，减少损失的；

（四）具有重大立功表现或者案件涉及国家重大利益等情形的。

《认罪认罚指导意见》

5. 适用阶段和适用案件范围。认罪认罚从宽制度贯穿刑事诉讼全过程，适用于侦查、起诉、审判各个阶段。

认罪认罚从宽制度没有适用罪名和可能判处刑罚的限定，所有刑事案件都可以适用，不能因罪轻、罪重或者罪名特殊等原因而剥夺犯罪嫌疑人、被告人自愿认罪认罚获得从宽处理的机会。但"可以"适用不是一律适用，犯罪嫌疑人、被告人认罪认罚后是否从宽，由司法机关根据案件具体情况决定。

2. 如何理解《监察法》对认罪认罚从宽的规定？

《监察法》第31条对涉嫌职务犯罪的被调查人认罪认罚的从宽问题作出了规定。根据该规定，涉嫌职务犯罪的被调查人主动认罪认罚，有下列情形之一的，监察机关经领导人员集体研究，并报上一级监察机关批准，可以在移送人民检察院时提出从宽处罚的建议：

（1）自动投案，真诚悔罪悔过的；

（2）积极配合调查工作，如实供述监察机关还未掌握的违法犯罪行为的；

（3）积极退赃，减少损失的；

（4）具有重大立功表现或者案件涉及国家重大利益等情形的。

根据《〈中华人民共和国监察法〉释义》的解释：本条规定是《监察

法》对最高人民法院、最高人民检察院、公安部、国家安全部、司法部于2016年印发的《关于在部分地区开展刑事案件认罪认罚从宽制度试点工作的办法》的衔接。其主要目的是："鼓励被调查人犯罪后改过自新、将功折罪，积极配合监察机关的调查工作，争取宽大处理，"同时"为监察机关顺利查清案件提供有利条件，节省人力物力，提高反腐败工作的效率"。[①] 关于这一条的理解，还需要注意如下方面：

第一，从文字上看，本条只是涉及认罪认罚，但主要不是规定认罪认罚的，而是关于监察机关对涉嫌职务犯罪的被调查人提出从宽处罚建议的规定。一方面，从语义上看，"主动认罪认罚"是本条规定的监察机关提出从宽处罚建议的条件之一，除了主动认罪认罚还需具备第2款规定的四种情形之一，监察机关才能提出从宽处罚的建议。另一方面，从结构上看，本条规定在监察法第四章"监察权限"中，实际上是与第32条一起规定了监察机关对涉嫌职务犯罪的被调查人提出从宽处罚建议的权限。[②]

第二，关于对"主动认罪认罚"的理解，《〈中华人民共和国监察法〉释义》认为需要从主观和客观两方面把握。"在主观上表现为能够认识到自己的行为违反了法律的规定，并愿意接受法律的制裁，并对自己的所作所为感到后悔，表现了被调查人改恶向善的意愿。""在客观上，表现为被调查人自动投案、真诚悔罪悔过，积极配合调查工作、如实供述监察机关还未掌握的违法犯罪行为，积极退赃、减少损失。"[③] 我们还应当看到，《监察法》的表述是"主动认罪认罚"，而不是"认罪认罚"，这里的"主动"在客观上表现为"自动投案""积极配合""积极退赃"等情形。

---

① 参见中共中央纪律检查委员会、中华人民共和国国家监察委员会法规室编写：《〈中华人民共和国监察法〉释义》，中国方正出版社2018年版，第160页。

② 《监察法》第32条也是关于监察机关对涉嫌职务犯罪的被调查人提出从宽处罚建议的规定。该条规定：职务违法犯罪的涉案人员揭发有关被调查人职务违法犯罪行为，查证属实的，或者提供重要线索，有助于调查其他案件的，监察机关经领导人员集体研究，并报上一级监察机关批准，可以在移送人民检察院时提出从宽处罚的建议。

③ 参见中共中央纪律检查委员会、中华人民共和国国家监察委员会法规室编写：《〈中华人民共和国监察法〉释义》，中国方正出版社2018年版，第161页。

第三，本条第2款规定的四种情形，本身就是刑法上从宽处罚的法定和酌定情形。其中，“自动投案，真诚悔罪悔过”，与自首条件相符，实践中基本上是自首论；“积极配合调查工作，如实供述监察机关还未掌握的违法犯罪行为”符合刑法上坦白的构成条件，实践中以坦白论处；“积极退赃，减少损失”属于可以酌定从轻处罚的情形；“重大立功”更是法定从轻处罚的情形。

关于“积极配合调查工作、如实供述监察机关还未掌握的违法犯罪行为”，《〈中华人民共和国监察法〉释义》中明确，是指被调查人投案以后，能够按照监察机关的要求，积极主动地予以配合，除如实供述监察机关已掌握的违法犯罪行为外，还应当如实供述监察机关不知道、还未掌握的其他违法犯罪行为。对于涉嫌共同职务犯罪的被调查人不仅应供述自己的犯罪行为，还应供述与其共同实施犯罪的其他共犯的共同犯罪事实。对于共同职务犯罪，如果供述监察机关未掌握的他人的犯罪事实，符合重大立功条件的，应当按照重大立功的规定处理。①

关于“积极退赃，减少损失”，《〈中华人民共和国监察法〉释义》中定义为被调查人主动上交违法犯罪所得赃款赃物，减少国家、集体和公民的合法权益可能受到的损失。②

关于“重大立功表现”，《〈中华人民共和国监察法〉释义》认为不同于一般立功表现，主要包括：一是被调查人检举、揭发他人的重大犯罪行为，如揭发了一个犯罪集团或犯罪团伙，或者因其提供了有关犯罪的重要线索，才使一个重大犯罪案件得以查清；二是阻止他人重大犯罪活动；三是协助监察机关抓捕其他重大职务犯罪被调查人；四是对国家和社会有其他重大贡献等。其中犯罪行为，既包括重大职务犯罪行为，也包括其他犯

① 参见中共中央纪律检查委员会、中华人民共和国国家监察委员会法规室编写：《〈中华人民共和国监察法〉释义》，中国方正出版社2018年版，第162页。

② 参见中共中央纪律检查委员会、中华人民共和国国家监察委员会法规室编写：《〈中华人民共和国监察法〉释义》，中国方正出版社2018年版，第162页。

罪行为。被调查人检举、揭发他人犯罪，提供查清其他案件的重要线索，阻止他人的犯罪活动，或者协助监察机关抓捕的其他被调查人，被调查人或者犯罪嫌疑人、被告人依法可能被判处无期徒刑以上刑罚的，应当认定为有重大立功表现。[①]

关于“案件涉及国家重大利益”，《〈中华人民共和国监察法〉释义》中认为主要包括被调查人所涉及的职务犯罪案件关系到国家安全、社会稳定、经济发展等国家重大利益等情形。

第四，从宽的含义。从《监察法》第31条的规定看，认罪认罚从宽制度中的“从宽”在监察法中主要是指监察机关在案件移送人民检察院时提出从宽处罚的建议，而不是在监察调查中给予从轻处置。尤其是不能理解为可以用政务处分、纪律处分替代刑事责任追究。不能因为涉嫌犯罪的被调查人认罪认罚就把案件降格处理，不移送司法机关。

关于“从宽处罚的建议”，《〈中华人民共和国监察法〉释义》认为包括从轻处罚、减轻处罚和免除处罚。“从轻处罚”，是指在法定刑的幅度内适用相对较轻的刑种或者处以较短的刑期；“减轻处罚”，是指在法定最低刑以下判处刑罚；“免除处罚”，是指虽已构成犯罪，但由于某些原因不判处刑罚。[②]

第五，提出从宽处罚建议的程序。根据《监察法》第31条的规定，监察机关提出从宽处罚建议，需要经集体研究，并报上一级监察机关批准。《〈中华人民共和国监察法〉释义》认为这样规定是为了确保决策程序公开公正，防止随意性。监察机关对被调查人提出从宽处罚的建议，要在坚持以事实为根据、以法律为准绳原则的基础上，综合评估被调查人的犯罪事实、性质、情节和认罪悔罪的态度及表现，经集体研究并报上一级监察机

---

① 参见中共中央纪律检查委员会、中华人民共和国国家监察委员会法规室编写：《〈中华人民共和国监察法〉释义》，中国方正出版社2018年版，第162页

② 参见中共中央纪律检查委员会、中华人民共和国国家监察委员会法规室编写：《〈中华人民共和国监察法〉释义》，中国方正出版社2018年版，第163页。

关批准。[①]

从整体上看，《监察法》第 31 条的规定，涉及对涉嫌职务犯罪的被调查人认罪认罚的从宽处置，体现了“惩前毖后、治病救人”的精神。但无论是在适用条件还是程序上，都相对严格。

关联规定指引

《监察法》

第 31 条　涉嫌职务犯罪的被调查人主动认罪认罚，有下列情形之一的，监察机关经领导人员集体研究，并报上一级监察机关批准，可以在移送人民检察院时提出从宽处罚的建议：

（一）自动投案，真诚悔罪悔过的；

（二）积极配合调查工作，如实供述监察机关还未掌握的违法犯罪行为的；

（三）积极退赃，减少损失的；

（四）具有重大立功表现或者案件涉及国家重大利益等情形的。

第 32 条　职务违法犯罪的涉案人员揭发有关被调查人职务违法犯罪行为，查证属实的，或者提供重要线索，有助于调查其他案件的，监察机关经领导人员集体研究，并报上一级监察机关批准，可以在移送人民检察院时提出从宽处罚的建议。

3. 对监察机关从宽处罚建议，如何审查和处理？

监察机关提出从宽处罚建议，不仅仅考虑被调查人认罪认罚的情况，还要考虑从宽处罚的法定情形、社会影响等情况。

---

① 参见中共中央纪律检查委员会、中华人民共和国国家监察委员会法规室编写：《〈中华人民共和国监察法〉释义》，中国方正出版社 2018 年版，第 163 页。

《监察法实施条例》对提出从宽处罚建议的内部流程、适用情形和移送程序进行了细化。根据该条例第 213 条的规定，涉嫌职务犯罪的被调查人和涉案人员符合《监察法》第 31 条、第 32 条规定情形的，结合其案发前的一贯表现、违法犯罪行为的情节、后果和影响等因素，监察机关经综合研判和集体审议，报上一级监察机关批准，可以在移送人民检察院时依法提出从轻、减轻或者免除处罚等从宽处罚建议。报请批准时，应当一并提供主要证据材料、忏悔反思材料。上级监察机关相关监督检查部门负责审查工作，重点审核拟认定的从宽处罚情形、提出的从宽处罚建议，经审批在 15 个工作日以内作出批复。对于从宽处罚建议和证据材料的移送问题，该条例第 219 条第 1 款规定，从宽处罚建议一般应当在移送起诉时作为《起诉意见书》内容一并提出，特殊情况下也可以在案件移送后、人民检察院提起公诉前，单独形成从宽处罚建议书移送人民检察院。对于从宽处罚建议所依据的证据材料，应当一并移送人民检察院。对于认罪认罚情况，该条例第 219 第 2 款规定，监察机关对于被调查人在调查阶段认罪认罚，但不符合《监察法》规定的提出从宽处罚建议条件，在移送起诉时没有提出从宽处罚建议的，应当在《起诉意见书》中写明其自愿认罪认罚的情况。

根据《人民检察院刑事诉讼规则》第 11 条第 2 款的规定，认罪认罚从宽制度适用于所有刑事案件。人民检察院办理刑事案件的各个诉讼环节，都应当做好认罪认罚的相关工作。对于监察机关所提从宽处罚建议及相关证据，人民检察院也应当依法进行审查并作出相应处理决定。对符合法定情形的从宽处罚建议应当采纳。经依法审查后，认为可以适用认罪认罚从宽制度的，在履行相关法律程序后依法提出从宽处罚建议或者在判决中依法从宽处罚。

关联规定指引

《监察法》

第31条　涉嫌职务犯罪的被调查人主动认罪认罚，有下列情形之一的，监察机关经领导人员集体研究，并报上一级监察机关批准，可以在移送人民检察院时提出从宽处罚的建议：

（一）自动投案，真诚悔罪悔过的；

（二）积极配合调查工作，如实供述监察机关还未掌握的违法犯罪行为的；

（三）积极退赃，减少损失的；

（四）具有重大立功表现或者案件涉及国家重大利益等情形的。

第32条　职务违法犯罪的涉案人员揭发有关被调查人职务违法犯罪行为，查证属实的，或者提供重要线索，有助于调查其他案件的，监察机关经领导人员集体研究，并报上一级监察机关批准，可以在移送人民检察院时提出从宽处罚的建议。

《监察法实施条例》

第213条　涉嫌职务犯罪的被调查人和涉案人员符合监察法第三十一条、第三十二条规定情形的，结合其案发前的一贯表现、违法犯罪行为的情节、后果和影响等因素，监察机关经综合研判和集体审议，报上一级监察机关批准，可以在移送人民检察院时依法提出从轻、减轻或者免除处罚等从宽处罚建议。报请批准时，应当一并提供主要证据材料、忏悔反思材料。

上级监察机关相关监督检查部门负责审查工作，重点审核拟认定的从宽处罚情形、提出的从宽处罚建议，经审批在十五个工作日以内作出批复。

第219条　从宽处罚建议一般应当在移送起诉时作为《起诉意见书》内容一并提出，特殊情况下也可以在案件移送后、人民检察院提起公诉前，单独形成从宽处罚建议书移送人民检察院。对于从宽处罚建议所依据的证据材料，应当一并移送人民检察院。

监察机关对于被调查人在调查阶段认罪认罚，但不符合监察法规定的提出从宽处罚建议条件，在移送起诉时没有提出从宽处罚建议的，应当在《起诉意见书》中写明其自愿认罪认罚的情况。

《人民检察院刑事诉讼规则》

第11条 犯罪嫌疑人、被告人自愿如实供述自己的罪行，承认指控的犯罪事实，愿意接受处罚的，可以依法从宽处理。

认罪认罚从宽制度适用于所有刑事案件。人民检察院办理刑事案件的各个诉讼环节，都应当做好认罪认罚的相关工作。

二、实践中的问题

1. 监察机关起诉意见书只说明认罪态度和情节，不提从宽处罚建议，如何处理？

如果一些案件在监察调查中符合认罪认罚条件的，但监察机关在起诉意见书中却没有提从宽处罚的建议，该如何处理。最典型的表现是：监察机关在起诉意见书中简要列明被调查人的认罪态度、配合调查工作、立功、退赃退赔等情节，但并不提出是否从宽处罚的建议。例如：××市监察委员会移送的起诉意见书中把“被调查人的态度及相关情节”单列一项，具体表述如下：

> 案件调查中，×××能够积极配合，如实供述我委已经掌握的犯罪事实，主动交代尚未掌握的部分犯罪事实，能够深刻反省并认罪悔罪，愿意全额退缴非法所得。

本案中，从移送的案卷材料看，被调查人符合《监察法》第31条规定的认罪认罚从宽的条件，监察机关移送的起诉意见书并没有提出从宽处罚的建议，但是辩护人及被调查人要求按照认罪认罚从宽处理。这种情况实践中具有典型性。对于这种情况，检察机关应当如何处理？

结合《刑事诉讼法》以及相关认罪认罚规范的规定可以看出，监察机关在起诉意见书中没有提认罪认罚从宽处罚建议的，人民检察院可以依法适用认罪认罚从宽制度，但是需要应当提前征求监察机关意见，在诉讼过程中新出现从宽或者从严情节的，人民检察院应当及时与监察机关沟通。检察机关可以依据相关规定分情况作出如下处理：

（1）对于监察机关移送起诉的案件，犯罪嫌疑人在审查起诉阶段认罪认罚的，可以依照《刑事诉讼法》第 81 条、第 172 条、第 173 条、第 174 条、第 176 条以及《人民检察院刑事诉讼规则》第十章第二节的规定办理。决定逮捕时，应当将犯罪嫌疑人认罪认罚情况，作为是否可能发生社会危险性的考虑因素。犯罪嫌疑人认罪认罚，符合速裁程序适用条件的，依法适用速裁程序；在辩护权保障、签署认罪认罚具结书、提出量刑建议等方面与其他刑事案件适用同样的程序和标准。

（2）对于犯罪嫌疑人在审查起诉阶段认罪认罚，且提出在监察调查中已经认罪认罚，要求给予更大从宽幅度的，检察机关可以核实并依法作出处理。根据《认罪认罚指导意见》第 9 条的规定，人民检察院提出量刑建议时，对在调查、审查起诉、审判等不同阶段认罪认罚的，从宽量刑幅度应当有所区别。主动认罪优于被动认罪，早认罪优于晚认罪，彻底认罪优于不彻底认罪，稳定认罪优于不稳定认罪。

关联规定指引

《监察法》

第 31 条　涉嫌职务犯罪的被调查人主动认罪认罚，有下列情形之一的，监察机关经领导人员集体研究，并报上一级监察机关批准，可以在移送人民检察院时提出从宽处罚的建议：

（一）自动投案，真诚悔罪悔过的；

（二）积极配合调查工作，如实供述监察机关还未掌握的违法犯罪行为的；

（三）积极退赃，减少损失的；

（四）具有重大立功表现或者案件涉及国家重大利益等情形的。

《刑事诉讼法》

第81条 对有证据证明有犯罪事实，可能判处徒刑以上刑罚的犯罪嫌疑人、被告人，采取取保候审尚不足以防止发生下列社会危险性的，应当予以逮捕：

（一）可能实施新的犯罪的；

（二）有危害国家安全、公共安全或者社会秩序的现实危险的；

（三）可能毁灭、伪造证据，干扰证人作证或者串供的；

（四）可能对被害人、举报人、控告人实施打击报复的；

（五）企图自杀或者逃跑的。

批准或者决定逮捕，应当将犯罪嫌疑人、被告人涉嫌犯罪的性质、情节，认罪认罚等情况，作为是否可能发生社会危险性的考虑因素。

对有证据证明有犯罪事实，可能判处十年有期徒刑以上刑罚的，或者有证据证明有犯罪事实，可能判处徒刑以上刑罚，曾经故意犯罪或者身份不明的，应当予以逮捕。

被取保候审、监视居住的犯罪嫌疑人、被告人违反取保候审、监视居住规定，情节严重的，可以予以逮捕。

第172条 人民检察院对于监察机关、公安机关移送起诉的案件，应当在一个月以内作出决定，重大、复杂的案件，可以延长十五日；犯罪嫌疑人认罪认罚，符合速裁程序适用条件的，应当在十日以内作出决定，对可能判处的有期徒刑超过一年的，可以延长至十五日。

人民检察院审查起诉的案件，改变管辖的，从改变后的人民检察院收到案件之日起计算审查起诉期限。

第 173 条　人民检察院审查案件，应当讯问犯罪嫌疑人，听取辩护人或者值班律师、被害人及其诉讼代理人的意见，并记录在案。辩护人或者值班律师、被害人及其诉讼代理人提出书面意见的，应当附卷。

犯罪嫌疑人认罪认罚的，人民检察院应当告知其享有的诉讼权利和认罪认罚的法律规定，听取犯罪嫌疑人、辩护人或者值班律师、被害人及其诉讼代理人对下列事项的意见，并记录在案：

（一）涉嫌的犯罪事实、罪名及适用的法律规定；

（二）从轻、减轻或者免除处罚等从宽处罚的建议；

（三）认罪认罚后案件审理适用的程序；

（四）其他需要听取意见的事项。

人民检察院依照前两款规定听取值班律师意见的，应当提前为值班律师了解案件有关情况提供必要的便利。

第 174 条　犯罪嫌疑人自愿认罪，同意量刑建议和程序适用的，应当在辩护人或者值班律师在场的情况下签署认罪认罚具结书。

犯罪嫌疑人认罪认罚，有下列情形之一的，不需要签署认罪认罚具结书：

（一）犯罪嫌疑人是盲、聋、哑人，或者是尚未完全丧失辨认或者控制自己行为能力的精神病人的；

（二）未成年犯罪嫌疑人的法定代理人、辩护人对未成年人认罪认罚有异议的；

（三）其他不需要签署认罪认罚具结书的情形。

第 176 条　人民检察院认为犯罪嫌疑人的犯罪事实已经查清，证据确实、充分，依法应当追究刑事责任的，应当作出起诉决定，按照审判管辖的规定，向人民法院提起公诉，并将案卷材料、证据移送人民法院。

犯罪嫌疑人认罪认罚的，人民检察院应当就主刑、附加刑、是否适用缓刑等提出量刑建议，并随案移送认罪认罚具结书等材料。

《认罪认罚指导意见》

第9条 从宽幅度的把握。办理认罪认罚案件，应当区别认罪认罚的不同诉讼阶段、对查明案件事实的价值和意义、是否确有悔罪表现，以及罪行严重程度等，综合考量确定从宽的限度和幅度。在刑罚评价上，主动认罪优于被动认罪，早认罪优于晚认罪，彻底认罪优于不彻底认罪，稳定认罪优于不稳定认罪。

认罪认罚的从宽幅度一般应当大于仅有坦白，或者虽认罪但不认罚的从宽幅度。对犯罪嫌疑人、被告人具有自首、坦白情节，同时认罪认罚的，应当在法定刑幅度内给予相对更大的从宽幅度。认罪认罚与自首、坦白不作重复评价。

对罪行较轻、人身危险性较小的，特别是初犯、偶犯，从宽幅度可以大一些；罪行较重、人身危险性较大的，以及累犯、再犯，从宽幅度应当从严把握。

2. 监察调查期间认罪认罚的证据材料如何补充？

不管监察机关起诉意见书中是否提出从宽处罚的建议，被调查人在监察调查阶段认罪认罚的情况对于检察机关办理这类案件具有重要意义。一方面，这一情况会影响认罪认罚自愿性、合法性的审查；另一方面，也会影响到案件从宽的幅度。也就是说，监察机关依照《监察法》第31条提出从宽处罚建议的，检察机关在审查起诉阶段要对认罪认罚的情况进行核实，以确定认罪认罚是否成立、是否从宽以及从宽的幅度。对于监察机关没有提出从宽处罚建议的，如果在监察调查阶段有认罪认罚的情况，检察机关在审查起诉时也应当进行核实，以便确定是否适用认罪认罚制度以及从宽的幅度。因此，对于监察机关移送起诉的案件，关于监察调查阶段认罪认罚的证据材料不足或者存在疑问的，检察机关应当向监察机关进行核实，需要补充相关材料的，应当及时补充。

关于补充认罪认罚材料的流程，可以依据案件的整体情况进行处理。对于需要退回补充调查的案件，可以在退回补充调查时要求监察机关补充认罪认罚的证据材料并对认罪认罚情况补充提出意见建议。对于案件不需要退回补充调查的，可以沟通协商，要求监察机关补充认罪认罚的证据材料和意见建议。对于监察机关没有补充或者经过补充依然不清楚的，检察机关可以依职权对认罪认罚的情况进行核实，必要时可以自行补充侦查。

关联规定指引

《监察法》

第31条 涉嫌职务犯罪的被调查人主动认罪认罚，有下列情形之一的，监察机关经领导人员集体研究，并报上一级监察机关批准，可以在移送人民检察院时提出从宽处罚的建议：

（一）自动投案，真诚悔罪悔过的；

（二）积极配合调查工作，如实供述监察机关还未掌握的违法犯罪行为的；

（三）积极退赃，减少损失的；

（四）具有重大立功表现或者案件涉及国家重大利益等情形的。

3. 案件移送后，作出从宽处理决定的责任主体是谁？

刑事诉讼中认罪认罚案件的“从宽”，既包括实体上从宽处罚，也包括程序上从简处理。[①] 从宽处理既体现在从轻、减轻、免除处罚的适用上，也体现在捕与不捕、诉与不诉以及是否提出适用缓刑的量刑建议、是否适用

① 参见《最高人民法院、最高人民检察院、公安部、国家安全部、司法部关于适用认罪认罚从宽制度的指导意见》第9条。

速裁程序的选择上。而监察机关依据《监察法》第31条提出的是“从宽处罚的建议”。这里的“从宽处罚”与《认罪认罚指导意见》中的“从宽处理”显然存在差别。从语义上理解，监察机关依据《监察法》第31条提出的从宽处罚建议，只能是实体上从轻、减轻、免除处罚的建议，而不包括程序上从简处理的建议。

案件在审查起诉阶段从宽处理决定的责任主体是检察机关而不是监察机关。对于承办案件的检察官而言，需要根据案件的实际情况依法作出是否从宽、如何从宽的决定。对于监察机关从宽处罚的建议只能作为参考，而不能机械执行。一方面，在审查起诉阶段案件的证据会发生变化，监察机关原来从宽处罚的建议可能会变得不合理；另一方面，如果监察机关从宽处罚的建议有误，办案人员依然依照错误的建议作出从宽处理，要承担相应责任的是承办案件的检察官。

关联规定指引

《监察法》

第31条 涉嫌职务犯罪的被调查人主动认罪认罚，有下列情形之一的，监察机关经领导人员集体研究，并报上一级监察机关批准，可以在移送人民检察院时提出从宽处罚的建议：

（一）自动投案，真诚悔罪悔过的；

（二）积极配合调查工作，如实供述监察机关还未掌握的违法犯罪行为的；

（三）积极退赃，减少损失的；

（四）具有重大立功表现或者案件涉及国家重大利益等情形的。

4. 从宽处理的幅度如何把握？

根据《认罪认罚指导意见》的规定，检察机关办理认罪认罚案件，应当依照刑法、刑事诉讼法的基本原则，根据犯罪的事实、性质、情节和对社会的危害程度，结合法定、酌定的量刑情节，综合考虑认罪认罚的具体情况，依法决定是否从宽、如何从宽。《最高人民检察院就十三届全国人大常委会对人民检察院适用认罪认罚从宽制度情况报告的审议意见提出28条贯彻落实意见》也指出，“可以依法从宽处理”，不是“一味从宽、一律从宽”。办理认罪认罚案件，应当根据犯罪的具体情况，区分案件性质、情节和对社会的危害程度，并结合认罪认罚的具体情况，实行区别对待，准确把握是否从宽以及从宽幅度，做到该宽则宽、当严则严、宽严相济、罚当其罪。对于监察机关移送的案件，在认罪认罚的情况下，从宽处理的幅度也应当按照上述意见的精神根据犯罪的具体情况作出判断。考虑的因素应当包括：犯罪的基本事实、案件性质、犯罪情节、对社会的危害程度和认罪认罚的具体情况等。在确定从宽幅度时，还需要注意如下几个方面：

第一，严格依法依规。对于认罪认罚的案件，从宽幅度应当于法有据，且不应逾越法律、法规规定的界限。对于认罪认罚可以减轻、免除处罚的，提出量刑建议应当有正当的法律依据。不具备减轻处罚情节的，应当在法定幅度以内提出从轻处罚的量刑建议。对犯罪情节轻微不需要判处刑罚的，可以依法作出不起诉决定。

第二，综合考虑其他情节，合理确定幅度。根据《认罪认罚指导意见》，认罪认罚的从宽幅度一般应当大于仅有坦白，或者虽认罪但不认罚的从宽幅度。对犯罪嫌疑人、被告人具有自首、坦白情节，同时认罪认罚的，应当在法定刑幅度内给予相对更大的从宽幅度。认罪认罚与自首、坦白不作重复评价。对罪行较轻、人身危险性较小的，特别是初犯、偶犯，从宽幅度可以大一些；罪行较重、人身危险性较大的，以及累犯、再犯，从宽幅度应当从严把握。

第三，精准区分认定认罪认罚的具体情形。确定从宽幅度，应当区别认罪认罚的不同诉讼阶段、认罪认罚对查明案件事实的价值和意义、是否确有悔罪表现，以及罪行严重程度等，综合考量确定从宽的限度和幅度。在刑罚评价上，主动认罪优于被动认罪，早认罪优于晚认罪，彻底认罪优于不彻底认罪，稳定认罪优于不稳定认罪。

第四，秉持客观公正立场，坚持证据裁判原则。认罪认罚并不意味着可以降低证明标准。办理认罪认罚案件，依然应当严格审查和认定证据，把握从宽幅度必须首先把握罪与非罪界限。证据不足，不能认定有罪的，即便认罪认罚也应当依法作出不起诉决定。只有证据能够证明犯罪成立，才能进一步考虑从宽的幅度问题。罪不成立，便无从宽的基础。

第五，充分听取意见，充分协商。充分听取合理意见，有效进行控辩协商有利于从宽幅度的准确把握，有利于提升案件质量。确定从宽幅度时，应当重视辩护律师、值班律师的作用，充分尊重辩护律师、值班律师和犯罪嫌疑人的意见，在听取意见时加强沟通协商。最好做到能听必听、凡听必有记录和反馈。吸收和采纳合理意见，对不合理的意见进行释法说理，及时反馈和说明。

5. 对于监察机关移送起诉案件，检察机关适用认罪认罚从宽制度是否应当听取监察机关的意见？

一般而言，职务犯罪案件移送到人民检察院审查起诉后，其系属关系即归属于检察机关。案件的责任主体是人民检察院，监察人员可以跟踪案件办理情况但不得违规干预案件的办理。

最高人民检察院2020年5月11日印发的《人民检察院办理认罪认罚案件监督管理办法》[①] 中有关于两机关存在重大意见分歧情况如何处理的决定。根据该办法第8条和第13条的规定，检察官办理认罪认罚案件，案件

① 《人民检察院办理认罪认罚案件监督管理办法》，载《检察日报》（电子版）2020年5月19日，http：//newspaper. jcrb. com/2020/20200519/20200519＿ 003/20200519＿ 003＿ 2. htm，最后访问时间：2022年6月12日。

处理与监察机关、侦查机关、人民法院存在重大意见分歧的，应当向部门负责人报告。部门负责人、分管副检察长对检察官办理认罪认罚案件中，案件处理与监察机关、侦查机关、人民法院存在重大意见分歧需要报请检察长（分管副检察长）决定的，应当报请检察长决定。这一规定实际上默认了检察机关办理认罪认罚案件中可以听取监察机关、侦查机关的意见。同时，《最高人民检察院就十三届全国人大常委会对人民检察院适用认罪认罚从宽制度情况报告的审议意见提出28条贯彻落实意见》中，也明确要求“增进与监察机关沟通，配合完善监察调查程序与刑事诉讼程序衔接机制，充分发挥认罪认罚从宽制度在惩治职务犯罪中的积极作用”。因此，基于监、检在办理刑事案件中的相互配合、相互制约关系以及相关规定的原则精神，检察机关办理监察机关移送起诉的案件，就适用认罪认罚情况与监察机关进行沟通并听取意见是必要的。

实践中，由于监察机关对检察人员和审判人员具有监察权，对于监察机关移送起诉的案件，无论是人民检察院还是人民法院，在处理这类案件时都会积极沟通，听取监察机关的意见。至于这类案件中认罪认罚的认定和从宽处理的情况，听取监察机关的意见亦属正常情况。

需要指出的是，听取监察机关的意见并不意味着必须听从意见。在有效沟通、充分听取意见的基础上，检察人员依然要对意见进行分析，依据事实和法律、客观公正办理案件。必要时也需要对监察人员释法说理，进行反馈和说明。

关联规定指引

《人民检察院办理认罪认罚案件监督管理办法》

第8条 办理认罪认罚案件，出现以下情形的，检察官应当向部门负责人报告：

（一）案件处理结果可能与同类案件或者关联案件处理结果明显不一

致的；

（二）案件处理与监察机关、侦查机关、人民法院存在重大意见分歧的；

（三）犯罪嫌疑人、被告人签署认罪认罚具结书后拟调整量刑建议的；

（四）因案件存在特殊情形，提出的量刑建议与同类案件相比明显失衡的；

（五）变更、补充起诉的；

（六）犯罪嫌疑人、被告人自愿认罪认罚，拟不适用认罪认罚从宽制度办理的；

（七）法院建议调整量刑建议，或者判决未采纳量刑建议的；

（八）被告人、辩护人、值班律师对事实认定、案件定性、量刑建议存在重大意见分歧的；

（九）一审判决后被告人决定上诉的；

（十）其他应当报告的情形。

部门负责人、分管副检察长承办案件遇有以上情形的，应当向上一级领导报告。

第 13 条 部门负责人、分管副检察长对检察官办理案件出现以下情形的，应当报请检察长决定：

（一）处理意见与检察官联席会议多数检察官意见存在分歧的；

（二）案件处理与监察机关、侦查机关、人民法院存在重大意见分歧需要报请检察长（分管副检察长）决定的；

（三）发现检察官提出的处理意见错误，量刑建议明显不当，或者明显失衡的，应当及时提示检察官，经提示后承办检察官仍然坚持原处理意见或者量刑建议的；

（四）变更、补充起诉的；

（五）其他应当报告的情形。

6. 对认罪认罚的人与不认罪认罚的人分案处理，是否可行？

在监察机关移送的职务犯罪的案件中，存在部分犯罪嫌疑人认罪认罚，部分不认罪认罚的情况。如涉嫌共同职务犯罪案件中部分人认罪认罚，部分人不认罪；行受贿案件中受贿人认罪行贿人不认罪或者行贿人认罪但受贿人不认罪；共同犯罪的犯罪嫌疑人还实施其他犯罪或者多个犯罪嫌疑人实施的犯罪存在关联的案件中，有的人认罪认罚，有的人坚决不认罪；等等。

一般而言，具有关联性的犯罪并案审理更有利于查明案件事实。相关的司法解释也更倾向于并案处理。例如，《人民检察院刑事诉讼规则》第18条第2款规定："对于一人犯数罪、共同犯罪、共同犯罪的犯罪嫌疑人还实施其他犯罪、多个犯罪嫌疑人实施的犯罪存在关联，并案处理有利于查明案件事实和诉讼进行的，人民检察院可以在职责范围内对相关犯罪案件并案处理。"《国家监察委员会、最高人民法院、最高人民检察院、公安部、司法部关于在扫黑除恶专项斗争中分工负责、互相配合、互相制约严惩公职人员涉黑涉恶违法犯罪问题的通知》（2019年10月20日）第12条第1款规定："监察机关、公安机关、人民检察院接到移送的公职人员涉黑涉恶违法犯罪线索，应当按各自职责及时处置、核查，依法依规作出处理，并做好沟通反馈工作；必要时，可以与相关线索或案件并案处理。"

但是，由于被告人认罪认罚在一定程度上可以降低案件证明的难度，减少庭审中的对抗性，因此在实践中有的地方为了分解庭审压力，分散案件证明难度，将认罪认罚的犯罪嫌疑人和不认罪认罚的犯罪嫌疑人分案起诉。这种做法通常叫作"分案处理"或者"另案处理"。这种以认罪不认罪为标准对涉案人员进行分案处理的做法是否可行？这种操作是否合法？相关问题值得研究。

实践中，把案件分案处理的情况也确实存在。从相关规定看，对特定类型的人或者对特定类型的案件进行分案处理也是允许的。如为了保护未成年人，《人民检察院刑事诉讼规则》第459条规定：“人民检察院办理未成年人与成年人共同犯罪案件，一般应当对未成年人与成年人分案办理、分别起诉……”对于利用信息网络实施黑恶势力犯罪案件的管辖问题，《最高人民法院、最高人民检察院、公安部、司法部关于办理利用信息网络实施黑恶势力犯罪刑事案件若干问题的意见》第16条规定：“……人民检察院、人民法院认为应当分案起诉、审理的，可以依法分案处理。”因此，法律并不禁止在特定情况下把一些犯罪嫌疑人、被告人分案处理。分案处理还是并案处理往往取决于办案机关的裁量。只要是在职责范围内进行的分案审理，并不违法。

在司法实践中，分案处理并不是合不合法的问题，而是如何防止滥用的问题。为了规范另案处理问题，实践中对监察委员会移送起诉案件能否依据认罪认罚情况分案处理存在不同意见。从语义上理解，无论是部分犯罪嫌疑人“认罪认罚”还是“不认罪认罚”，都很难构成“不能或者不宜与其他同案犯罪嫌疑人同案处理”的理由。

关联规定指引

《人民检察院刑事诉讼规则》

第18条 人民检察院办理直接受理侦查的案件涉及公安机关管辖的刑事案件，应当将属于公安机关管辖的刑事案件移送公安机关。如果涉嫌的主罪属于公安机关管辖，由公安机关为主侦查，人民检察院予以配合；如果涉嫌的主罪属于人民检察院管辖，由人民检察院为主侦查，公安机关予以配合。

对于一人犯数罪、共同犯罪、共同犯罪的犯罪嫌疑人还实施其他犯罪、多个犯罪嫌疑人实施的犯罪存在关联，并案处理有利于查明案件事实和诉讼进行的，人民检察院可以在职责范围内对相关犯罪案件并案处理。

第459条 人民检察院办理未成年人与成年人共同犯罪案件，一般应当对未成年人与成年人分案办理、分别起诉。不宜分案处理的，应当对未成年人采取隐私保护、快速办理等特殊保护措施。

《最高人民法院、最高人民检察院、公安部、司法部关于办理利用信息网络实施黑恶势力犯罪刑事案件若干问题的意见》

16. 人民检察院对于公安机关提请批准逮捕、移送审查起诉的利用信息网络实施的黑恶势力犯罪案件，人民法院对于已进入审判程序的利用信息网络实施的黑恶势力犯罪案件，被告人及其辩护人提出的管辖异议成立，或者办案单位发现没有管辖权的，受案人民检察院、人民法院经审查，可以依法报请与有管辖权的人民检察院、人民法院共同的上级人民检察院、人民法院指定管辖，不再自行移交。对于在审查批准逮捕阶段，上级检察机关已经指定管辖的案件，审查起诉工作由同一人民检察院受理。人民检察院、人民法院认为应当分案起诉、审理的，可以依法分案处理。

《国家监察委员会、最高人民法院、最高人民检察院、公安部、司法部关于在扫黑除恶专项斗争中分工负责、互相配合、互相制约严惩公职人员涉黑涉恶违法犯罪问题的通知》

12. 监察机关、公安机关、人民检察院接到移送的公职人员涉黑涉恶违法犯罪线索，应当按各自职责及时处置、核查，依法依规作出处理，并做好沟通反馈工作；必要时，可以与相关线索或案件并案处理。

对于重大疑难复杂的公职人员涉黑涉恶违法犯罪案件，监察机关、公安机关、人民检察院可以同步立案、同步查处，根据案件办理需要，相互移送相关证据，加强沟通配合，做到协同推进。

附录：

中华人民共和国监察法实施条例

（2021年7月20日国家监察委员会全体会议决定　2021年9月20日国家监察委员会公告第1号公布　自2021年9月20日起施行）

目　　录

第一章　总　　则

第一条　为了推动监察工作法治化、规范化，根据《中华人民共和国监察法》（以下简称监察法），结合工作实际，制定本条例。

第二条　坚持中国共产党对监察工作的全面领导，增强政治意识、大局意识、核心意识、看齐意识，坚定中国特色社会主义道路自信、理论自信、制度自信、文化自信，坚决维护习近平总书记党中央的核心、全党的核心地位，坚决维护党中央权威和集中统一领导，把党的领导贯彻到监察工作各方面和全过程。

第三条　监察机关与党的纪律检查机关合署办公，坚持法治思维和法治方式，促进执纪执法贯通、有效衔接司法，实现依纪监督和依法监察、适用纪律和适用法律有机融合。

第四条 监察机关应当依法履行监督、调查、处置职责，坚持实事求是，坚持惩前毖后、治病救人，坚持惩戒与教育相结合，实现政治效果、法律效果和社会效果相统一。

第五条 监察机关应当坚定不移惩治腐败，推动深化改革、完善制度，规范权力运行，加强思想道德教育、法治教育、廉洁教育，引导公职人员提高觉悟、担当作为、依法履职，一体推进不敢腐、不能腐、不想腐体制机制建设。

第六条 监察机关坚持民主集中制，对于线索处置、立案调查、案件审理、处置执行、复审复核中的重要事项应当集体研究，严格按照权限履行请示报告程序。

第七条 监察机关应当在适用法律上一律平等，充分保障监察对象以及相关人员的人身权、知情权、财产权、申辩权、申诉权以及申请复审复核权等合法权益。

第八条 监察机关办理职务犯罪案件，应当与人民法院、人民检察院互相配合、互相制约，在案件管辖、证据审查、案件移送、涉案财物处置等方面加强沟通协调，对于人民法院、人民检察院提出的退回补充调查、排除非法证据、调取同步录音录像、要求调查人员出庭等意见依法办理。

第九条 监察机关开展监察工作，可以依法提请组织人事、公安、国家安全、审计、统计、市场监管、金融监管、财政、税务、自然资源、银行、证券、保险等有关部门、单位予以协助配合。

有关部门、单位应当根据监察机关的要求，依法协助采取有关措施、共享相关信息、提供相关资料和专业技术支持，配合开展监察工作。

第二章 监察机关及其职责

第一节 领导体制

第十条 国家监察委员会在党中央领导下开展工作。地方各级监察委员会在同级党委和上级监察委员会双重领导下工作，监督执法调查工作以上级监察委员会领导为主，线索处置和案件查办在向同级党委报告的同时应当一并向上一级监察委员会报告。

上级监察委员会应当加强对下级监察委员会的领导。下级监察委员会对上级监察委员会的决定必须执行，认为决定不当的，应当在执行的同时向上级监察委员会反映。上级监察委员会对下级监察委员会作出的错误决定，应当按程序予以纠正，或者要求下级监察委员会予以纠正。

第十一条 上级监察委员会可以依法统一调用所辖各级监察机关的监察人员办理监察事项。调用决定应当以书面形式作出。

监察机关办理监察事项应当加强互相协作和配合，对于重要、复杂事项可以提请上级监察机关予以协调。

第十二条 各级监察委员会依法向本级中国共产党机关、国家机关、法律法规授权或者受委托管理公共事务的组织和单位以及所管辖的国有企业事业单位等派驻或者派出监察机构、监察专员。

省级和设区的市级监察委员会依法向地区、盟、开发区等不设置人民代表大会的区域派出监察机构或者监察专员。县级监察委员会和直辖市所辖区（县）监察委员会可以向街道、乡镇等区域派出监察机构或者监察专员。

监察机构、监察专员开展监察工作，受派出机关领导。

第十三条 派驻或者派出的监察机构、监察专员根据派出机关授权，按照管理权限依法对派驻或者派出监督单位、区域等的公职人员开展监督，对职务违法和职务犯罪进行调查、处置。监察机构、监察专员可以按规定与地方监察委员会联合调查严重职务违法、职务犯罪，或者移交地方监察委员会调查。

未被授予职务犯罪调查权的监察机构、监察专员发现监察对象涉嫌职务犯罪线索的，应当及时向派出机关报告，由派出机关调查或者依法移交有关地方监察委员会调查。

第二节 监察监督

第十四条 监察机关依法履行监察监督职责，对公职人员政治品行、行使公权力和道德操守情况进行监督检查，督促有关机关、单位加强对所属公职人员的教育、管理、监督。

第十五条 监察机关应当坚决维护宪法确立的国家指导思想，加强对公职人员特别是领导人员坚持党的领导、坚持中国特色社会主义制度，贯彻落实党和国家路线方针政策、重大决策部署，履行从严管理监督职责，依法行使公权力等情况的监督。

第十六条 监察机关应当加强对公职人员理想教育、为人民服务教育、宪法法律法规教育、优秀传统文化教育，弘扬社会主义核心价值观，深入开展警示教育，教育引导公职人员树立正确的权力观、责任观、利益观，保持为民务实清廉本色。

第十七条 监察机关应当结合公职人员的职责加强日常监督，通过收集群众反映、座谈走访、查阅资料、召集或者列席会议、听取工作汇报和述责述廉、开展监督检查等方式，促进公职人员依法用权、秉公用权、廉洁用权。

第十八条 监察机关可以与公职人员进行谈心谈话，发现政治品行、行使公权力和道德操守方面有苗头性、倾向性问题的，及时进行教育提醒。

第十九条 监察机关对于发现的系统性、行业性的突出问题，以及群众反映强烈的问题，可以通过专项检查进行深入了解，督促有关机关、单位强化治理，促进公职人员履职尽责。

第二十条 监察机关应当以办案促进整改、以监督促进治理，在查清问题、依法处置的同时，剖析问题发生的原因，发现制度建设、权力配置、监督机制等方面存在的问题，向有关机关、单位提出改进工作的意见或者监察建议，促进完善制度，提高治理效能。

第二十一条 监察机关开展监察监督，应当与纪律监督、派驻监督、巡视监督统筹衔接，与人大监督、民主监督、行政监督、司法监督、审计监督、财会监督、统计监督、群众监督和舆论监督等贯通协调，健全信息、资源、成果共享等机制，形成监督合力。

第三节 监察调查

第二十二条 监察机关依法履行监察调查职责，依据监察法、《中华人民共和国公职人员政务处分法》（以下简称政务处分法）和《中华人民共和国刑法》（以下简称刑法）等规定对职务违法和职务犯罪进行调查。

第二十三条 监察机关负责调查的职务违法是指公职人员实施的与其职务相关

联，虽不构成犯罪但依法应当承担法律责任的下列违法行为：

（一）利用职权实施的违法行为；

（二）利用职务上的影响实施的违法行为；

（三）履行职责不力、失职失责的违法行为；

（四）其他违反与公职人员职务相关的特定义务的违法行为。

第二十四条 监察机关发现公职人员存在其他违法行为，具有下列情形之一的，可以依法进行调查、处置：

（一）超过行政违法追究时效，或者超过犯罪追诉时效、未追究刑事责任，但需要依法给予政务处分的；

（二）被追究行政法律责任，需要依法给予政务处分的；

（三）监察机关调查职务违法或者职务犯罪时，对被调查人实施的事实简单、清楚，需要依法给予政务处分的其他违法行为一并查核的。

监察机关发现公职人员成为监察对象前有前款规定的违法行为的，依照前款规定办理。

第二十五条 监察机关依法对监察法第十一条第二项规定的职务犯罪进行调查。

第二十六条 监察机关依法调查涉嫌贪污贿赂犯罪，包括贪污罪，挪用公款罪，受贿罪，单位受贿罪，利用影响力受贿罪，行贿罪，对有影响力的人行贿罪，对单位行贿罪，介绍贿赂罪，单位行贿罪，巨额财产来源不明罪，隐瞒境外存款罪，私分国有资产罪，私分罚没财物罪，以及公职人员在行使公权力过程中实施的职务侵占罪，挪用资金罪，对外国公职人员、国际公共组织官员行贿罪，非国家工作人员受贿罪和相关联的对非国家工作人员行贿罪。

第二十七条 监察机关依法调查公职人员涉嫌滥用职权犯罪，包括滥用职权罪，国有公司、企业、事业单位人员滥用职权罪，滥用管理公司、证券职权罪，食品、药品监管渎职罪，故意泄露国家秘密罪，报复陷害罪，阻碍解救被拐卖、绑架妇女、儿童罪，帮助犯罪分子逃避处罚罪，违法发放林木采伐许可证罪，办理偷越国（边）境人员出入境证件罪，放行偷越国（边）境人员罪，挪用特定款物罪，非法剥夺公民宗教信仰自由罪，侵犯少数民族风俗习惯罪，打击报复会计、统计人员罪，以及司法工作人员以外的公职人员利用职权实施的非法拘禁罪、虐待被监管人罪、非法搜查罪。

第二十八条 监察机关依法调查公职人员涉嫌玩忽职守犯罪，包括玩忽职守罪，国有公司、企业、事业单位人员失职罪，签订、履行合同失职被骗罪，国家机关工作人员签订、履行合同失职被骗罪，环境监管失职罪，传染病防治失职罪，商检失职罪，动植物检疫失职罪，不解救被拐卖、绑架妇女、儿童罪，失职造成珍贵文物损毁、流失罪，过失泄露国家秘密罪。

第二十九条 监察机关依法调查公职人员涉嫌徇私舞弊犯罪，包括徇私舞弊低价折股、出售国有资产罪，非法批准征收、征用、占用土地罪，非法低价出让国有土地使用权罪，非法经营同类营业罪，为亲友非法牟利罪，枉法仲裁罪，徇私舞弊发售发票、抵扣税款、出口退税罪，商检徇私舞弊罪，动植物检疫徇私舞弊罪，放纵走私罪，放纵制售伪劣商品犯罪行为罪，招收公务员、学生徇私舞弊罪，徇私舞弊不移交刑事案件罪，违法提供出口退税凭证罪，徇私舞弊不征、少征税款罪。

第三十条 监察机关依法调查公职人员在行使公权力过程中涉及的重大责任事故犯罪，包括重大责任事故罪，教育设施重大安全事故罪，消防责任事故罪，重大劳动安全事故罪，强令、组织他人违章冒险作业罪，危险作业罪，不报、谎报安全事故罪，铁路运营安全事故罪，重大飞行事故罪，大型群众性活动重大安全事故罪，危险物品肇事罪，工程重大安全事故罪。

第三十一条 监察机关依法调查公职人员在行使公权力过程中涉及的其他犯罪，包括破坏选举罪，背信损害上市公司利益罪，金融工作人员购买假币、以假币换取货币罪，利用未公开信息交易罪，诱骗投资者买卖证券、期货合约罪，背信运用受托财产罪，违法运用资金罪，违法发放贷款罪，吸收客户资金不入账罪，违规出具金融票证罪，对违法票据承兑、付款、保证罪，非法转让、倒卖土地使用权罪，私自开拆、隐匿、毁弃邮件、电报罪，故意延误投递邮件罪，泄露不应公开的案件信息罪，披露、报道不应公开的案件信息罪，接送不合格兵员罪。

第三十二条 监察机关发现依法由其他机关管辖的违法犯罪线索，应当及时移送有管辖权的机关。

监察机关调查结束后，对于应当给予被调查人或者涉案人员行政处罚等其他处理的，依法移送有关机关。

第四节　监 察 处 置

第三十三条　监察机关对违法的公职人员，依据监察法、政务处分法等规定作出政务处分决定。

第三十四条　监察机关在追究违法的公职人员直接责任的同时，依法对履行职责不力、失职失责，造成严重后果或者恶劣影响的领导人员予以问责。

监察机关应当组成调查组依法开展问责调查。调查结束后经集体讨论形成调查报告，需要进行问责的按照管理权限作出问责决定，或者向有权作出问责决定的机关、单位书面提出问责建议。

第三十五条　监察机关对涉嫌职务犯罪的人员，经调查认为犯罪事实清楚，证据确实、充分，需要追究刑事责任的，依法移送人民检察院审查起诉。

第三十六条　监察机关根据监督、调查结果，发现监察对象所在单位在廉政建设、权力制约、监督管理、制度执行以及履行职责等方面存在问题需要整改纠正的，依法提出监察建议。

监察机关应当跟踪了解监察建议的采纳情况，指导、督促有关单位限期整改，推动监察建议落实到位。

第三章　监察范围和管辖

第一节　监 察 对 象

第三十七条　监察机关依法对所有行使公权力的公职人员进行监察，实现国家监察全面覆盖。

第三十八条　监察法第十五条第一项所称公务员范围，依据《中华人民共和国公务员法》（以下简称公务员法）确定。

监察法第十五条第一项所称参照公务员法管理的人员，是指有关单位中经批准参照公务员法进行管理的工作人员。

第三十九条　监察法第十五条第二项所称法律、法规授权或者受国家机关依法委托管理公共事务的组织中从事公务的人员，是指在上述组织中，除参照公务员法管理的人员外，对公共事务履行组织、领导、管理、监督等职责的人员，包括具有公共事务管理职能的行业协会等组织中从事公务的人员，以及法定检验检测、检疫等机构中从事公务的人员。

第四十条 监察法第十五条第三项所称国有企业管理人员，是指国家出资企业中的下列人员：

（一）在国有独资、全资公司、企业中履行组织、领导、管理、监督等职责的人员；

（二）经党组织或者国家机关，国有独资、全资公司、企业，事业单位提名、推荐、任命、批准等，在国有控股、参股公司及其分支机构中履行组织、领导、管理、监督等职责的人员；

（三）经国家出资企业中负有管理、监督国有资产职责的组织批准或者研究决定，代表其在国有控股、参股公司及其分支机构中从事组织、领导、管理、监督等工作的人员。

第四十一条 监察法第十五条第四项所称公办的教育、科研、文化、医疗卫生、体育等单位中从事管理的人员，是指国家为了社会公益目的，由国家机关举办或者其他组织利用国有资产举办的教育、科研、文化、医疗卫生、体育等事业单位中，从事组织、领导、管理、监督等工作的人员。

第四十二条 监察法第十五条第五项所称基层群众性自治组织中从事管理的人员，是指该组织中的下列人员：

（一）从事集体事务和公益事业管理的人员；

（二）从事集体资金、资产、资源管理的人员；

（三）协助人民政府从事行政管理工作的人员，包括从事救灾、防疫、抢险、防汛、优抚、帮扶、移民、救济款物的管理，社会捐助公益事业款物的管理，国有土地的经营和管理，土地征收、征用补偿费用的管理，代征、代缴税款，有关计划生育、户籍、征兵工作，协助人民政府等国家机关在基层群众性自治组织中从事的其他管理工作。

第四十三条 下列人员属于监察法第十五条第六项所称其他依法履行公职的人员：

（一）履行人民代表大会职责的各级人民代表大会代表，履行公职的中国人民政治协商会议各级委员会委员、人民陪审员、人民监督员；

（二）虽未列入党政机关人员编制，但在党政机关中从事公务的人员；

（三）在集体经济组织等单位、组织中，由党组织或者国家机关，国有独资、全资公司、企业，国家出资企业中负有管理监督国有和集体资产职责的组织，事业单位提名、推荐、任命、批准等，从事组织、领导、管理、监督等工作的人员；

（四）在依法组建的评标、谈判、询价等组织中代表国家机关，国有独资、全资公司、企业，事业单位，人民团体临时履行公共事务组织、领导、管理、监督等职责的人员；

（五）其他依法行使公权力的人员。

第四十四条 有关机关、单位、组织集体作出的决定违法或者实施违法行为的，监察机关应当对负有责任的领导人员和直接责任人员中的公职人员依法追究法律责任。

第二节 管 辖

第四十五条 监察机关开展监督、调查、处置，按照管理权限与属地管辖相结合的原则，实行分级负责制。

第四十六条 设区的市级以上监察委员会按照管理权限，依法管辖同级党委管理的公职人员涉嫌职务违法和职务犯罪案件。

县级监察委员会和直辖市所辖区（县）监察委员会按照管理权限，依法管辖本辖区内公职人员涉嫌职务违法和职务犯罪案件。

地方各级监察委员会按照本条例第十三条、第四十九条规定，可以依法管辖工作单位在本辖区内的有关公职人员涉嫌职务违法和职务犯罪案件。

监察机关调查公职人员涉嫌职务犯罪案件，可以依法对涉嫌行贿犯罪、介绍贿赂犯罪或者共同职务犯罪的涉案人员中的非公职人员一并管辖。非公职人员涉嫌利用影响力受贿罪的，按照其所利用的公职人员的管理权限确定管辖。

第四十七条 上级监察机关对于下一级监察机关管辖范围内的职务违法和职务犯罪案件，具有下列情形之一的，可以依法提级管辖：

（一）在本辖区有重大影响的；

（二）涉及多个下级监察机关管辖的监察对象，调查难度大的；

（三）其他需要提级管辖的重大、复杂案件。

上级监察机关对于所辖各级监察机关管辖范围内有重大影响的案件，必要时可以依法直接调查或者组织、指挥、参与调查。

地方各级监察机关所管辖的职务违法和职务犯罪案件，具有第一款规定情形的，可以依法报请上一级监察机关管辖。

第四十八条 上级监察机关可以依法将其所管辖的案件指定下级监察机关管辖。

设区的市级监察委员会将同级党委管理的公职人员涉嫌职务违法或者职务犯罪案件指定下级监察委员会管辖的，应当报省级监察委员会批准；省级监察委员会将同级党委管理的公职人员涉嫌职务违法或者职务犯罪案件指定下级监察委员会管辖的，应当报国家监察委员会相关监督检查部门备案。

上级监察机关对于下级监察机关管辖的职务违法和职务犯罪案件，具有下列情形之一，认为由其他下级监察机关管辖更为适宜的，可以依法指定给其他下级监察机关管辖：

（一）管辖有争议的；

（二）指定管辖有利于案件公正处理的；

（三）下级监察机关报请指定管辖的；

（四）其他有必要指定管辖的。

被指定的下级监察机关未经指定管辖的监察机关批准，不得将案件再行指定管辖。发现新的职务违法或者职务犯罪线索，以及其他重要情况、重大问题，应当及时向指定管辖的监察机关请示报告。

第四十九条 工作单位在地方、管理权限在主管部门的公职人员涉嫌职务违法和职务犯罪，一般由驻在主管部门、有管辖权的监察机构、监察专员管辖；经协商，监察机构、监察专员可以按规定移交公职人员工作单位所在地的地方监察委员会调查，或者与地方监察委员会联合调查。地方监察委员会在工作中发现上述公职人员有关问题线索，应当向驻在主管部门、有管辖权的监察机构、监察专员通报，并协商确定管辖。

前款规定单位的其他公职人员涉嫌职务违法和职务犯罪，可以由地方监察委员会管辖；驻在主管部门的监察机构、监察专员自行立案调查的，应当及时通报地方监察委员会。

地方监察委员会调查前两款规定案件，应当将立案、留置、移送审查起诉、撤销案件等重要情况向驻在主管部门的监察机构、监察专员通报。

第五十条 监察机关办理案件中涉及无隶属关系的其他监察机关的监察对象，认为需要立案调查的，应当商请有管理权限的监察机关依法立案调查。商请立案时，应当提供涉案人员基本情况、已经查明的涉嫌违法犯罪事实以及相关证据材料。

承办案件的监察机关认为由其一并调查更为适宜的，可以报请有权决定的上级监察机关指定管辖。

第五十一条 公职人员既涉嫌贪污贿赂、失职渎职等严重职务违法和职务犯罪，又涉嫌公安机关、人民检察院等机关管辖的犯罪，依法由监察机关为主调查的，应当由监察机关和其他机关分别依职权立案，监察机关承担组织协调职责，协调调查和侦查工作进度、重要调查和侦查措施使用等重要事项。

第五十二条 监察机关必要时可以依法调查司法工作人员利用职权实施的涉嫌非法拘禁、刑讯逼供、非法搜查等侵犯公民权利、损害司法公正的犯罪，并在立案后及时通报同级人民检察院。

监察机关在调查司法工作人员涉嫌贪污贿赂等职务犯罪中，可以对其涉嫌的前款规定的犯罪一并调查，并及时通报同级人民检察院。人民检察院在办理直接受理侦查的案件中，发现犯罪嫌疑人同时涉嫌监察机关管辖的其他职务犯罪，经沟通全案移送监察机关管辖的，监察机关应当依法进行调查。

第五十三条 监察机关对于退休公职人员在退休前或者退休后，或者离职、死亡的公职人员在履职期间实施的涉嫌职务违法或者职务犯罪行为，可以依法进行调查。

对前款规定人员，按照其原任职务的管辖规定确定管辖的监察机关；由其他监察机关管辖更为适宜的，可以依法指定或者交由其他监察机关管辖。

第四章　监察权限

第一节　一般要求

第五十四条　监察机关应当加强监督执法调查工作规范化建设，严格按规定对监察措施进行审批和监管，依照法定的范围、程序和期限采取相关措施，出具、送达法律文书。

第五十五条　监察机关在初步核实中，可以依法采取谈话、询问、查询、调取、勘验检查、鉴定措施；立案后可以采取讯问、留置、冻结、搜查、查封、扣押、通缉措施。需要采取技术调查、限制出境措施的，应当按照规定交有关机关依法执行。设区的市级以下监察机关在初步核实中不得采取技术调查措施。

开展问责调查，根据具体情况可以依法采取相关监察措施。

第五十六条　开展讯问、搜查、查封、扣押以及重要的谈话、询问等调查取证工作，应当全程同步录音录像，并保持录音录像资料的完整性。录音录像资料应当妥善保管、及时归档，留存备查。

人民检察院、人民法院需要调取同步录音录像的，监察机关应当予以配合，经审批依法予以提供。

第五十七条　需要商请其他监察机关协助收集证据材料的，应当依法出具《委托调查函》；商请其他监察机关对采取措施提供一般性协助的，应当依法出具《商请协助采取措施函》。商请协助事项涉及协助地监察机关管辖的监察对象的，应当由协助地监察机关按照所涉人员的管理权限报批。协助地监察机关对于协助请求，应当依法予以协助配合。

第五十八条　采取监察措施需要告知、通知相关人员的，应当依法办理。告知包括口头、书面两种方式，通知应当采取书面方式。采取口头方式告知的，应当将相关情况制作工作记录；采取书面方式告知、通知的，可以通过直接送交、邮寄、转交等途径送达，将有关回执或者凭证附卷。

无法告知、通知，或者相关人员拒绝接收的，调查人员应当在工作记录或者有关文书上记明。

第二节　证　　据

第五十九条　可以用于证明案件事实的材料都是证据，包括：

（一）物证；

（二）书证；

（三）证人证言；

（四）被害人陈述；

（五）被调查人陈述、供述和辩解；

（六）鉴定意见；

（七）勘验检查、辨认、调查实验等笔录；

（八）视听资料、电子数据。

监察机关向有关单位和个人收集、调取证据时，应当告知其必须依法如实提供证据。对于不按要求提供有关材料，泄露相关信息，伪造、隐匿、毁灭证据，提供虚假情况或者阻止他人提供证据的，依法追究法律责任。

监察机关依照监察法和本条例规定收集的证据材料，经审查符合法定要求的，在刑事诉讼中可以作为证据使用。

第六十条　监察机关认定案件事实应当以证据为根据，全面、客观地收集、固定被调查人有无违法犯罪以及情节轻重的各种证据，形成相互印证、完整稳定的证据链。

只有被调查人陈述或者供述，没有其他证据的，不能认定案件事实；没有被调查人陈述或者供述，证据符合法定标准的，可以认定案件事实。

第六十一条　证据必须经过查证属实，才能作为定案的根据。审查认定证据，应当结合案件的具体情况，从证据与待证事实的关联程度、各证据之间的联系、是否依照法定程序收集等方面进行综合判断。

第六十二条　监察机关调查终结的职务违法案件，应当事实清楚、证据确凿。证据确凿，应当符合下列条件：

（一）定性处置的事实都有证据证实；

（二）定案证据真实、合法；

（三）据以定案的证据之间不存在无法排除的矛盾；

（四）综合全案证据，所认定事实清晰且令人信服。

第六十三条 监察机关调查终结的职务犯罪案件，应当事实清楚，证据确实、充分。证据确实、充分，应当符合下列条件：

（一）定罪量刑的事实都有证据证明；

（二）据以定案的证据均经法定程序查证属实；

（三）综合全案证据，对所认定事实已排除合理怀疑。

证据不足的，不得移送人民检察院审查起诉。

第六十四条 严禁以暴力、威胁、引诱、欺骗以及非法限制人身自由等非法方法收集证据，严禁侮辱、打骂、虐待、体罚或者变相体罚被调查人、涉案人员和证人。

第六十五条 对于调查人员采用暴力、威胁以及非法限制人身自由等非法方法收集的被调查人供述、证人证言、被害人陈述，应当依法予以排除。

前款所称暴力的方法，是指采用殴打、违法使用戒具等方法或者变相肉刑的恶劣手段，使人遭受难以忍受的痛苦而违背意愿作出供述、证言、陈述；威胁的方法，是指采用以暴力或者严重损害本人及其近亲属合法权益等进行威胁的方法，使人遭受难以忍受的痛苦而违背意愿作出供述、证言、陈述。

收集物证、书证不符合法定程序，可能严重影响案件公正处理的，应当予以补正或者作出合理解释；不能补正或者作出合理解释的，对该证据应当予以排除。

第六十六条 监察机关监督检查、调查、案件审理、案件监督管理等部门发现监察人员在办理案件中，可能存在以非法方法收集证据情形的，应当依据职责进行调查核实。对于被调查人控告、举报调查人员采用非法方法收集证据，并提供涉嫌非法取证的人员、时间、地点、方式和内容等材料或者线索的，应当受理并进行审核。根据现有材料无法证明证据收集合法性的，应当进行调查核实。

经调查核实，确认或者不能排除以非法方法收集证据的，对有关证据依法予以排除，不得作为案件定性处置、移送审查起诉的依据。认定调查人员非法取证的，应当依法处理，另行指派调查人员重新调查取证。

监察机关接到对下级监察机关调查人员采用非法方法收集证据的控告、举报，可以直接进行调查核实，也可以交由下级监察机关调查核实。交由下级监察机关调查核实的，下级监察机关应当及时将调查结果报告上级监察机关。

第六十七条 对收集的证据材料及扣押的财物应当妥善保管，严格履行交接、调用手续，定期对账核实，不得违规使用、调换、损毁或者自行处理。

第六十八条 监察机关对行政机关在行政执法和查办案件中收集的物证、书证、视听资料、电子数据，勘验、检查等笔录，以及鉴定意见等证据材料，经审查符合法定要求的，可以作为证据使用。

根据法律、行政法规规定行使国家行政管理职权的组织在行政执法和查办案件中收集的证据材料，视为行政机关收集的证据材料。

第六十九条 监察机关对人民法院、人民检察院、公安机关、国家安全机关等在刑事诉讼中收集的物证、书证、视听资料、电子数据，勘验、检查、辨认、侦查实验等笔录，以及鉴定意见等证据材料，经审查符合法定要求的，可以作为证据使用。

监察机关办理职务违法案件，对于人民法院生效刑事判决、裁定和人民检察院不起诉决定采信的证据材料，可以直接作为证据使用。

第三节　谈　　话

第七十条 监察机关在问题线索处置、初步核实和立案调查中，可以依法对涉嫌职务违法的监察对象进行谈话，要求其如实说明情况或者作出陈述。

谈话应当个别进行。负责谈话的人员不得少于二人。

第七十一条 对一般性问题线索的处置，可以采取谈话方式进行，对监察对象给予警示、批评、教育。谈话应当在工作地点等场所进行，明确告知谈话事项，注重谈清问题、取得教育效果。

第七十二条 采取谈话方式处置问题线索的，经审批可以由监察人员或者委托被谈话人所在单位主要负责人等进行谈话。

监察机关谈话应当形成谈话笔录或者记录。谈话结束后，可以根据需要要求被谈话人在十五个工作日以内作出书面说明。被谈话人应当在书面说明每页签名，修改的地方也应当签名。

委托谈话的，受委托人应当在收到委托函后的十五个工作日以内进行谈话。谈话结束后及时形成谈话情况材料报送监察机关，必要时附被谈话人的书面说明。

第七十三条 监察机关开展初步核实工作，一般不与被核查人接触；确有需要与被核查人谈话的，应当按规定报批。

第七十四条 监察机关对涉嫌职务违法的被调查人立案后，可以依法进行谈话。

与被调查人首次谈话时，应当出示《被调查人权利义务告知书》，由其签名、捺指印。被调查人拒绝签名、捺指印的，调查人员应当在文书上记明。对于被调查人未被限制人身自由的，应当在首次谈话时出具《谈话通知书》。

与涉嫌严重职务违法的被调查人进行谈话的，应当全程同步录音录像，并告知被调查人。告知情况应当在录音录像中予以反映，并在笔录中记明。

第七十五条 立案后，与未被限制人身自由的被调查人谈话的，应当在具备安全保障条件的场所进行。

调查人员按规定通知被调查人所在单位派员或者被调查人家属陪同被调查人到指定场所的，应当与陪同人员办理交接手续，填写《陪送交接单》。

第七十六条 调查人员与被留置的被调查人谈话的，按照法定程序在留置场所进行。

与在押的犯罪嫌疑人、被告人谈话的，应当持以监察机关名义出具的介绍信、工作证件，商请有关案件主管机关依法协助办理。

与在看守所、监狱服刑的人员谈话的，应当持以监察机关名义出具的介绍信、工作证件办理。

第七十七条 与被调查人进行谈话，应当合理安排时间、控制时长，保证其饮食和必要的休息时间。

第七十八条 谈话笔录应当在谈话现场制作。笔录应当详细具体，如实反映谈话情况。笔录制作完成后，应当交给被调查人核对。被调查人没有阅读能力的，应当向其宣读。

笔录记载有遗漏或者差错的，应当补充或者更正，由被调查人在补充或者更正处捺指印。被调查人核对无误后，应当在笔录中逐页签名、捺指印。被调查人拒绝签名、捺指印的，调查人员应当在笔录中记明。调查人员也应当在笔录中签名。

第七十九条 被调查人请求自行书写说明材料的，应当准许。必要时，调查人员可以要求被调查人自行书写说明材料。

被调查人应当在说明材料上逐页签名、捺指印，在末页写明日期。对说明材料有修改的，在修改之处应当捺指印。说明材料应当由二名调查人员接收，在首页记明接收的日期并签名。

第八十条 本条例第七十四条至第七十九条的规定，也适用于在初步核实中开展的谈话。

第四节 讯 问

第八十一条 监察机关对涉嫌职务犯罪的被调查人，可以依法进行讯问，要求其如实供述涉嫌犯罪的情况。

第八十二条 讯问被留置的被调查人，应当在留置场所进行。

第八十三条 讯问应当个别进行，调查人员不得少于二人。

首次讯问时，应当向被讯问人出示《被调查人权利义务告知书》，由其签名、捺指印。被讯问人拒绝签名、捺指印的，调查人员应当在文书上记明。被讯问人未被限制人身自由的，应当在首次讯问时向其出具《讯问通知书》。

讯问一般按照下列顺序进行：

（一）核实被讯问人的基本情况，包括姓名、曾用名、出生年月日、户籍地、身份证件号码、民族、职业、政治面貌、文化程度、工作单位及职务、住所、家庭情况、社会经历，是否属于党代表大会代表、人大代表、政协委员，是否受到过党纪政务处分，是否受到过刑事处罚等；

（二）告知被讯问人如实供述自己罪行可以依法从宽处理和认罪认罚的法律规定；

（三）讯问被讯问人是否有犯罪行为，让其陈述有罪的事实或者无罪的辩解，应当允许其连贯陈述。

调查人员的提问应当与调查的案件相关。被讯问人对调查人员的提问应当如实回答。调查人员对被讯问人的辩解，应当如实记录，认真查核。

讯问时，应当告知被讯问人将进行全程同步录音录像。告知情况应当在录音录像中予以反映，并在笔录中记明。

第八十四条 本条例第七十五条至第七十九条的要求，也适用于讯问。

第五节 询 问

第八十五条 监察机关按规定报批后，可以依法对证人、被害人等人员进行询问，了解核实有关问题或者案件情况。

第八十六条 证人未被限制人身自由的，可以在其工作地点、住所或者其提出的地点进行询问，也可以通知其到指定地点接受询问。到证人提出的地点或者调查人员指定的地点进行询问的，应当在笔录中记明。

调查人员认为有必要或者证人提出需要由所在单位派员或者其家属陪同到询问地点的，应当办理交接手续并填写《陪送交接单》。

第八十七条 询问应当个别进行。负责询问的调查人员不得少于二人。

首次询问时，应当向证人出示《证人权利义务告知书》，由其签名、捺指印。证人拒绝签名、捺指印的，调查人员应当在文书上记明。证人未被限制人身自由的，应当在首次询问时向其出具《询问通知书》。

询问时，应当核实证人身份，问明证人的基本情况，告知证人应当如实提供证据、证言，以及作伪证或者隐匿证据应当承担的法律责任。不得向证人泄露案情，不得采用非法方法获取证言。

询问重大或者有社会影响案件的重要证人，应当对询问过程全程同步录音录像，并告知证人。告知情况应当在录音录像中予以反映，并在笔录中记明。

第八十八条 询问未成年人，应当通知其法定代理人到场。无法通知或者法定代理人不能到场的，应当通知未成年人的其他成年亲属或者所在学校、居住地基层组织的代表等有关人员到场。询问结束后，由法定代理人或者有关人员在笔录中签名。调查人员应当将到场情况记录在案。

询问聋、哑人，应当有通晓聋、哑手势的人员参加。调查人员应当在笔录中记明证人的聋、哑情况，以及翻译人员的姓名、工作单位和职业。询问不通晓当地通用语言、文字的证人，应当有翻译人员。询问结束后，由翻译人员在笔录中签名。

第八十九条 凡是知道案件情况的人，都有如实作证的义务。对故意提供虚假证言的证人，应当依法追究法律责任。

证人或者其他任何人不得帮助被调查人隐匿、毁灭、伪造证据或者串供，不得实施其他干扰调查活动的行为。

第九十条 证人、鉴定人、被害人因作证，本人或者近亲属人身安全面临危险，向监察机关请求保护的，监察机关应当受理并及时进行审查；对于确实存在人身安全危险的，监察机关应当采取必要的保护措施。监察机关发现存在上述情形的，应当主动采取保护措施。

监察机关可以采取下列一项或者多项保护措施：

（一）不公开真实姓名、住址和工作单位等个人信息；

（二）禁止特定的人员接触证人、鉴定人、被害人及其近亲属；

（三）对人身和住宅采取专门性保护措施；

（四）其他必要的保护措施。

依法决定不公开证人、鉴定人、被害人的真实姓名、住址和工作单位等个人信息的，可以在询问笔录等法律文书、证据材料中使用化名。但是应当另行书面说明使用化名的情况并标明密级，单独成卷。

监察机关采取保护措施需要协助的，可以提请公安机关等有关单位和要求有关个人依法予以协助。

第九十一条 本条例第七十六条至第七十九条的要求，也适用于询问。询问重要涉案人员，根据情况适用本条例第七十五条的规定。

询问被害人，适用询问证人的规定。

第六节 留 置

第九十二条 监察机关调查严重职务违法或者职务犯罪，对于符合监察法第二十二条第一款规定的，经依法审批，可以对被调查人采取留置措施。

监察法第二十二条第一款规定的严重职务违法，是指根据监察机关已经掌握的事实及证据，被调查人涉嫌的职务违法行为情节严重，可能被给予撤职以上政务处分；重要问题，是指对被调查人涉嫌的职务违法或者职务犯罪，在定性处置、定罪量刑等方面有重要影响的事实、情节及证据。

监察法第二十二条第一款规定的已经掌握其部分违法犯罪事实及证据，是指同时具备下列情形：

（一）有证据证明发生了违法犯罪事实；

（二）有证据证明该违法犯罪事实是被调查人实施；

（三）证明被调查人实施违法犯罪行为的证据已经查证属实。

部分违法犯罪事实，既可以是单一违法犯罪行为的事实，也可以是数个违法犯罪行为中任何一个违法犯罪行为的事实。

第九十三条 被调查人具有下列情形之一的，可以认定为监察法第二十二条第一款第二项所规定的可能逃跑、自杀：

（一）着手准备自杀、自残或者逃跑的；

（二）曾经有自杀、自残或者逃跑行为的；

（三）有自杀、自残或者逃跑意图的；

（四）其他可能逃跑、自杀的情形。

第九十四条 被调查人具有下列情形之一的，可以认定为监察法第二十二条第一款第三项所规定的可能串供或者伪造、隐匿、毁灭证据：

（一）曾经或者企图串供，伪造、隐匿、毁灭、转移证据的；

（二）曾经或者企图威逼、恐吓、利诱、收买证人，干扰证人作证的；

（三）有同案人或者与被调查人存在密切关联违法犯罪的涉案人员在逃，重要证据尚未收集完成的；

（四）其他可能串供或者伪造、隐匿、毁灭证据的情形。

第九十五条 被调查人具有下列情形之一的，可以认定为监察法第二十二条第一款第四项所规定的可能有其他妨碍调查行为：

（一）可能继续实施违法犯罪行为的；

（二）有危害国家安全、公共安全等现实危险的；

（三）可能对举报人、控告人、被害人、证人、鉴定人等相关人员实施打击报复的；

（四）无正当理由拒不到案，严重影响调查的；

（五）其他可能妨碍调查的行为。

第九十六条 对下列人员不得采取留置措施：

（一）患有严重疾病、生活不能自理的；

（二）怀孕或者正在哺乳自己婴儿的妇女；

（三）系生活不能自理的人的唯一扶养人。

上述情形消除后，根据调查需要可以对相关人员采取留置措施。

第九十七条 采取留置措施时，调查人员不得少于二人，应当向被留置人员宣布《留置决定书》，告知被留置人员权利义务，要求其在《留置决定书》上签名、捺指印。被留置人员拒绝签名、捺指印的，调查人员应当在文书上记明。

第九十八条 采取留置措施后，应当在二十四小时以内通知被留置人员所在单位和家属。当面通知的，由有关人员在《留置通知书》上签名。无法当面通知的，可以先以电话等方式通知，并通过邮寄、转交等方式送达《留置通知书》，要求有关人员在《留置通知书》上签名。

因可能毁灭、伪造证据，干扰证人作证或者串供等有碍调查情形而不宜通知的，应当按规定报批，记录在案。有碍调查的情形消失后，应当立即通知被留置人员所在单位和家属。

第九十九条 县级以上监察机关需要提请公安机关协助采取留置措施的，应当按规定报批，请同级公安机关依法予以协助。提请协助时，应当出具《提请协助采取留置措施函》，列明提请协助的具体事项和建议，协助采取措施的时间、地点等内容，附《留置决定书》复印件。

因保密需要，不适合在采取留置措施前向公安机关告知留置对象姓名的，可以作出说明，进行保密处理。

需要提请异地公安机关协助采取留置措施的，应当按规定报批，向协作地同级监察机关出具协作函件和相关文书，由协作地监察机关提请当地公安机关依法予以协助。

第一百条 留置过程中，应当保障被留置人员的合法权益，尊重其人格和民族习俗，保障饮食、休息和安全，提供医疗服务。

第一百零一条 留置时间不得超过三个月，自向被留置人员宣布之日起算。具有下列情形之一的，经审批可以延长一次，延长时间不得超过三个月：

（一）案情重大，严重危害国家利益或者公共利益的；

（二）案情复杂，涉案人员多、金额巨大，涉及范围广的；

（三）重要证据尚未收集完成，或者重要涉案人员尚未到案，导致违法犯罪的主要事实仍须继续调查的；

（四）其他需要延长留置时间的情形。

省级以下监察机关采取留置措施的，延长留置时间应当报上一级监察机关批准。

延长留置时间的，应当在留置期满前向被留置人员宣布延长留置时间的决定，要求其在《延长留置时间决定书》上签名、捺指印。被留置人员拒绝签名、捺指印的，调查人员应当在文书上记明。

延长留置时间的，应当通知被留置人员家属。

第一百零二条 对被留置人员不需要继续采取留置措施的，应当按规定报批，及时解除留置。

调查人员应当向被留置人员宣布解除留置措施的决定，由其在《解除留置决定书》上签名、捺指印。被留置人员拒绝签名、捺指印的，调查人员应当在文书上记明。

解除留置措施的，应当及时通知被留置人员所在单位或者家属。调查人员应当与交接人办理交接手续，并由其在《解除留置通知书》上签名。无法通知或者有关人员拒绝签名的，调查人员应当在文书上记明。

案件依法移送人民检察院审查起诉的，留置措施自犯罪嫌疑人被执行拘留时自动解除，不再办理解除法律手续。

第一百零三条 留置场所应当建立健全保密、消防、医疗、餐饮及安保等安全工作责任制，制定紧急突发事件处置预案，采取安全防范措施。

留置期间发生被留置人员死亡、伤残、脱逃等办案安全事故、事件的，应当及时做好处置工作。相关情况应当立即报告监察机关主要负责人，并在二十四小时以内逐级上报至国家监察委员会。

第七节　查询、冻结

第一百零四条　监察机关调查严重职务违法或者职务犯罪，根据工作需要，按规定报批后，可以依法查询、冻结涉案单位和个人的存款、汇款、债券、股票、基金份额等财产。

第一百零五条　查询、冻结财产时，调查人员不得少于二人。调查人员应当出具《协助查询财产通知书》或者《协助冻结财产通知书》，送交银行或者其他金融机构、邮政部门等单位执行。有关单位和个人应当予以配合，并严格保密。

查询财产应当在《协助查询财产通知书》中填写查询账号、查询内容等信息。没有具体账号的，应当填写足以确定账户或者权利人的自然人姓名、身份证件号码或者企业法人名称、统一社会信用代码等信息。

冻结财产应当在《协助冻结财产通知书》中填写冻结账户名称、冻结账号、冻结数额、冻结期限起止时间等信息。冻结数额应当具体、明确，暂时无法确定具体数额的，应当在《协助冻结财产通知书》上明确写明“只收不付”。冻结证券和交易结算资金时，应当明确冻结的范围是否及于孳息。

冻结财产，应当为被调查人及其所扶养的亲属保留必需的生活费用。

第一百零六条　调查人员可以根据需要对查询结果进行打印、抄录、复制、拍照，要求相关单位在有关材料上加盖证明印章。对查询结果有疑问的，可以要求相关单位进行书面解释并加盖印章。

第一百零七条　监察机关对查询信息应当加强管理，规范信息交接、调阅、使用程序和手续，防止滥用和泄露。

调查人员不得查询与案件调查工作无关的信息。

第一百零八条　冻结财产的期限不得超过六个月。冻结期限到期未办理续冻手续的，冻结自动解除。

有特殊原因需要延长冻结期限的，应当在到期前按原程序报批，办理续冻手续。每次续冻期限不得超过六个月。

第一百零九条　已被冻结的财产可以轮候冻结，不得重复冻结。轮候冻结的，监察机关应当要求有关银行或者其他金融机构等单位在解除冻结或者作出处理前予以通知。

监察机关接受司法机关、其他监察机关等国家机关移送的涉案财物后，该国家机关采取的冻结期限届满，监察机关续行冻结的顺位与该国家机关冻结的顺位相同。

第一百一十条 冻结财产应当通知权利人或者其法定代理人、委托代理人，要求其在《冻结财产告知书》上签名。冻结股票、债券、基金份额等财产，应当告知权利人或者其法定代理人、委托代理人有权申请出售。

对于被冻结的股票、债券、基金份额等财产，权利人或者其法定代理人、委托代理人申请出售，不损害国家利益、被害人利益，不影响调查正常进行的，经审批可以在案件办结前由相关机构依法出售或者变现。对于被冻结的汇票、本票、支票即将到期的，经审批可以在案件办结前由相关机构依法出售或者变现。出售上述财产的，应当出具《许可出售冻结财产通知书》。

出售或者变现所得价款应当继续冻结在其对应的银行账户中；没有对应的银行账户的，应当存入监察机关指定的专用账户保管，并将存款凭证送监察机关登记。监察机关应当及时向权利人或者其法定代理人、委托代理人出具《出售冻结财产通知书》，并要求其签名。拒绝签名的，调查人员应当在文书上记明。

第一百一十一条 对于冻结的财产，应当及时核查。经查明与案件无关的，经审批，应当在查明后三日以内将《解除冻结财产通知书》送交有关单位执行。解除情况应当告知被冻结财产的权利人或者其法定代理人、委托代理人。

第八节 搜　　查

第一百一十二条 监察机关调查职务犯罪案件，为了收集犯罪证据、查获被调查人，按规定报批后，可以依法对被调查人以及可能隐藏被调查人或者犯罪证据的人的身体、物品、住处、工作地点和其他有关地方进行搜查。

第一百一十三条 搜查应当在调查人员主持下进行，调查人员不得少于二人。搜查女性的身体，由女性工作人员进行。

搜查时，应当有被搜查人或者其家属、其所在单位工作人员或者其他见证人在场。监察人员不得作为见证人。调查人员应当向被搜查人或者其家属、见证人出示

《搜查证》，要求其签名。被搜查人或者其家属不在场，或者拒绝签名的，调查人员应当在文书上记明。

第一百一十四条 搜查时，应当要求在场人员予以配合，不得进行阻碍。对以暴力、威胁等方法阻碍搜查的，应当依法制止。对阻碍搜查构成违法犯罪的，依法追究法律责任。

第一百一十五条 县级以上监察机关需要提请公安机关依法协助采取搜查措施的，应当按规定报批，请同级公安机关予以协助。提请协助时，应当出具《提请协助采取搜查措施函》，列明提请协助的具体事项和建议，搜查时间、地点、目的等内容，附《搜查证》复印件。

需要提请异地公安机关协助采取搜查措施的，应当按规定报批，向协作地同级监察机关出具协作函件和相关文书，由协作地监察机关提请当地公安机关予以协助。

第一百一十六条 对搜查取证工作，应当全程同步录音录像。

对搜查情况应当制作《搜查笔录》，由调查人员和被搜查人或者其家属、见证人签名。被搜查人或者其家属不在场，或者拒绝签名的，调查人员应当在笔录中记明。

对于查获的重要物证、书证、视听资料、电子数据及其放置、存储位置应当拍照，并在《搜查笔录》中作出文字说明。

第一百一十七条 搜查时，应当避免未成年人或者其他不适宜在搜查现场的人在场。

搜查人员应当服从指挥、文明执法，不得擅自变更搜查对象和扩大搜查范围。搜查的具体时间、方法，在实施前应当严格保密。

第一百一十八条 在搜查过程中查封、扣押财物和文件的，按照查封、扣押的有关规定办理。

第九节 调 取

第一百一十九条 监察机关按规定报批后，可以依法向有关单位和个人调取用以证明案件事实的证据材料。

第一百二十条 调取证据材料时，调查人员不得少于二人。调查人员应当依法出具《调取证据通知书》，必要时附《调取证据清单》。

有关单位和个人配合监察机关调取证据，应当严格保密。

第一百二十一条 调取物证应当调取原物。原物不便搬运、保存，或者依法应当返还，或者因保密工作需要不能调取原物的，可以将原物封存，并拍照、录像。对原物拍照或者录像时，应当足以反映原物的外形、内容。

调取书证、视听资料应当调取原件。取得原件确有困难或者因保密工作需要不能调取原件的，可以调取副本或者复制件。

调取物证的照片、录像和书证、视听资料的副本、复制件的，应当书面记明不能调取原物、原件的原因，原物、原件存放地点，制作过程，是否与原物、原件相符，并由调查人员和物证、书证、视听资料原持有人签名或者盖章。持有人无法签名、盖章或者拒绝签名、盖章的，应当在笔录中记明，由见证人签名。

第一百二十二条 调取外文材料作为证据使用的，应当交由具有资质的机构和人员出具中文译本。中文译本应当加盖翻译机构公章。

第一百二十三条 收集、提取电子数据，能够扣押原始存储介质的，应当予以扣押、封存并在笔录中记录封存状态。无法扣押原始存储介质的，可以提取电子数据，但应当在笔录中记明不能扣押的原因、原始存储介质的存放地点或者电子数据的来源等情况。

由于客观原因无法或者不宜采取前款规定方式收集、提取电子数据的，可以采取打印、拍照或者录像等方式固定相关证据，并在笔录中说明原因。

收集、提取的电子数据，足以保证完整性，无删除、修改、增加等情形的，可以作为证据使用。

收集、提取电子数据，应当制作笔录，记录案由、对象、内容，收集、提取电子数据的时间、地点、方法、过程，并附电子数据清单，注明类别、文件格式、完整性校验值等，由调查人员、电子数据持有人（提供人）签名或者盖章；电子数据持有人（提供人）无法签名或者拒绝签名的，应当在笔录中记明，由见证人签名或者盖章。有条件的，应当对相关活动进行录像。

第一百二十四条 调取的物证、书证、视听资料等原件，经查明与案件无关的，经审批，应当在查明后三日以内退还，并办理交接手续。

第十节　查封、扣押

第一百二十五条　监察机关按规定报批后，可以依法查封、扣押用以证明被调查人涉嫌违法犯罪以及情节轻重的财物、文件、电子数据等证据材料。

对于被调查人到案时随身携带的物品，以及被调查人或者其他相关人员主动上交的财物和文件，依法需要扣押的，依照前款规定办理。对于被调查人随身携带的与案件无关的个人用品，应当逐件登记，随案移交或者退还。

第一百二十六条　查封、扣押时，应当出具《查封/扣押通知书》，调查人员不得少于二人。持有人拒绝交出应当查封、扣押的财物和文件的，可以依法强制查封、扣押。

调查人员对于查封、扣押的财物和文件，应当会同在场见证人和被查封、扣押财物持有人进行清点核对，开列《查封/扣押财物、文件清单》，由调查人员、见证人和持有人签名或者盖章。持有人不在场或者拒绝签名、盖章的，调查人员应当在清单上记明。

查封、扣押财物，应当为被调查人及其所扶养的亲属保留必需的生活费用和物品。

第一百二十七条　查封、扣押不动产和置于该不动产上不宜移动的设施、家具和其他相关财物，以及车辆、船舶、航空器和大型机械、设备等财物，必要时可以依法扣押其权利证书，经拍照或者录像后原地封存。调查人员应当在查封清单上记明相关财物的所在地址和特征，已经拍照或者录像及其权利证书被扣押的情况，由调查人员、见证人和持有人签名或者盖章。持有人不在场或者拒绝签名、盖章的，调查人员应当在清单上记明。

查封、扣押前款规定财物的，必要时可以将被查封财物交给持有人或者其近亲属保管。调查人员应当告知保管人妥善保管，不得对被查封财物进行转移、变卖、毁损、抵押、赠予等处理。

调查人员应当将《查封/扣押通知书》送达不动产、生产设备或者车辆、船舶、航空器等财物的登记、管理部门，告知其在查封期间禁止办理抵押、转让、出售等权属关系变更、转移登记手续。相关情况应当在查封清单上记明。被查封、扣押的财物已经办理抵押登记的，监察机关在执行没收、追缴、责令退赔等决定时应当及时通知抵押权人。

第一百二十八条 查封、扣押下列物品，应当依法进行相应的处理：

（一）查封、扣押外币、金银珠宝、文物、名贵字画以及其他不易辨别真伪的贵重物品，具备当场密封条件的，应当当场密封，由二名以上调查人员在密封材料上签名并记明密封时间。不具备当场密封条件的，应当在笔录中记明，以拍照、录像等方法加以保全后进行封存。查封、扣押的贵重物品需要鉴定的，应当及时鉴定。

（二）查封、扣押存折、银行卡、有价证券等支付凭证和具有一定特征能够证明案情的现金，应当记明特征、编号、种类、面值、张数、金额等，当场密封，由二名以上调查人员在密封材料上签名并记明密封时间。

（三）查封、扣押易损毁、灭失、变质等不宜长期保存的物品以及有消费期限的卡、券，应当在笔录中记明，以拍照、录像等方法加以保全后进行封存，或者经审批委托有关机构变卖、拍卖。变卖、拍卖的价款存入专用账户保管，待调查终结后一并处理。

（四）对于可以作为证据使用的录音录像、电子数据存储介质，应当记明案由、对象、内容，录制、复制的时间、地点、规格、类别、应用长度、文件格式及长度等，制作清单。具备查封、扣押条件的电子设备、存储介质应当密封保存。必要时，可以请有关机关协助。

（五）对被调查人使用违法犯罪所得与合法收入共同购置的不可分割的财产，可以先行查封、扣押。对无法分割退还的财产，涉及违法的，可以在结案后委托有关单位拍卖、变卖，退还不属于违法所得的部分及孳息；涉及职务犯罪的，依法移送司法机关处置。

（六）查封、扣押危险品、违禁品，应当及时送交有关部门，或者根据工作需要严格封存保管。

第一百二十九条 对于需要启封的财物和文件，应当由二名以上调查人员共同办理。重新密封时，由二名以上调查人员在密封材料上签名、记明时间。

第一百三十条 查封、扣押涉案财物，应当按规定将涉案财物详细信息、《查封/扣押财物、文件清单》录入并上传监察机关涉案财物信息管理系统。

对于涉案款项，应当在采取措施后十五日以内存入监察机关指定的专用账户。对于涉案物品，应当在采取措施后三十日以内移交涉案财物保管部门保管。因特殊原因不能按时存入专用账户或者移交保管的，应当按规定报批，将保管情况录入涉案财物信息管理系统，在原因消除后及时存入或者移交。

第一百三十一条 对于已移交涉案财物保管部门保管的涉案财物，根据调查工作需要，经审批可以临时调用，并应当确保完好。调用结束后，应当及时归还。调用和归还时，调查人员、保管人员应当当面清点查验。保管部门应当对调用和归还情况进行登记，全程录像并上传涉案财物信息管理系统。

第一百三十二条 对于被扣押的股票、债券、基金份额等财产，以及即将到期的汇票、本票、支票，依法需要出售或者变现的，按照本条例关于出售冻结财产的规定办理。

第一百三十三条 监察机关接受司法机关、其他监察机关等国家机关移送的涉案财物后，该国家机关采取的查封、扣押期限届满，监察机关续行查封、扣押的顺位与该国家机关查封、扣押的顺位相同。

第一百三十四条 对查封、扣押的财物和文件，应当及时进行核查。经查明与案件无关的，经审批，应当在查明后三日以内解除查封、扣押，予以退还。解除查封、扣押的，应当向有关单位、原持有人或者近亲属送达《解除查封/扣押通知书》，附《解除查封/扣押财物、文件清单》，要求其签名或者盖章。

第一百三十五条 在立案调查之前，对监察对象及相关人员主动上交的涉案财物，经审批可以接收。

接收时，应当由二名以上调查人员，会同持有人和见证人进行清点核对，当场填写《主动上交财物登记表》。调查人员、持有人和见证人应当在登记表上签名或者盖章。

对于主动上交的财物，应当根据立案及调查情况及时决定是否依法查封、扣押。

第十一节　勘验检查

第一百三十六条　监察机关按规定报批后，可以依法对与违法犯罪有关的场所、物品、人身、尸体、电子数据等进行勘验检查。

第一百三十七条　依法需要勘验检查的，应当制作《勘验检查证》；需要委托勘验检查的，应当出具《委托勘验检查书》，送具有专门知识、勘验检查资格的单位（人员）办理。

第一百三十八条　勘验检查应当由二名以上调查人员主持，邀请与案件无关的见证人在场。勘验检查情况应当制作笔录，并由参加勘验检查人员和见证人签名。

勘验检查现场、拆封电子数据存储介质应当全程同步录音录像。对现场情况应当拍摄现场照片、制作现场图，并由勘验检查人员签名。

第一百三十九条　为了确定被调查人或者相关人员的某些特征、伤害情况或者生理状态，可以依法对其人身进行检查。必要时可以聘请法医或者医师进行人身检查。检查女性身体，应当由女性工作人员或者医师进行。被调查人拒绝检查的，可以依法强制检查。

人身检查不得采用损害被检查人生命、健康或者贬低其名誉、人格的方法。对人身检查过程中知悉的个人隐私，应当严格保密。

对人身检查的情况应当制作笔录，由参加检查的调查人员、检查人员、被检查人员和见证人签名。被检查人员拒绝签名的，调查人员应当在笔录中记明。

第一百四十条　为查明案情，在必要的时候，经审批可以依法进行调查实验。调查实验，可以聘请有关专业人员参加，也可以要求被调查人、被害人、证人参加。

进行调查实验，应当全程同步录音录像，制作调查实验笔录，由参加实验的人签名。进行调查实验，禁止一切足以造成危险、侮辱人格的行为。

第一百四十一条　调查人员在必要时，可以依法让被害人、证人和被调查人对与违法犯罪有关的物品、文件、尸体或者场所进行辨认；也可以让被害人、证人对被调查人进行辨认，或者让被调查人对涉案人员进行辨认。

辨认工作应当由二名以上调查人员主持进行。在辨认前，应当向辨认人详细询问辨认对象的具体特征，避免辨认人见到辨认对象，并告知辨认人作虚假辨认应当承担的法律责任。几名辨认人对同一辨认对象进行辨认时，应当由辨认人个别进行。辨认应当形成笔录，并由调查人员、辨认人签名。

第一百四十二条 辨认人员时，被辨认的人数不得少于七人，照片不得少于十张。

辨认人不愿公开进行辨认时，应当在不暴露辨认人的情况下进行辨认，并为其保守秘密。

第一百四十三条 组织辨认物品时一般应当辨认实物。被辨认的物品系名贵字画等贵重物品或者存在不便搬运等情况的，可以对实物照片进行辨认。辨认人进行辨认时，应当在辨认出的实物照片与附纸骑缝上捺指印予以确认，在附纸上写明该实物涉案情况并签名、捺指印。

辨认物品时，同类物品不得少于五件，照片不得少于五张。

对于难以找到相似物品的特定物，可以将该物品照片交由辨认人进行确认后，在照片与附纸骑缝上捺指印，在附纸上写明该物品涉案情况并签名、捺指印。在辨认人确认前，应当向其详细询问物品的具体特征，并对确认过程和结果形成笔录。

第一百四十四条 辨认笔录具有下列情形之一的，不得作为认定案件的依据：

（一）辨认开始前使辨认人见到辨认对象的；

（二）辨认活动没有个别进行的；

（三）辨认对象没有混杂在具有类似特征的其他对象中，或者供辨认的对象数量不符合规定的，但特定辨认对象除外；

（四）辨认中给辨认人明显暗示或者明显有指认嫌疑的；

（五）辨认不是在调查人员主持下进行的；

（六）违反有关规定，不能确定辨认笔录真实性的其他情形。

辨认笔录存在其他瑕疵的，应当结合全案证据审查其真实性和关联性，作出综合判断。

第十二节 鉴 定

第一百四十五条 监察机关为解决案件中的专门性问题，按规定报批后，可以依法进行鉴定。

鉴定时应当出具《委托鉴定书》，由二名以上调查人员送交具有鉴定资格的鉴定机构、鉴定人进行鉴定。

第一百四十六条 监察机关可以依法开展下列鉴定：

（一）对笔迹、印刷文件、污损文件、制成时间不明的文件和以其他形式表现的文件等进行鉴定；

（二）对案件中涉及的财务会计资料及相关财物进行会计鉴定；

（三）对被调查人、证人的行为能力进行精神病鉴定；

（四）对人体造成的损害或者死因进行人身伤亡医学鉴定；

（五）对录音录像资料进行鉴定；

（六）对因电子信息技术应用而出现的材料及其派生物进行电子证据鉴定；

（七）其他可以依法进行的专业鉴定。

第一百四十七条 监察机关应当为鉴定提供必要条件，向鉴定人送交有关检材和对比样本等原始材料，介绍与鉴定有关的情况。调查人员应当明确提出要求鉴定事项，但不得暗示或者强迫鉴定人作出某种鉴定意见。

监察机关应当做好检材的保管和送检工作，记明检材送检环节的责任人，确保检材在流转环节的同一性和不被污染。

第一百四十八条 鉴定人应当在出具的鉴定意见上签名，并附鉴定机构和鉴定人的资质证明或者其他证明文件。多个鉴定人的鉴定意见不一致的，应当在鉴定意见上记明分歧的内容和理由，并且分别签名。

监察机关对于法庭审理中依法决定鉴定人出庭作证的，应当予以协调。

鉴定人故意作虚假鉴定的，应当依法追究法律责任。

第一百四十九条 调查人员应当对鉴定意见进行审查。对经审查作为证据使用的鉴定意见，应当告知被调查人及相关单位、人员，送达《鉴定意见告知书》。

被调查人或者相关单位、人员提出补充鉴定或者重新鉴定申请，经审查符合法定要求的，应当按规定报批，进行补充鉴定或者重新鉴定。

对鉴定意见告知情况可以制作笔录，载明告知内容和被告知人的意见等。

第一百五十条 经审查具有下列情形之一的，应当补充鉴定：

（一）鉴定内容有明显遗漏的；

（二）发现新的有鉴定意义的证物的；

（三）对鉴定证物有新的鉴定要求的；

（四）鉴定意见不完整，委托事项无法确定的；

（五）其他需要补充鉴定的情形。

第一百五十一条 经审查具有下列情形之一的，应当重新鉴定：

（一）鉴定程序违法或者违反相关专业技术要求的；

（二）鉴定机构、鉴定人不具备鉴定资质和条件的；

（三）鉴定人故意作出虚假鉴定或者违反回避规定的；

（四）鉴定意见依据明显不足的；

（五）检材虚假或者被损坏的；

（六）其他应当重新鉴定的情形。

决定重新鉴定的，应当另行确定鉴定机构和鉴定人。

第一百五十二条 因无鉴定机构，或者根据法律法规等规定，监察机关可以指派、聘请具有专门知识的人就案件的专门性问题出具报告。

第十三节 技术调查

第一百五十三条 监察机关根据调查涉嫌重大贪污贿赂等职务犯罪需要，依照规定的权限和程序报经批准，可以依法采取技术调查措施，按照规定交公安机关或者国家有关执法机关依法执行。

前款所称重大贪污贿赂等职务犯罪，是指具有下列情形之一：

（一）案情重大复杂，涉及国家利益或者重大公共利益的；

（二）被调查人可能被判处十年以上有期徒刑、无期徒刑或者死刑的；

（三）案件在全国或者本省、自治区、直辖市范围内有较大影响的。

第一百五十四条 依法采取技术调查措施的，监察机关应当出具《采取技术调查措施委托函》《采取技术调查措施决定书》和《采取技术调查措施适用对象情况表》，送交有关机关执行。其中，设区的市级以下监察机关委托有关执行机关采取技术调查措施，还应当提供《立案决定书》。

第一百五十五条 技术调查措施的期限按照监察法的规定执行，期限届满前未办理延期手续的，到期自动解除。

对于不需要继续采取技术调查措施的，监察机关应当按规定及时报批，将《解除技术调查措施决定书》送交有关机关执行。

需要依法变更技术调查措施种类或者增加适用对象的，监察机关应当重新办理报批和委托手续，依法送交有关机关执行。

第一百五十六条 对于采取技术调查措施收集的信息和材料，依法需要作为刑事诉讼证据使用的，监察机关应当按规定报批，出具《调取技术调查证据材料通知书》向有关执行机关调取。

对于采取技术调查措施收集的物证、书证及其他证据材料，监察机关应当制作书面说明，写明获取证据的时间、地点、数量、特征以及采取技术调查措施的批准机关、种类等。调查人员应当在书面说明上签名。

对于采取技术调查措施获取的证据材料，如果使用该证据材料可能危及有关人员的人身安全，或者可能产生其他严重后果的，应当采取不暴露有关人员身份、技术方法等保护措施。必要时，可以建议由审判人员在庭外进行核实。

第一百五十七条 调查人员对采取技术调查措施过程中知悉的国家秘密、商业秘密、个人隐私，应当严格保密。

采取技术调查措施获取的证据、线索及其他有关材料，只能用于对违法犯罪的调查、起诉和审判，不得用于其他用途。

对采取技术调查措施获取的与案件无关的材料，应当经审批及时销毁。对销毁情况应当制作记录，由调查人员签名。

第十四节　通　　缉

第一百五十八条 县级以上监察机关对在逃的应当被留置人员，依法决定在本行政区域内通缉的，应当按规定报批，送交同级公安机关执行。送交执行时，应当出具《通缉决定书》，附《留置决定书》等法律文书和被通缉人员信息，以及承办单位、承办人员等有关情况。

通缉范围超出本行政区域的，应当报有决定权的上级监察机关出具《通缉决定书》，并附《留置决定书》及相关材料，送交同级公安机关执行。

第一百五十九条 国家监察委员会依法需要提请公安部对在逃人员发布公安部通缉令的，应当先提请公安部采取网上追逃措施。如情况紧急，可以向公安部同时出具《通缉决定书》和《提请采取网上追逃措施函》。

省级以下监察机关报请国家监察委员会提请公安部发布公安部通缉令的，应当先提请本地公安机关采取网上追逃措施。

第一百六十条 监察机关接到公安机关抓获被通缉人员的通知后，应当立即核实被抓获人员身份，并在接到通知后二十四小时以内派员办理交接手续。边远或者交通不便地区，至迟不得超过三日。

公安机关在移交前，将被抓获人员送往当地监察机关留置场所临时看管的，当地监察机关应当接收，并保障临时看管期间的安全，对工作信息严格保密。

监察机关需要提请公安机关协助将被抓获人员带回的，应当按规定报批，请本地同级公安机关依法予以协助。提请协助时，应当出具《提请协助采取留置措施函》，附《留置决定书》复印件及相关材料。

第一百六十一条 监察机关对于被通缉人员已经归案、死亡，或者依法撤销留置决定以及发现有其他不需要继续采取通缉措施情形的，应当经审批出具《撤销通缉通知书》，送交协助采取原措施的公安机关执行。

第十五节 限制出境

第一百六十二条 监察机关为防止被调查人及相关人员逃匿境外，按规定报批后，可以依法决定采取限制出境措施，交由移民管理机构依法执行。

第一百六十三条 监察机关采取限制出境措施应当出具有关函件，与《采取限制出境措施决定书》一并送交移民管理机构执行。其中，采取边控措施的，应当附《边控对象通知书》；采取法定不批准出境措施的，应当附《法定不准出境人员报备表》。

第一百六十四条 限制出境措施有效期不超过三个月，到期自动解除。

到期后仍有必要继续采取措施的，应当按原程序报批。承办部门应当出具有关函件，在到期前与《延长限制出境措施期限决定书》一并送交移民管理机构执行。

延长期限每次不得超过三个月。

第一百六十五条 监察机关接到口岸移民管理机构查获被决定采取留置措施的边控对象的通知后，应当于二十四小时以内到达口岸办理移交手续。无法及时到达的，应当委托当地监察机关及时前往口岸办理移交手续。当地监察机关应当予以协助。

第一百六十六条 对于不需要继续采取限制出境措施的，应当按规定报批，及时予以解除。承办部门应当出具有关函件，与《解除限制出境措施决定书》一并送交移民管理机构执行。

第一百六十七条 县级以上监察机关在重要紧急情况下，经审批可以依法直接向口岸所在地口岸移民管理机构提请办理临时限制出境措施。

第五章 监察程序

第一节 线索处置

第一百六十八条 监察机关应当对问题线索归口受理、集中管理、分类处置、定期清理。

第一百六十九条 监察机关对于报案或者举报应当依法接受。属于本级监察机关管辖的，依法予以受理；属于其他监察机关管辖的，应当在五个工作日以内予以转送。

监察机关可以向下级监察机关发函交办检举控告，并进行督办，下级监察机关应当按期回复办理结果。

第一百七十条 对于涉嫌职务违法或者职务犯罪的公职人员主动投案的，应当依法接待和办理。

第一百七十一条 监察机关对于执法机关、司法机关等其他机关移送的问题线索，应当及时审核，并按照下列方式办理：

（一）本单位有管辖权的，及时研究提出处置意见；

（二）本单位没有管辖权但其他监察机关有管辖权的，在五个工作日以内转送有管辖权的监察机关；

（三）本单位对部分问题线索有管辖权的，对有管辖权的部分提出处置意见，并及时将其他问题线索转送有管辖权的机关；

（四）监察机关没有管辖权的，及时退回移送机关。

第一百七十二条 信访举报部门归口受理本机关管辖监察对象涉嫌职务违法和职务犯罪问题的检举控告，统一接收有关监察机关以及其他单位移送的相关检举控告，移交本机关监督检查部门或者相关部门，并将移交情况通报案件监督管理部门。

案件监督管理部门统一接收巡视巡察机构和审计机关、执法机关、司法机关等其他机关移送的职务违法和职务犯罪问题线索，按程序移交本机关监督检查部门或者相关部门办理。

监督检查部门、调查部门在工作中发现的相关问题线索，属于本部门受理范围的，应当报送案件监督管理部门备案；属于本机关其他部门受理范围的，经审批后移交案件监督管理部门分办。

第一百七十三条 案件监督管理部门应当对问题线索实行集中管理、动态更新，定期汇总、核对问题线索及处置情况，向监察机关主要负责人报告，并向相关部门通报。

问题线索承办部门应当指定专人负责管理线索，逐件编号登记、建立管理台账。线索管理处置各环节应当由经手人员签名，全程登记备查，及时与案件监督管理部门核对。

第一百七十四条 监督检查部门应当结合问题线索所涉及地区、部门、单位总体情况进行综合分析，提出处置意见并制定处置方案，经审批按照谈话、函询、初步核实、暂存待查、予以了结等方式进行处置，或者按照职责移送调查部门处置。

函询应当以监察机关办公厅（室）名义发函给被反映人，并抄送其所在单位和派驻监察机构主要负责人。被函询人应当在收到函件后十五个工作日以内写出说明材料，由其所在单位主要负责人签署意见后发函回复。被函询人为所在单位主要负责人的，或者被函询人所作说明涉及所在单位主要负责人的，应当直接发函回复监察机关。

被函询人已经退休的，按照第二款规定程序办理。

监察机关根据工作需要，经审批可以对谈话、函询情况进行核实。

第一百七十五条 检举控告人使用本人真实姓名或者本单位名称，有电话等具体联系方式的，属于实名检举控告。监察机关对实名检举控告应当优先办理、优先处置，依法给予答复。虽有署名但不是检举控告人真实姓名（单位名称）或者无法验证的检举控告，按照匿名检举控告处理。

信访举报部门对属于本机关受理的实名检举控告，应当在收到检举控告之日起十五个工作日以内按规定告知实名检举控告人受理情况，并做好记录。

调查人员应当将实名检举控告的处理结果在办结之日起十五个工作日以内向检举控告人反馈，并记录反馈情况。对检举控告人提出异议的应当如实记录，并向其进行说明；对提供新证据材料的，应当依法核查处理。

第二节 初步核实

第一百七十六条 监察机关对具有可查性的职务违法和职务犯罪问题线索，应当按规定报批后，依法开展初步核实工作。

第一百七十七条 采取初步核实方式处置问题线索，应当确定初步核实对象，制定工作方案，明确需要核实的问题和采取的措施，成立核查组。

在初步核实中应当注重收集客观性证据，确保真实性和准确性。

第一百七十八条 在初步核实中发现或者受理被核查人新的具有可查性的问题线索的，应当经审批纳入原初核方案开展核查。

第一百七十九条 核查组在初步核实工作结束后应当撰写初步核实情况报告，列明被核查人基本情况、反映的主要问题、办理依据、初步核实结果、存在疑点、处理建议，由全体人员签名。

承办部门应当综合分析初步核实情况，按照拟立案调查、予以了结、谈话提醒、暂存待查，或者移送有关部门、机关处理等方式提出处置建议，按照批准初步核实的程序报批。

第三节 立案

第一百八十条 监察机关经过初步核实，对于已经掌握监察对象涉嫌职务违法或者职务犯罪的部分事实和证据，认为需要追究其法律责任的，应当按规定报批后，依法立案调查。

第一百八十一条 监察机关立案调查职务违法或者职务犯罪案件，需要对涉嫌行贿犯罪、介绍贿赂犯罪或者共同职务犯罪的涉案人员立案调查的，应当一并办理立案手续。需要交由下级监察机关立案的，经审批交由下级监察机关办理立案手续。

对单位涉嫌受贿、行贿等职务犯罪，需要追究法律责任的，依法对该单位办理立案调查手续。对事故（事件）中存在职务违法或者职务犯罪问题，需要追究法律责任，但相关责任人员尚不明确的，可以以事立案。对单位立案或者以事立案后，经调查确定相关责任人员的，按照管理权限报批确定被调查人。

监察机关根据人民法院生效刑事判决、裁定和人民检察院不起诉决定认定的事实，需要对监察对象给予政务处分的，可以由相关监督检查部门依据司法机关的生效判决、裁定、决定及其认定的事实、性质和情节，提出给予政务处分的意见，按程序移送审理。对依法被追究行政法律责任的监察对象，需要给予政务处分的，应当依法办理立案手续。

第一百八十二条 对案情简单、经过初步核实已查清主要职务违法事实，应当追究监察对象法律责任，不再需要开展调查的，立案和移送审理可以一并报批，履行立案程序后再移送审理。

第一百八十三条 上级监察机关需要指定下级监察机关立案调查的，应当按规定报批，向被指定管辖的监察机关出具《指定管辖决定书》，由其办理立案手续。

第一百八十四条 批准立案后，应当由二名以上调查人员出示证件，向被调查人宣布立案决定。宣布立案决定后，应当及时向被调查人所在单位等相关组织送达《立案通知书》，并向被调查人所在单位主要负责人通报。

对涉嫌严重职务违法或者职务犯罪的公职人员立案调查并采取留置措施的，应当按规定通知被调查人家属，并向社会公开发布。

第四节 调　　查

第一百八十五条 监察机关对已经立案的职务违法或者职务犯罪案件应当依法进行调查，收集证据查明违法犯罪事实。

调查职务违法或者职务犯罪案件，对被调查人没有采取留置措施的，应当在立案后一年以内作出处理决定；对被调查人解除留置措施的，应当在解除留置措施后一年以内作出处理决定。案情重大复杂的案件，经上一级监察机关批准，可以适当延长，但延长期限不得超过六个月。

被调查人在监察机关立案调查以后逃匿的，调查期限自被调查人到案之日起重新计算。

第一百八十六条 案件立案后，监察机关主要负责人应当依照法定程序批准确定调查方案。

监察机关应当组成调查组依法开展调查。调查工作应当严格按照批准的方案执行，不得随意扩大调查范围、变更调查对象和事项，对重要事项应当及时请示报告。调查人员在调查工作期间，未经批准不得单独接触任何涉案人员及其特定关系人，不得擅自采取调查措施。

第一百八十七条 调查组应当将调查认定的涉嫌违法犯罪事实形成书面材料，交给被调查人核对，听取其意见。被调查人应当在书面材料上签署意见。对被调查人签署不同意见或者拒不签署意见的，调查组应当作出说明或者注明情况。对被调查人提出申辩的事实、理由和证据应当进行核实，成立的予以采纳。

调查组对于立案调查的涉嫌行贿犯罪、介绍贿赂犯罪或者共同职务犯罪的涉案人员，在查明其涉嫌犯罪问题后，依照前款规定办理。

对于按照本条例规定，对立案和移送审理一并报批的案件，应当在报批前履行本条第一款规定的程序。

第一百八十八条 调查组在调查工作结束后应当集体讨论，形成调查报告。调查报告应当列明被调查人基本情况、问题线索来源及调查依据、调查过程，涉嫌的主要职务违法或者职务犯罪事实，被调查人的态度和认识，处置建议及法律依据，并由调查组组长以及有关人员签名。

对调查过程中发现的重要问题和形成的意见建议，应当形成专题报告。

第一百八十九条 调查组对被调查人涉嫌职务犯罪拟依法移送人民检察院审查起诉的，应当起草《起诉建议书》。《起诉建议书》应当载明被调查人基本情况，调查简况，认罪认罚情况，采取留置措施的时间，涉嫌职务犯罪事实以及证据，对被调查人从重、从轻、减轻或者免除处罚等情节，提出对被调查人移送起诉的理由和法律依据，采取强制措施的建议，并注明移送案卷数及涉案财物等内容。

调查组应当形成被调查人到案经过及量刑情节方面的材料，包括案件来源、到案经过，自动投案、如实供述、立功等量刑情节，认罪悔罪态度、退赃、避免和减少损害结果发生等方面的情况说明及相关材料。被检举揭发的问题已被立案、查破，被检举揭发人已被采取调查措施或者刑事强制措施、起诉或者审判的，还应当附有关法律文书。

第一百九十条 经调查认为被调查人构成职务违法或者职务犯罪的，应当区分不同情况提出相应处理意见，经审批将调查报告、职务违法或者职务犯罪事实材料、涉案财物报告、涉案人员处理意见等材料，连同全部证据和文书手续移送审理。

对涉嫌职务犯罪的案件材料应当按照刑事诉讼要求单独立卷，与《起诉建议书》、涉案财物报告、同步录音录像资料及其自查报告等材料一并移送审理。

调查全过程形成的材料应当案结卷成、事毕归档。

第五节 审 理

第一百九十一条 案件审理部门收到移送审理的案件后，应当审核材料是否齐全、手续是否完备。对被调查人涉嫌职务犯罪的，还应当审核相关案卷材料是否符合职务犯罪案件立卷要求，是否在调查报告中单独表述已查明的涉嫌犯罪问题，是否形成《起诉建议书》。

经审核符合移送条件的，应当予以受理；不符合移送条件的，经审批可以暂缓受理或者不予受理，并要求调查部门补充完善材料。

第一百九十二条 案件审理部门受理案件后，应当成立由二人以上组成的审理组，全面审理案卷材料。

案件审理部门对于受理的案件，应当以监察法、政务处分法、刑法、《中华人民共和国刑事诉讼法》等法律法规为准绳，对案件事实证据、性质认定、程序手续、涉案财物等进行全面审理。

案件审理部门应当强化监督制约职能，对案件严格审核把关，坚持实事求是、独立审理，依法提出审理意见。坚持调查与审理相分离的原则，案件调查人员不得参与审理。

第一百九十三条 审理工作应当坚持民主集中制原则，经集体审议形成审理意见。

第一百九十四条 审理工作应当在受理之日起一个月以内完成，重大复杂案件经批准可以适当延长。

第一百九十五条 案件审理部门根据案件审理情况，经审批可以与被调查人谈话，告知其在审理阶段的权利义务，核对涉嫌违法犯罪事实，听取其辩解意见，了解有关情况。与被调查人谈话时，案件审理人员不得少于二人。

具有下列情形之一的，一般应当与被调查人谈话：

（一）对被调查人采取留置措施，拟移送起诉的；

（二）可能存在以非法方法收集证据情形的；

（三）被调查人对涉嫌违法犯罪事实材料签署不同意见或者拒不签署意见的；

（四）被调查人要求向案件审理人员当面陈述的；

（五）其他有必要与被调查人进行谈话的情形。

第一百九十六条 经审理认为主要违法犯罪事实不清、证据不足的，应当经审批将案件退回承办部门重新调查。

有下列情形之一，需要补充完善证据的，经审批可以退回补充调查：

（一）部分事实不清、证据不足的；

（二）遗漏违法犯罪事实的；

（三）其他需要进一步查清案件事实的情形。

案件审理部门将案件退回重新调查或者补充调查的，应当出具审核意见，写明调查事项、理由、调查方向、需要补充收集的证据及其证明作用等，连同案卷材料一并送交承办部门。

承办部门补充调查结束后，应当经审批将补证情况报告及相关证据材料，连同案卷材料一并移送案件审理部门；对确实无法查明的事项或者无法补充的证据，应当作出书面说明。重新调查终结后，应当重新形成调查报告，依法移送审理。

重新调查完毕移送审理的，审理期限重新计算。补充调查期间不计入审理期限。

第一百九十七条 审理工作结束后应当形成审理报告，载明被调查人基本情况、调查简况、涉嫌违法或者犯罪事实、被调查人态度和认识、涉案财物处置、承办部门意见、审理意见等内容，提请监察机关集体审议。

对被调查人涉嫌职务犯罪需要追究刑事责任的，应当形成《起诉意见书》，作为审理报告附件。《起诉意见书》应当忠实于事实真象，载明被调查人基本情况，调查简况，采取留置措施的时间，依法查明的犯罪事实和证据，从重、从轻、减轻或者免除处罚等情节，涉案财物情况，涉嫌罪名和法律依据，采取强制措施的建议，以及其他需要说明的情况。

案件审理部门经审理认为现有证据不足以证明被调查人存在违法犯罪行为，且通过退回补充调查仍无法达到证明标准的，应当提出撤销案件的建议。

第一百九十八条 上级监察机关办理下级监察机关管辖案件的，可以经审理后按程序直接进行处置，也可以经审理形成处置意见后，交由下级监察机关办理。

第一百九十九条 被指定管辖的监察机关在调查结束后应当将案件移送审理，提请监察机关集体审议。

上级监察机关将其所管辖的案件指定管辖的，被指定管辖的下级监察机关应当按照前款规定办理后，将案件报上级监察机关依法作出政务处分决定。上级监察机关在作出决定前，应当进行审理。

上级监察机关将下级监察机关管辖的案件指定其他下级监察机关管辖的，被指定管辖的监察机关应当按照第一款规定办理后，将案件送交有管理权限的监察机关依法作出政务处分决定。有管理权限的监察机关应当进行审理，审理意见与被指定管辖的监察机关意见不一致的，双方应当进行沟通；经沟通不能取得一致意见的，报请有权决定的上级监察机关决定。经协商，有管理权限的监察机关在被指定管辖的监察机关审理阶段可以提前阅卷，沟通了解情况。

对于前款规定的重大、复杂案件，被指定管辖的监察机关经集体审议后将处理意见报有权决定的上级监察机关审核同意的，有管理权限的监察机关可以经集体审议后依法处置。

第六节 处 置

第二百条 监察机关根据监督、调查结果，依据监察法、政务处分法等规定进行处置。

第二百零一条 监察机关对于公职人员有职务违法行为但情节较轻的，可以依法进行谈话提醒、批评教育、责令检查，或者予以诫勉。上述方式可以单独使用，也可以依据规定合并使用。

谈话提醒、批评教育应当由监察机关相关负责人或者承办部门负责人进行，可以由被谈话提醒、批评教育人所在单位有关负责人陪同；经批准也可以委托其所在单位主要负责人进行。对谈话提醒、批评教育情况应当制作记录。

被责令检查的公职人员应当作出书面检查并进行整改。整改情况在一定范围内通报。

诫勉由监察机关以谈话或者书面方式进行。以谈话方式进行的，应当制作记录。

第二百零二条 对违法的公职人员依法需要给予政务处分的，应当根据情节轻重作出警告、记过、记大过、降级、撤职、开除的政务处分决定，制作政务处分决定书。

第二百零三条 监察机关应当将政务处分决定书在作出后一个月以内送达被处分人和被处分人所在机关、单位，并依法履行宣布、书面告知程序。

政务处分决定自作出之日起生效。有关机关、单位、组织应当依法及时执行处分决定，并将执行情况向监察机关报告。处分决定应当在作出之日起一个月以内执行完毕，特殊情况下经监察机关批准可以适当延长办理期限，最迟不得超过六个月。

第二百零四条 监察机关对不履行或者不正确履行职责造成严重后果或者恶劣影响的领导人员，可以按照管理权限采取通报、诫勉、政务处分等方式进行问责；提出组织处理的建议。

第二百零五条 监察机关依法向监察对象所在单位提出监察建议的，应当经审批制作监察建议书。

监察建议书一般应当包括下列内容：

（一）监督调查情况；

（二）调查中发现的主要问题及其产生的原因；

（三）整改建议、要求和期限；

（四）向监察机关反馈整改情况的要求。

第二百零六条 监察机关经调查，对没有证据证明或者现有证据不足以证明被调查人存在违法犯罪行为的，应当依法撤销案件。省级以下监察机关撤销案件后，应当在七个工作日以内向上一级监察机关报送备案报告。上一级监察机关监督检查部门负责备案工作。

省级以下监察机关拟撤销上级监察机关指定管辖或者交办案件的，应当将《撤销案件意见书》连同案卷材料，在法定调查期限到期七个工作日前报指定管辖或者交办案件的监察机关审查。对于重大、复杂案件，在法定调查期限到期十个工作日前报指定管辖或者交办案件的监察机关审查。

指定管辖或者交办案件的监察机关由监督检查部门负责审查工作。指定管辖或者交办案件的监察机关同意撤销案件的，下级监察机关应当作出撤销案件决定，制作《撤销案件决定书》；指定管辖或者交办案件的监察机关不同意撤销案件的，下级监察机关应当执行该决定。

监察机关对于撤销案件的决定应当向被调查人宣布，由其在《撤销案件决定书》上签名、捺指印，立即解除留置措施，并通知其所在机关、单位。

撤销案件后又发现重要事实或者有充分证据，认为被调查人有违法犯罪事实需要追究法律责任的，应当重新立案调查。

第二百零七条 对于涉嫌行贿等犯罪的非监察对象，案件调查终结后依法移送起诉。综合考虑行为性质、手段、后果、时间节点、认罪悔罪态度等具体情况，对于情节较轻，经审批不予移送起诉的，应当采取批评教育、责令具结悔过等方式处置；应当给予行政处罚的，依法移送有关行政执法部门。

对于有行贿行为的涉案单位和人员，按规定记入相关信息记录，可以作为信用评价的依据。

对于涉案单位和人员通过行贿等非法手段取得的财物及孳息，应当依法予以没收、追缴或者责令退赔。对于违法取得的其他不正当利益，依照法律法规及有关规定予以纠正处理。

第二百零八条 对查封、扣押、冻结的涉嫌职务犯罪所得财物及孳息应当妥善保管，并制作《移送司法机关涉案财物清单》随案移送人民检察院。对作为证据使用的实物应当随案移送；对不宜移送的，应当将清单、照片和其他证明文件随案移送。

对于移送人民检察院的涉案财物，价值不明的，应当在移送起诉前委托进行价格认定。在价格认定过程中，需要对涉案财物先行作出真伪鉴定或者出具技术、质量检测报告的，应当委托有关鉴定机构或者检测机构进行真伪鉴定或者技术、质量检测。

对不属于犯罪所得但属于违法取得的财物及孳息，应当依法予以没收、追缴或者责令退赔，并出具有关法律文书。

对经认定不属于违法所得的财物及孳息，应当及时予以返还，并办理签收手续。

第二百零九条 监察机关经调查，对违法取得的财物及孳息决定追缴或者责令退赔的，可以依法要求公安、自然资源、住房城乡建设、市场监管、金融监管等部门以及银行等机构、单位予以协助。

追缴涉案财物以追缴原物为原则，原物已经转化为其他财物的，应当追缴转化后的财物；有证据证明依法应当追缴、没收的涉案财物无法找到、被他人善意取得、价值灭失减损或者与其他合法财产混合且不可分割的，可以依法追缴、没收其他等值财产。

追缴或者责令退赔应当自处置决定作出之日起一个月以内执行完毕。因被调查人的原因逾期执行的除外。

人民检察院、人民法院依法将不认定为犯罪所得的相关涉案财物退回监察机关的，监察机关应当依法处理。

第二百一十条 监察对象对监察机关作出的涉及本人的处理决定不服的，可以在收到处理决定之日起一个月以内，向作出决定的监察机关申请复审。复审机关应当依法受理，并在受理后一个月以内作出复审决定。监察对象对复审决定仍不服的，可以在收到复审决定之日起一个月以内，向上一级监察机关申请复核。复核机关应当依法受理，并在受理后二个月以内作出复核决定。

上一级监察机关的复核决定和国家监察委员会的复审、复核决定为最终决定。

第二百一十一条 复审、复核机关承办部门应当成立工作组，调阅原案卷宗，必要时可以进行调查取证。承办部门应当集体研究，提出办理意见，经审批作出复审、复核决定。决定应当送达申请人，抄送相关单位，并在一定范围内宣布。

复审、复核期间，不停止原处理决定的执行。复审、复核机关经审查认定处理决定有错误或者不当的，应当依法撤销、变更原处理决定，或者责令原处理机关及时予以纠正。复审、复核机关经审查认定处理决定事实清楚、适用法律正确的，应当予以维持。

坚持复审复核与调查审理分离，原案调查、审理人员不得参与复审复核。

第七节　移送审查起诉

第二百一十二条 监察机关决定对涉嫌职务犯罪的被调查人移送起诉的，应当出具《起诉意见书》，连同案卷材料、证据等，一并移送同级人民检察院。

监察机关案件审理部门负责与人民检察院审查起诉的衔接工作，调查、案件监督管理等部门应当予以协助。

国家监察委员会派驻或者派出的监察机构、监察专员调查的职务犯罪案件，应当依法移送省级人民检察院审查起诉。

第二百一十三条 涉嫌职务犯罪的被调查人和涉案人员符合监察法第三十一条、第三十二条规定情形的，结合其案发前的一贯表现、违法犯罪行为的情节、后果和影响等因素，监察机关经综合研判和集体审议，报上一级监察机关批准，可以在移送人民检察院时依法提出从轻、减轻或者免除处罚等从宽处罚建议。报请批准时，应当一并提供主要证据材料、忏悔反思材料。

上级监察机关相关监督检查部门负责审查工作，重点审核拟认定的从宽处罚情形、提出的从宽处罚建议，经审批在十五个工作日以内作出批复。

第二百一十四条 涉嫌职务犯罪的被调查人有下列情形之一，如实交代自己主要犯罪事实的，可以认定为监察法第三十一条第一项规定的自动投案，真诚悔罪悔过：

（一）职务犯罪问题未被监察机关掌握，向监察机关投案的；

（二）在监察机关谈话、函询过程中，如实交代监察机关未掌握的涉嫌职务犯罪问题的；

（三）在初步核实阶段，尚未受到监察机关谈话时投案的；

（四）职务犯罪问题虽被监察机关立案，但尚未受到讯问或者采取留置措施，向监察机关投案的；

（五）因伤病等客观原因无法前往投案，先委托他人代为表达投案意愿，或者以书信、网络、电话、传真等方式表达投案意愿，后到监察机关接受处理的；

（六）涉嫌职务犯罪潜逃后又投案，包括在被通缉、抓捕过程中投案的；

（七）经查实确已准备去投案，或者正在投案途中被有关机关抓获的；

（八）经他人规劝或者在他人陪同下投案的；

（九）虽未向监察机关投案，但向其所在党组织、单位或者有关负责人员投案，向有关巡视巡察机构投案，以及向公安机关、人民检察院、人民法院投案的；

（十）具有其他应当视为自动投案的情形的。

被调查人自动投案后不能如实交代自己的主要犯罪事实，或者自动投案并如实供述自己的罪行后又翻供的，不能适用前款规定。

第二百一十五条 涉嫌职务犯罪的被调查人有下列情形之一的，可以认定为监察法第三十一条第二项规定的积极配合调查工作，如实供述监察机关还未掌握的违法犯罪行为：

（一）监察机关所掌握线索针对的犯罪事实不成立，在此范围外被调查人主动交代其他罪行的；

（二）主动交代监察机关尚未掌握的犯罪事实，与监察机关已掌握的犯罪事实属不同种罪行的；

（三）主动交代监察机关尚未掌握的犯罪事实，与监察机关已掌握的犯罪事实属同种罪行的；

（四）监察机关掌握的证据不充分，被调查人如实交代有助于收集定案证据的。

前款所称同种罪行和不同种罪行，一般以罪名区分。被调查人如实供述其他罪行的罪名与监察机关已掌握犯罪的罪名不同，但属选择性罪名或者在法律、事实上密切关联的，应当认定为同种罪行。

第二百一十六条 涉嫌职务犯罪的被调查人有下列情形之一的，可以认定为监察法第三十一条第三项规定的积极退赃，减少损失：

（一）全额退赃的；

（二）退赃能力不足，但被调查人及其亲友在监察机关追缴赃款赃物过程中积极配合，且大部分已追缴到位的；

（三）犯罪后主动采取措施避免损失发生，或者积极采取有效措施减少、挽回大部分损失的。

第二百一十七条 涉嫌职务犯罪的被调查人有下列情形之一的，可以认定为监察法第三十一条第四项规定的具有重大立功表现：

（一）检举揭发他人重大犯罪行为且经查证属实的；

（二）提供其他重大案件的重要线索且经查证属实的；

（三）阻止他人重大犯罪活动的；

（四）协助抓捕其他重大职务犯罪案件被调查人、重大犯罪嫌疑人（包括同案犯）的；

（五）为国家挽回重大损失等对国家和社会有其他重大贡献的。

前款所称重大犯罪一般是指依法可能被判处无期徒刑以上刑罚的犯罪行为；重大案件一般是指在本省、自治区、直辖市或者全国范围内有较大影响的案件；查证属实一般是指有关案件已被监察机关或者司法机关立案调查、侦查，被调查人、犯罪嫌疑人被监察机关采取留置措施或者被司法机关采取强制措施，或者被告人被人民法院作出有罪判决，并结合案件事实、证据进行判断。

监察法第三十一条第四项规定的案件涉及国家重大利益，是指案件涉及国家主权和领土完整、国家安全、外交、社会稳定、经济发展等情形。

第二百一十八条 涉嫌行贿等犯罪的涉案人员有下列情形之一的，可以认定为监察法第三十二条规定的揭发有关被调查人职务违法犯罪行为，查证属实或者提供重要线索，有助于调查其他案件：

（一）揭发所涉案件以外的被调查人职务犯罪行为，经查证属实的；

（二）提供的重要线索指向具体的职务犯罪事实，对调查其他案件起到实质性推动作用的；

（三）提供的重要线索有助于加快其他案件办理进度，或者对其他案件固定关键证据、挽回损失、追逃追赃等起到积极作用的。

第二百一十九条 从宽处罚建议一般应当在移送起诉时作为《起诉意见书》内容一并提出，特殊情况下也可以在案件移送后、人民检察院提起公诉前，单独形成从宽处罚建议书移送人民检察院。对于从宽处罚建议所依据的证据材料，应当一并移送人民检察院。

监察机关对于被调查人在调查阶段认罪认罚，但不符合监察法规定的提出从宽处罚建议条件，在移送起诉时没有提出从宽处罚建议的，应当在《起诉意见书》中写明其自愿认罪认罚的情况。

第二百二十条 监察机关一般应当在正式移送起诉十日前，向拟移送的人民检察院采取书面通知等方式预告移送事宜。对于已采取留置措施的案件，发现被调查人因身体等原因存在不适宜羁押等可能影响刑事强制措施执行情形的，应当通报人民检察院。对于未采取留置措施的案件，可以根据案件具体情况，向人民检察院提出对被调查人采取刑事强制措施的建议。

第二百二十一条 监察机关办理的职务犯罪案件移送起诉，需要指定起诉、审判管辖的，应当与同级人民检察院协商有关程序事宜。需要由同级人民检察院的上级人民检察院指定管辖的，应当商请同级人民检察院办理指定管辖事宜。

监察机关一般应当在移送起诉二十日前，将商请指定管辖函送交同级人民检察院。商请指定管辖函应当附案件基本情况，对于被调查人已被其他机关立案侦查的犯罪认为需要并案审查起诉的，一并进行说明。

派驻或者派出的监察机构、监察专员调查的职务犯罪案件需要指定起诉、审判管辖的，应当报派出机关办理指定管辖手续。

第二百二十二条 上级监察机关指定下级监察机关进行调查，移送起诉时需要人民检察院依法指定管辖的，应当在移送起诉前由上级监察机关与同级人民检察院协商有关程序事宜。

第二百二十三条 监察机关对已经移送起诉的职务犯罪案件，发现遗漏被调查人罪行需要补充移送起诉的，应当经审批出具《补充起诉意见书》，连同相关案卷材料、证据等一并移送同级人民检察院。

对于经人民检察院指定管辖的案件需要补充移送起诉的，可以直接移送原受理移送起诉的人民检察院；需要追加犯罪嫌疑人、被告人的，应当再次商请人民检察院办理指定管辖手续。

第二百二十四条 对于涉嫌行贿犯罪、介绍贿赂犯罪或者共同职务犯罪等关联案件的涉案人员，移送起诉时一般应当随主案确定管辖。

主案与关联案件由不同监察机关立案调查的，调查关联案件的监察机关在移送起诉前，应当报告或者通报调查主案的监察机关，由其统一协调案件管辖事宜。因特殊原因，关联案件不宜随主案确定管辖的，调查主案的监察机关应当及时通报和协调有关事项。

第二百二十五条 监察机关对于人民检察院在审查起诉中书面提出的下列要求应当予以配合：

（一）认为可能存在以非法方法收集证据情形，要求监察机关对证据收集的合法性作出说明或者提供相关证明材料的；

（二）排除非法证据后，要求监察机关另行指派调查人员重新取证的；

（三）对物证、书证、视听资料、电子数据及勘验检查、辨认、调查实验等笔录存在疑问，要求调查人员提供获取、制作的有关情况的；

（四）要求监察机关对案件中某些专门性问题进行鉴定，或者对勘验检查进行复验、复查的；

（五）认为主要犯罪事实已经查清，仍有部分证据需要补充完善，要求监察机关补充提供证据的；

（六）人民检察院依法提出的其他工作要求。

第二百二十六条 监察机关对于人民检察院依法退回补充调查的案件，应当向主要负责人报告，并积极开展补充调查工作。

第二百二十七条 对人民检察院退回补充调查的案件，经审批分别作出下列处理：

（一）认定犯罪事实的证据不够充分的，应当在补充证据后，制作补充调查报告书，连同相关材料一并移送人民检察院审查，对无法补充完善的证据，应当作出书面情况说明，并加盖监察机关或者承办部门公章；

（二）在补充调查中发现新的同案犯或者增加、变更犯罪事实，需要追究刑事责任的，应当重新提出处理意见，移送人民检察院审查；

（三）犯罪事实的认定出现重大变化，认为不应当追究被调查人刑事责任的，应当重新提出处理意见，将处理结果书面通知人民检察院并说明理由；

（四）认为移送起诉的犯罪事实清楚，证据确实、充分的，应当说明理由，移送人民检察院依法审查。

第二百二十八条 人民检察院在审查起诉过程中发现新的职务违法或者职务犯罪问题线索并移送监察机关的，监察机关应当依法处置。

第二百二十九条 在案件审判过程中，人民检察院书面要求监察机关补充提供证据，对证据进行补正、解释，或者协助人民检察院补充侦查的，监察机关应当予以配合。监察机关不能提供有关证据材料的，应当书面说明情况。

人民法院在审判过程中就证据收集合法性问题要求有关调查人员出庭说明情况时，监察机关应当依法予以配合。

第二百三十条 监察机关认为人民检察院不起诉决定有错误的，应当在收到不起诉决定书后三十日以内，依法向其上一级人民检察院提请复议。监察机关应当将上述情况及时向上一级监察机关书面报告。

第二百三十一条 对于监察机关移送起诉的案件，人民检察院作出不起诉决定，人民法院作出无罪判决，或者监察机关经人民检察院退回补充调查后不再移送起诉，涉及对被调查人已生效政务处分事实认定的，监察机关应当依法对政务处分决定进行审核。认为原政务处分决定认定事实清楚、适用法律正确的，不再改变；认为原政务处分决定确有错误或者不当的，依法予以撤销或者变更。

第二百三十二条 对于贪污贿赂、失职渎职等职务犯罪案件，被调查人逃匿，在通缉一年后不能到案，或者被调查人死亡，依法应当追缴其违法所得及其他涉案财产的，承办部门在调查终结后应当依法移送审理。

监察机关应当经集体审议，出具《没收违法所得意见书》，连同案卷材料、证据等，一并移送人民检察院依法提出没收违法所得的申请。

监察机关将《没收违法所得意见书》移送人民检察院后，在逃的被调查人自动投案或者被抓获的，监察机关应当及时通知人民检察院。

第二百三十三条 监察机关立案调查拟适用缺席审判程序的贪污贿赂犯罪案件，应当逐级报送国家监察委员会同意。

监察机关承办部门认为在境外的被调查人犯罪事实已经查清，证据确实、充分，依法应当追究刑事责任的，应当依法移送审理。

监察机关应当经集体审议，出具《起诉意见书》，连同案卷材料、证据等，一并移送人民检察院审查起诉。

在审查起诉或者缺席审判过程中，犯罪嫌疑人、被告人向监察机关自动投案或者被抓获的，监察机关应当立即通知人民检察院、人民法院。

第六章 反腐败国际合作

第一节 工作职责和领导体制

第二百三十四条 国家监察委员会统筹协调与其他国家、地区、国际组织开展反腐败国际交流、合作。

国家监察委员会组织《联合国反腐败公约》等反腐败国际条约的实施以及履约审议等工作，承担《联合国反腐败公约》司法协助中央机关有关工作。

国家监察委员会组织协调有关单位建立集中统一、高效顺畅的反腐败国际追逃追赃和防逃协调机制，统筹协调、督促指导各级监察机关反腐败国际追逃追赃等涉外案件办理工作，具体履行下列职责：

（一）制定反腐败国际追逃追赃和防逃工作计划，研究工作中的重要问题；

（二）组织协调反腐败国际追逃追赃等重大涉外案件办理工作；

（三）办理由国家监察委员会管辖的涉外案件；

（四）指导地方各级监察机关依法开展涉外案件办理工作；

（五）汇总和通报全国职务犯罪外逃案件信息和追逃追赃工作信息；

（六）建立健全反腐败国际追逃追赃和防逃合作网络；

（七）承担监察机关开展国际刑事司法协助的主管机关职责；

（八）承担其他与反腐败国际追逃追赃等涉外案件办理工作相关的职责。

第二百三十五条 地方各级监察机关在国家监察委员会领导下，统筹协调、督促指导本地区反腐败国际追逃追赃等涉外案件办理工作，具体履行下列职责：

（一）落实上级监察机关关于反腐败国际追逃追赃和防逃工作部署，制定工作计划；

（二）按照管辖权限或者上级监察机关指定管辖，办理涉外案件；

（三）按照上级监察机关要求，协助配合其他监察机关开展涉外案件办理工作；

（四）汇总和通报本地区职务犯罪外逃案件信息和追逃追赃工作信息；

（五）承担本地区其他与反腐败国际追逃追赃等涉外案件办理工作相关的职责。

省级监察委员会应当会同有关单位，建立健全本地区反腐败国际追逃追赃和防逃协调机制。

国家监察委员会派驻或者派出的监察机构、监察专员统筹协调、督促指导本部门反腐败国际追逃追赃等涉外案件办理工作，参照第一款规定执行。

第二百三十六条 国家监察委员会国际合作局归口管理监察机关反腐败国际追逃追赃等涉外案件办理工作。地方各级监察委员会应当明确专责部门，归口管理本地区涉外案件办理工作。

国家监察委员会派驻或者派出的监察机构、监察专员和地方各级监察机关办理涉外案件中有关执法司法国际合作事项，应当逐级报送国家监察委员会审批。由国家监察委员会依法直接或者协调有关单位与有关国家（地区）相关机构沟通，以双方认可的方式实施。

第二百三十七条 监察机关应当建立追逃追赃和防逃工作内部联络机制。承办部门在调查过程中，发现被调查人或者重要涉案人员外逃、违法所得及其他涉案财产被转移到境外的，可以请追逃追赃部门提供工作协助。监察机关将案件移送人民检察院审查起诉后，仍有重要涉案人员外逃或者未追缴的违法所得及其他涉案财产的，应当由追逃追赃部门继续办理，或者由追逃追赃部门指定协调有关单位办理。

第二节　国（境）内工作

第二百三十八条　监察机关应当将防逃工作纳入日常监督内容，督促相关机关、单位建立健全防逃责任机制。

监察机关在监督、调查工作中，应当根据情况制定对监察对象、重要涉案人员的防逃方案，防范人员外逃和资金外流风险。监察机关应当会同同级组织人事、外事、公安、移民管理等单位健全防逃预警机制，对存在外逃风险的监察对象早发现、早报告、早处置。

第二百三十九条　监察机关应当加强与同级人民银行、公安等单位的沟通协作，推动预防、打击利用离岸公司和地下钱庄等向境外转移违法所得及其他涉案财产，对涉及职务违法和职务犯罪的行为依法进行调查。

第二百四十条　国家监察委员会派驻或者派出的监察机构、监察专员和地方各级监察委员会发现监察对象出逃、失踪、出走，或者违法所得及其他涉案财产被转移至境外的，应当在二十四小时以内将有关信息逐级报送至国家监察委员会国际合作局，并迅速开展相关工作。

第二百四十一条　监察机关追逃追赃部门统一接收巡视巡察机构、审计机关、行政执法部门、司法机关等单位移交的外逃信息。

监察机关对涉嫌职务违法和职务犯罪的外逃人员，应当明确承办部门，建立案件档案。

第二百四十二条　监察机关应当依法全面收集外逃人员涉嫌职务违法和职务犯罪证据。

第二百四十三条　开展反腐败国际追逃追赃等涉外案件办理工作，应当把思想教育贯穿始终，落实宽严相济刑事政策，依法适用认罪认罚从宽制度，促使外逃人员回国投案或者配合调查、主动退赃。开展相关工作，应当尊重所在国家（地区）的法律规定。

第二百四十四条　外逃人员归案、违法所得及其他涉案财产被追缴后，承办案件的监察机关应当将情况逐级报送国家监察委员会国际合作局。监察机关应当依法对涉案人员和违法所得及其他涉案财产作出处置，或者请有关单位依法处置。对不需要继续采取相关措施的，应当及时解除或者撤销。

第三节　对 外 合 作

第二百四十五条　监察机关对依法应当留置或者已经决定留置的外逃人员，需要申请发布国际刑警组织红色通报的，应当逐级报送国家监察委员会审核。国家监察委员会审核后，依法通过公安部向国际刑警组织提出申请。

需要延期、暂停、撤销红色通报的，申请发布红色通报的监察机关应当逐级报送国家监察委员会审核，由国家监察委员会依法通过公安部联系国际刑警组织办理。

第二百四十六条　地方各级监察机关通过引渡方式办理相关涉外案件的，应当按照引渡法、相关双边及多边国际条约等规定准备引渡请求书及相关材料，逐级报送国家监察委员会审核。由国家监察委员会依法通过外交等渠道向外国提出引渡请求。

第二百四十七条　地方各级监察机关通过刑事司法协助方式办理相关涉外案件的，应当按照国际刑事司法协助法、相关双边及多边国际条约等规定准备刑事司法协助请求书及相关材料，逐级报送国家监察委员会审核。由国家监察委员会依法直接或者通过对外联系机关等渠道，向外国提出刑事司法协助请求。

国家监察委员会收到外国提出的刑事司法协助请求书及所附材料，经审查认为符合有关规定的，作出决定并交由省级监察机关执行，或者转交其他有关主管机关。省级监察机关应当立即执行，或者交由下级监察机关执行，并将执行结果或者妨碍执行的情形及时报送国家监察委员会。在执行过程中，需要依法采取查询、调取、查封、扣押、冻结等措施或者需要返还涉案财物的，根据我国法律规定和国家监察委员会的执行决定办理有关法律手续。

第二百四十八条　地方各级监察机关通过执法合作方式办理相关涉外案件的，应当将合作事项及相关材料逐级报送国家监察委员会审核。由国家监察委员会依法直接或者协调有关单位，向有关国家（地区）相关机构提交并开展合作。

第二百四十九条　地方各级监察机关通过境外追诉方式办理相关涉外案件的，应当提供外逃人员相关违法线索和证据，逐级报送国家监察委员会审核。由国家监察委员会依法直接或者协调有关单位向有关国家（地区）相关机构提交，请其依法对外逃人员调查、起诉和审判，并商有关国家（地区）遣返外逃人员。

第二百五十条 监察机关对依法应当追缴的境外违法所得及其他涉案财产，应当责令涉案人员以合法方式退赔。涉案人员拒不退赔的，可以依法通过下列方式追缴：

（一）在开展引渡等追逃合作时，随附请求有关国家（地区）移交相关违法所得及其他涉案财产；

（二）依法启动违法所得没收程序，由人民法院对相关违法所得及其他涉案财产作出冻结、没收裁定，请有关国家（地区）承认和执行，并予以返还；

（三）请有关国家（地区）依法追缴相关违法所得及其他涉案财产，并予以返还；

（四）通过其他合法方式追缴。

第七章 对监察机关和监察人员的监督

第二百五十一条 监察机关和监察人员必须自觉坚持党的领导，在党组织的管理、监督下开展工作，依法接受本级人民代表大会及其常务委员会的监督，接受民主监督、司法监督、社会监督、舆论监督，加强内部监督制约机制建设，确保权力受到严格的约束和监督。

第二百五十二条 各级监察委员会应当按照监察法第五十三条第二款规定，由主任在本级人民代表大会常务委员会全体会议上报告专项工作。

在报告专项工作前，应当与本级人民代表大会有关专门委员会沟通协商，并配合开展调查研究等工作。各级人民代表大会常务委员会审议专项工作报告时，本级监察委员会应当根据要求派出领导成员列席相关会议，听取意见。

各级监察委员会应当认真研究办理本级人民代表大会常务委员会反馈的审议意见，并按照要求书面报告办理情况。

第二百五十三条 各级监察委员会应当积极接受、配合本级人民代表大会常务委员会组织的执法检查。对本级人民代表大会常务委员会的执法检查报告，应当认真研究处理，并向其报告处理情况。

第二百五十四条 各级监察委员会在本级人民代表大会常务委员会会议审议与监察工作有关的议案和报告时，应当派相关负责人到会听取意见，回答询问。

监察机关对依法交由监察机关答复的质询案应当按照要求进行答复。口头答复的，由监察机关主要负责人或者委派相关负责人到会答复。书面答复的，由监察机关主要负责人签署。

第二百五十五条 各级监察机关应当通过互联网政务媒体、报刊、广播、电视等途径，向社会及时准确公开下列监察工作信息：

（一）监察法规；

（二）依法应当向社会公开的案件调查信息；

（三）检举控告地址、电话、网站等信息；

（四）其他依法应当公开的信息。

第二百五十六条 各级监察机关可以根据工作需要，按程序选聘特约监察员履行监督、咨询等职责。特约监察员名单应当向社会公布。

监察机关应当为特约监察员依法开展工作提供必要条件和便利。

第二百五十七条 监察机关实行严格的人员准入制度，严把政治关、品行关、能力关、作风关、廉洁关。监察人员必须忠诚坚定、担当尽责、遵纪守法、清正廉洁。

第二百五十八条 监察机关应当建立监督检查、调查、案件监督管理、案件审理等部门相互协调制约的工作机制。

监督检查和调查部门实行分工协作、相互制约。监督检查部门主要负责联系地区、部门、单位的日常监督检查和对涉嫌一般违法问题线索处置。调查部门主要负责对涉嫌严重职务违法和职务犯罪问题线索进行初步核实和立案调查。

案件监督管理部门负责对监督检查、调查工作全过程进行监督管理，做好线索管理、组织协调、监督检查、督促办理、统计分析等工作。案件监督管理部门发现监察人员在监督检查、调查中有违规办案行为的，及时督促整改；涉嫌违纪违法的，根据管理权限移交相关部门处理。

第二百五十九条 监察机关应当对监察权运行关键环节进行经常性监督检查，

适时开展专项督查。案件监督管理、案件审理等部门应当按照各自职责，对问题线索处置、调查措施使用、涉案财物管理等进行监督检查，建立常态化、全覆盖的案件质量评查机制。

第二百六十条 监察机关应当加强对监察人员执行职务和遵纪守法情况的监督，按照管理权限依法对监察人员涉嫌违法犯罪问题进行调查处置。

第二百六十一条 监察机关及其监督检查、调查部门负责人应当定期检查调查期间的录音录像、谈话笔录、涉案财物登记资料，加强对调查全过程的监督，发现问题及时纠正并报告。

第二百六十二条 对监察人员打听案情、过问案件、说情干预的，办理监察事项的监察人员应当及时向上级负责人报告。有关情况应当登记备案。

发现办理监察事项的监察人员未经批准接触被调查人、涉案人员及其特定关系人，或者存在交往情形的，知情的监察人员应当及时向上级负责人报告。有关情况应当登记备案。

第二百六十三条 办理监察事项的监察人员有监察法第五十八条所列情形之一的，应当自行提出回避；没有自行提出回避的，监察机关应当依法决定其回避，监察对象、检举人及其他有关人员也有权要求其回避。

选用借调人员、看护人员、调查场所，应当严格执行回避制度。

第二百六十四条 监察人员自行提出回避，或者监察对象、检举人及其他有关人员要求监察人员回避的，应当书面或者口头提出，并说明理由。口头提出的，应当形成记录。

监察机关主要负责人的回避，由上级监察机关主要负责人决定；其他监察人员的回避，由本级监察机关主要负责人决定。

第二百六十五条 上级监察机关应当通过专项检查、业务考评、开展复查等方式，强化对下级监察机关及监察人员执行职务和遵纪守法情况的监督。

第二百六十六条 监察机关应当对监察人员有计划地进行政治、理论和业务培训。培训应当坚持理论联系实际、按需施教、讲求实效，突出政治机关特色，建设高素质专业化监察队伍。

第二百六十七条 监察机关应当严格执行保密制度，控制监察事项知悉范围和时间。监察人员不准私自留存、隐匿、查阅、摘抄、复制、携带问题线索和涉案资料，严禁泄露监察工作秘密。

监察机关应当建立健全检举控告保密制度，对检举控告人的姓名（单位名称）、工作单位、住址、电话和邮箱等有关情况以及检举控告内容必须严格保密。

第二百六十八条 监察机关涉密人员离岗离职后，应当遵守脱密期管理规定，严格履行保密义务，不得泄露相关秘密。

第二百六十九条 监察人员离任三年以内，不得从事与监察和司法工作相关联且可能发生利益冲突的职业。

监察人员离任后，不得担任原任职监察机关办理案件的诉讼代理人或者辩护人，但是作为当事人的监护人或者近亲属代理诉讼或者进行辩护的除外。

第二百七十条 监察人员应当严格遵守有关规范领导干部配偶、子女及其配偶经商办企业行为的规定。

第二百七十一条 监察机关在履行职责过程中应当依法保护企业产权和自主经营权，严禁利用职权非法干扰企业生产经营。需要企业经营者协助调查的，应当依法保障其合法的人身、财产等权益，避免或者减少对涉案企业正常生产、经营活动的影响。

查封企业厂房、机器设备等生产资料，企业继续使用对该财产价值无重大影响的，可以允许其使用。对于正在运营或者正在用于科技创新、产品研发的设备和技术资料等，一般不予查封、扣押，确需调取违法犯罪证据的，可以采取拍照、复制等方式。

第二百七十二条 被调查人及其近亲属认为监察机关及监察人员存在监察法第六十条第一款规定的有关情形，向监察机关提出申诉的，由监察机关案件监督管理部门依法受理，并按照法定的程序和时限办理。

第二百七十三条 监察机关在维护监督执法调查工作纪律方面失职失责的，依法追究责任。监察人员涉嫌严重职务违法、职务犯罪或者对案件处置出现重大失误的，既应当追究直接责任，还应当严肃追究负有责任的领导人员责任。

监察机关应当建立办案质量责任制，对滥用职权、失职失责造成严重后果的，实行终身责任追究。

第八章 法律责任

第二百七十四条 有关单位拒不执行监察机关依法作出的下列处理决定的，应当由其主管部门、上级机关责令改正，对单位给予通报批评，对负有责任的领导人员和直接责任人员依法给予处理：

（一）政务处分决定；

（二）问责决定；

（三）谈话提醒、批评教育、责令检查，或者予以诫勉的决定；

（四）采取调查措施的决定；

（五）复审、复核决定；

（六）监察机关依法作出的其他处理决定。

第二百七十五条 监察对象对控告人、申诉人、批评人、检举人、证人、监察人员进行打击、压制等报复陷害的，监察机关应当依法给予政务处分。构成犯罪的，依法追究刑事责任。

第二百七十六条 控告人、检举人、证人采取捏造事实、伪造材料等方式诬告陷害的，监察机关应当依法给予政务处分，或者移送有关机关处理。构成犯罪的，依法追究刑事责任。

监察人员因依法履行职责遭受不实举报、诬告陷害、侮辱诽谤，致使名誉受到损害的，监察机关应当会同有关部门及时澄清事实，消除不良影响，并依法追究相关单位或者个人的责任。

第二百七十七条 监察机关应当建立健全办案安全责任制。承办部门主要负责人和调查组组长是调查安全第一责任人。调查组应当指定专人担任安全员。

地方各级监察机关履行管理、监督职责不力发生严重办案安全事故的，或者办案中存在严重违规违纪违法行为的，省级监察机关主要负责人应当向国家监察委员会作出检讨，并予以通报、严肃追责问责。

案件监督管理部门应当对办案安全责任制落实情况组织经常性检查和不定期抽查，发现问题及时报告并督促整改。

第二百七十八条 监察人员在履行职责中有下列行为之一的，依法严肃处理；构成犯罪的，依法追究刑事责任：

（一）贪污贿赂、徇私舞弊的；

（二）不履行或者不正确履行监督职责，应当发现的问题没有发现，或者发现问题不报告、不处置，造成严重影响的；

（三）未经批准、授权处置问题线索，发现重大案情隐瞒不报，或者私自留存、处理涉案材料的；

（四）利用职权或者职务上的影响干预调查工作的；

（五）违法窃取、泄露调查工作信息，或者泄露举报事项、举报受理情况以及举报人信息的；

（六）对被调查人或者涉案人员逼供、诱供，或者侮辱、打骂、虐待、体罚或者变相体罚的；

（七）违反规定处置查封、扣押、冻结的财物的；

（八）违反规定导致发生办案安全事故，或者发生安全事故后隐瞒不报、报告失实、处置不当的；

（九）违反规定采取留置措施的；

（十）违反规定限制他人出境，或者不按规定解除出境限制的；

（十一）其他职务违法和职务犯罪行为。

第二百七十九条 对监察人员在履行职责中存在违法行为的，可以根据情节轻重，依法进行谈话提醒、批评教育、责令检查、诫勉，或者给予政务处分。构成犯罪的，依法追究刑事责任。

第二百八十条 监察机关及其工作人员在行使职权时，有下列情形之一的，受害人可以申请国家赔偿：

（一）采取留置措施后，决定撤销案件的；

（二）违法没收、追缴或者违法查封、扣押、冻结财物造成损害的；

（三）违法行使职权，造成被调查人、涉案人员或者证人身体伤害或者死亡的；

（四）非法剥夺他人人身自由的；

（五）其他侵犯公民、法人和其他组织合法权益造成损害的。

受害人死亡的，其继承人和其他有扶养关系的亲属有权要求赔偿；受害的法人或者其他组织终止的，其权利承受人有权要求赔偿。

第二百八十一条 监察机关及其工作人员违法行使职权侵犯公民、法人和其他组织的合法权益造成损害的，该机关为赔偿义务机关。申请赔偿应当向赔偿义务机关提出，由该机关负责复审复核工作的部门受理。

赔偿以支付赔偿金为主要方式。能够返还财产或者恢复原状的，予以返还财产或者恢复原状。

第九章 附　　则

第二百八十二条 本条例所称监察机关，包括各级监察委员会及其派驻或者派出监察机构、监察专员。

第二百八十三条 本条例所称“近亲属”，是指夫、妻、父、母、子、女、同胞兄弟姊妹。

第二百八十四条 本条例所称以上、以下、以内，包括本级、本数。

第二百八十五条 期间以时、日、月、年计算，期间开始的时和日不算在期间以内。本条例另有规定的除外。

按照年、月计算期间的，到期月的对应日为期间的最后一日；没有对应日的，月末日为期间的最后一日。

期间的最后一日是法定休假日的，以法定休假日结束的次日为期间的最后一日。但被调查人留置期间应当至到期之日为止，不得因法定休假日而延长。

第二百八十六条 本条例由国家监察委员会负责解释。

第二百八十七条 本条例自发布之日起施行。

参考文献

一、论文类

1. 陈国庆：《刑事诉讼法修改与刑事检察工作的新发展》，载《国家检察官学院学报》2019 年第 1 期。

2. 杨晓渡：《坚持和完善党和国家监督体系》，载《人民日报》2019 年 11 月 29 日。

3. 陈光中、邵俊：《我国监察体制改革若干问题思考》，载《中国法学》2017 年第 4 期。

4. 卞建林：《配合与制约：监察调查与刑事诉讼的衔接》，载《法商研究》2019 年第 1 期。

5. 卞建林：《监察机关办案程序初探》，载《法律科学》2017 年第 6 期。

6. 陈瑞华：《论国家监察权的性质》，载《比较法研究》2019 年第 1 期。

7. 张建伟：《法律正当程序视野下的新监察制度》，载《环球法律评论》2017 年第 2 期。

8. 姜明安：《国家监察法立法的若干问题探讨》，载《法学杂志》2017 年第 3 期。

9. 顾永忠：《公职人员职务犯罪追诉程序的重大变革、创新与完善——

以〈监察法〉和〈刑事诉讼法〉的有关规定为背景》，载《法治研究》2019 年第 1 期。

10. 龙宗智：《监察与司法协调衔接的法规范分析》，载《政治与法律》2018 年第 1 期。

11. 吴建雄、王友武：《监察与司法衔接的价值基础、核心要素与规则构建》，载《国家行政学院学报》2018 年第 4 期。

12. 姜涛：《国家监察法与刑事诉讼法衔接的重大问题研究》，载《南京师大学报（社会科学版）》2018 年第 6 期。

13. 洪浩：《刑事诉讼视域下的国家监察机关：定位、性质及其权力配置》，载《法学论坛》2019 年第 1 期。

14. 邱兴隆：《追诉期限终点再认识——基于法解释学的梳理》，载《法商研究》2017 年第 4 期。

15. 程雷：《刑事诉讼法与监察法的衔接难题与破解之道》，载《中国法学》2019 年第 2 期。

16. 刘练军：《监察追诉的时效问题》，载《法学论坛》2019 年第 1 期。

17. 钱小平：《监察追诉时效问题的再思考——兼与刘练军教授商榷》，载《法学论坛》2019 年第 5 期。

18. 魏晓娜：《职务犯罪调查与刑事诉讼法的适用》，载《中国人民大学学报》2018 年第 4 期。

19. 李勇：《〈监察法〉与〈刑事诉讼法〉衔接问题研究——“程序二元、证据一体”理论模型之提出》，载《证据法学》2018 年第 5 期。

20. 王秀梅、黄玲林：《监察法与刑事诉讼法衔接若干问题研究》，载《法学论坛》2019 年第 2 期。

21. 董坤：《重复性供述排除规则之规范解读》，载《华东政法大学学报》2018 年第 1 期。

22. 谢小剑：《监察调查与刑事诉讼程序衔接的法教义学分析》，载

《法学》2019 年第 9 期。

23. 方明：《职务犯罪监察调查与刑事诉讼的衔接》，载《法学杂志》2019 年第 4 期。

24. 徐汉明、李少波：《〈监察法〉与〈刑事诉讼法〉实施衔接路径探究》，载《法学杂志》2019 年第 5 期。

25. 王沿淡、黄维智：《监察办案与审查起诉程序衔接问题研究》，载《西南民族大学学报（人文社会科学版）》2018 年第 11 期。

26. 陈卫东：《职务犯罪监察调查程序若干问题研究》，载《政治与法律》2018 年第 1 期。

27. 董坤：《法规范视野下监察与司法程序衔接机制——以〈刑事诉讼法〉第 170 条切入》，载《国家检察官学院学报》2019 年第 6 期。

28. 熊秋红：《监察体制改革中职务犯罪侦查权比较研究》，载《环球法律评论》2017 年第 2 期。

29. 王旭：《国家监察机构设置的宪法学思考》，载《中国政法大学学报》2017 年第 5 期。

30. 陈卫东：《我国检察权的反思与重构——以公诉权为核心的分析》，载《法学研究》2002 年第 2 期。

二、著作类

1. 中共中央纪律检查委员会、中华人民共和国国家监察委员会法规室编写：《〈中华人民共和国监察法〉释义》，中国方正出版社 2018 年版。

2. 马方、任慧华主编：《检察调查程序与方法》，中国方正出版社 2020 年版。

3. 秦前红、叶海波等：《国家监察制度改革研究》，法律出版社 2018 年版。

4. 江国华：《国家监察权力运行及其监督机制研究》，中国政法大学出版社 2020 年版。

5. 李晓明：《国家监察学原理》，法律出版社 2019 年版。

6. 刘飞：《纪检监察实务百问百答》，中国法制出版社 2019 年版。

7. 《纪检监察办案程序规定》（第三版），中国方正出版社 2019 年版。

8. 本书编写组：《纪检监察办案实务指南》，中国法制出版社 2020 年版。

9. 秦前红：《监察法学教程》，法律出版社 2019 年版。

10. 钟晋：《监察法应用一本通》，中国检察出版社 2018 年版。

11. 杨宇冠：《监察法与刑事诉讼法衔接问题研究》，中国政法大学出版社 2018 年版。

12. 赵煜：《惩治贪污贿赂犯罪实务指南》（第三版），法律出版社 2019 年版。

13. 薛小建：《中国国家监察体制的历史与变革》，人民日报出版社 2020 年版。

图书在版编目（CIP）数据

监察与司法衔接疑难问题办案指引 / 上官春光著. —北京：中国法制出版社，2022. 9
（纪检监察实务系列）
ISBN 978-7-5216-2402-1

Ⅰ. ①监… Ⅱ. ①上… Ⅲ. ①监察-工作-研究-中国②司法-工作-研究-中国 Ⅳ. ①D630. 9②D926

中国版本图书馆 CIP 数据核字（2022）第 162816 号

策划编辑：陈兴（cx_legal@ 163. com）
责任编辑：孙静　　封面设计：李宁

监察与司法衔接疑难问题办案指引
JIANCHA YU SIFA XIANJIE YINAN WENTI BAN'AN ZHIYIN
著者/上官春光
经销/新华书店
印刷/保定市中画美凯印刷有限公司
开本/730 毫米×1030 毫米　16 开　　印张/ 16　字数/ 204 千
版次/2022 年 9 月第 1 版　　2022 年 9 月第 1 次印刷

中国法制出版社出版
书号 ISBN 978-7-5216-2402-1　　定价：59. 00 元

北京市西城区西便门西里甲 16 号西便门办公区
邮政编码：100053　　传真：010-63141600
网址：http：//www. zgfzs. com　　**编辑部电话：010-63141787**
市场营销部电话：010-63141612　　**印务部电话：010-63141606**

（如有印装质量问题，请与本社印务部联系。）